遠藤三郎日誌

凡例

一、本巻には、未刊行の遠藤三郎日誌、１９３１年上・下半期～１９３２年上半期を収録する（いずれも狭山市立博物館所蔵）

二、傍線で抹消された文字は復元せず、ファーレンで左右に訂正された文字は復元した。

三、本来は片仮名であるが、平仮名に訂正した。ただしおくりは当時のままにしてある。

四、欄外の見出しは、その字句の下に（欄外）と表示した。（欄外）には、後年、遠藤が昔を思い出し追記した字句も含まれる。それが朱筆の場合は、（欄外）朱筆とし、本文中の朱文字に（朱）と表記した。

五、漢字の表記は原文のままとし一部、旧漢字の文字はそのまま旧漢字で復元した。

六、虫食い、破損により、判読できない部分は○○○で示した。

七、原文の判読に迷いがある文字については（カ）または（？）と表示した。

八、本文中の用語、主としてフランス語の表記（特に頭文字）には誤りと思われるものもあるが、これは訂正、あるいはその箇所に（ママ）と傍記している。

九、日誌の復元であるが、日誌本来の性質上他人は読むことを前提としていないため、判読不詳の箇所があります。

以上

（遠藤三郎日誌の版権は狭山市に在住の遠藤家の当主、遠藤十九子氏が所蔵）

遠藤三郎日誌

扉
凡例
目次
まえがき……4
プロローグ……7
臆病を良心とした日本陸軍の将軍……9
呉服商の息子からエリート軍人へ……16
遠藤日誌　第一号　高等二学年生……23
遠藤三郎　仏国駐在武官日誌……27
日程……29
フランスへ出発……33
パリ到着……48
メッツ防空学校入学……94
仏国陸軍大学校入学……132
地中海の旅に出発……219
パリに戻る……235
遠藤三郎　戦後第一回訪中日記……277
遠藤先生との思い出の記　髙島敏明……300
遠藤三郎を研究して　張　鴻鵬……312
あとがき……335

まえがき

吉田曠二

遠藤三郎とは、どんな軍人であったか?

長年、日本の読者から読みたい歴史書にあげられていた一冊の文献がようやく出版されることになりました。

日本陸軍の知性派軍人遠藤三郎の日記の解説書です。

遠藤三郎とは?誰か?その生いたちは山形県（旧米沢藩）の呉服商の生まれでワンパク少年でなかった。人になぐられても人をなぐったことがない。父親思いの少年で、日露戦争後の経済不況で家業に陰りが見えはじめると、少年時代の彼は授業料のいらない学校に入学したいと父親にその決意を述べた。その時、遠藤少年の年令は14歳。その少年が受験した学校が仙台陸軍幼年学校だった。小学校の時から性格はやさしく、まじめ、成績は特によく出来、仙台幼年学校~中央幼年学校でも成績は最優秀。

19歳で東京の陸軍士官学校に進学恩賜（皇太子から銀時計）を授与された。

１９１4年7月第一次世界大戦。

その時、彼は横須賀の陸軍砲兵第一連隊付の砲兵少尉。

１９１9年3月陸軍大学校に入学、3年後に恩賜で卒業。その後関東大震災が発生。

１９２3年野戦重砲兵第一連隊第三中隊長として東京へ、戒厳令下の帝都で朝鮮人６０００人と中国人らを保護してその生命を救う活躍をした。

１９２4年、参謀本部兼海軍軍令部参謀、１９２5年、年度作戦案を上奏。このころから仏語を専攻。

１９２6年フランス駐在武官としてフランスに留学した。最初は日本人のいないところで仏語を学んで（ルーアンに滞在）その後、ドイツに近いメッツ防空学校に6ヶ月、その体験が後年、日本陸軍の航空分野で活躍する布石になった。

さらにフランスに滞在中ジュネーブで開かれた三国海軍軍縮会議に参加、陸軍の首席随員として参賀した。杉山元少将を補佐する役目でジュネーブで開かれた国際会議でその複雑な欧米列強の利害関係とエゴイズムについて、その視野を拡大した。

このころ遠藤は普通の軍人なら希望もしないソルボンヌ大学で文学を学びたいと希望を表わしたが、この願いは当然参謀本部の中で物議をかもしだした。しかしこの願いは遠藤ならではの特色を見せることになる。しかし上司からは軍人が文学を学んで何になるか?と物議をかもしだしたのである。その後も遠藤はパリに滞在中、軍事学以外にも視野を広げグーテン・ホフ・カレルギーのヨーロッパ連邦構想をアジアにも拡大したいと提案する。

人間の自由、平等、博愛について仏人に質問する。若き遠藤三郎はヒューマンなスピリットを持つ軍人となり、第二次世界大戦で日本の陸海軍が敗北してもなお青年時代の夢を忘れることなく、日本国と新中国の友好を最優先する外交関係を理想とするようピュアーな平和思想家として活動する。

1955年北京にて周恩来総理と対談する遠藤三郎（右から2人目）

プロローグ

臆病を良心とした日本陸軍の将軍

将軍遠藤三郎は日本陸軍のエリートたちの中で、勇者であったのか？

この答えについて、彼は晩年、その自叙伝「日中十五年戦争と私」の文中で次のように回想している。「私を勇者の様にみる人もありますが、私は寧ろ反対ではなかったかと思っております。私の臆病が私の良心と申しますか、与えられた任務や使命感を無視するだけの勇気がなかったのではないでしょうか。唯一つ思い当たることは、私がようやく物心のついた幼い頃、郷里（山形県米沢市）で名町長と謳われ町民一同から尊敬されておった高橋嘉吉翁（私の長姉の岳父）が『この児はどんなことにも挫けない不思議な息子』といったことが暗示となり、一生つきまとっており、難局に遭遇した時それが頭に浮び勇気を出さしてくれた様にも思われます」（自叙伝あとがき）

この自己分析は遠藤の謙遜ではなく、晩年の正直な告白であったと思われる。

文中にある「臆病が良心であった」とは、何を言わんとしたものか？若い読者の皆さんは、ご理解できないのではないか？と思います。しかし意味深い言葉でした。戦争中の軍隊では、「上官の命令は天皇の命令」だ、といわれ、直属の上司から命令されると、それが不合理、理不尽であっても逆らう事ができなかった。

（1）関東大震災で自分の良心と格闘

その一例をあげれば、１９２３年（大正12年）９月１日に帝都で発生した関東大震災の時、彼は良心と葛藤する三つのシーンに直面している。その頃の遠藤の日記には、彼が自分の良心と闘う有様が次のように刻まれている。

当時、彼は30歳で、陸軍重砲兵連隊第一連隊の第三中隊長で、中隊長として部下を率いて東京の災害地区に出動した。この地震はマグニチュード七・九で、都内はパニック状況になり、被害地区は東京都、神奈川県、千葉県南部など関東地区のほぼ全域に渡っている。全壊した家屋は約12万戸、全焼した家屋約

45万戸、死者は関東全域で、91、334人、行方不明14、274人と記録されている。この人命被害は、地震による被害の他に、日本の軍隊と警察、国粋主義団体の人々の偏狭な政治意識と行動がその人命被害の人数を拡大した。

①良心との最初の格闘：第一「朝鮮人を殺すな」

9月4日、遠藤が連隊長として罹災現場に出動した日の日記をみてみよう。

「正午十二時、野重七連砲兵大隊、野重一ノ順序ニ屯営ヲ出発・・中隊ハ最モ困難ナル深川区ヲ担当ス　天明後守備地ニ前進セントセシモ各橋梁悉ク焼失シ前進困難なり、小名木川ニハ死屍充満ス　面ヲ向クヘカラス・・・

地方人ヨリ酒米等ヲ寄送セラル　人情ノ温ミヲ知ルヘシ　又一面ニ於テハ親ヲ尋ヌル児　児ヲ尋ヌル親　妻ヲ尋ヌル夫　号泣スルカ如ク聞ク其ノ悲惨云フヘカラス　コノ世ナガラノ生地獄ナリ

深川「陸軍」糧秣倉庫ニ米ノアルヲ知リ全兵力ヲ使用シ火中ヨリ引キ出シ其ノ数三百俵ニ及ヒ之レヲ岩崎邸ニ運搬シ分配セリ　夜間時々鮮民来ルトノ報アリ騒擾セリ」

この有様はこの世の地獄さながらの現場で、遠藤の連隊が勇敢に罹災住民の食糧を確保するなど、堂々たる人命救助の活動をしている様子を伝えている。

しかし「鮮民（朝鮮人）来ル」の文字が早くも遠藤日記に登場している。

この日、遠藤が指揮する完全装備の連隊でさえ、自分たちの周辺で活動する部隊の動向を掌握することさえ困難を極めていた。そこでかろうじて、連隊の軍用電話で上層部とも連絡ができる程度であった。常識的に考えると、そのような状況で民間の朝鮮人だけがどのようにして、緊密に同じ仲間で、情報を流し合い、団結して日本人を襲撃できるのか？遠藤は不安ながらも冷静で、さまざまな情報を手繰り寄せ、早急に朝鮮人や中国人の身の安全を保証することが先決だと判断したものと思われる。

彼は9月5日と翌6日の日記で、まずは朝鮮人と中国人を保護するために、鉄道列車で安全な地区に輸送する対策をとるように関係機関に手配したのである。この両日の彼の日記には、こう記載している。

九月五日　水　晴

旅団長ノ命令ニヨリ習志野ニ到リ支鮮人（中国人と朝鮮人；筆者）ヲ習志野ニ送致スベキ件ヲ衛戍司令官に交渉スヘキヲ命セラル

・・・牛乳ニテ腹ヲ充シ乗馬ニテ出発ス・・

汽車輸送（鮮人輸送）ニ関スル業務ヲ監視ス　両国迄行キ状況ヲ視察ス　思ヒシ以上ノ災害ナリ」

この記述によれば、まず旅団長が遠藤の味方になって命令を出している。このような上司がいたことは遠藤にとっても幸運で、朝鮮人救出の行動がしやすかったであろう。遠藤は良心の赴くままに動き始めている。しかもこれより前に、彼は古森重高亀戸警察署長を説得して、朝鮮人の保護を承諾させていた。その結果、遠藤は朝鮮人に向けて、「保護するから亀戸警察署に集まれ」というフレを出していた。このくだりについては、後年、女流作家の角田房子女史が分かりやすく次のように解説している。

その解説によると、遠藤はほっとしたのも束の間で、亀戸警察からは「余りに多数の朝鮮人が集まり、収容する場所も食料もない、また朝鮮人保護を知った周囲の住民が激怒しているので、いつ暴動が発生するかもしれない」（角田房子「甘粕大尉」16ページ）と断りの電話がかかっている。

本来、警察の任務は地域住民の生命と安全を保護することにあった。保護を求める朝鮮人は徒党を組んで、反乱に立ち上がってもいない。彼等も安全が確保されるように願っていたのである。しかし、その場所と食糧がない、というのが警察の言い分であった。警察が朝鮮人を保護しはじめたことを知った日本人は激怒し、デマにより付和雷同する日本人の行動がむしろ騒動を拡大する火種になったともみらよう。

しかし、朝鮮人殺害事件は良心的な遠藤三郎中隊長の判断で、約７０００人の朝鮮人罹災者が陸軍の手配した列車で安全地帯に救出される一幕があった。戦後遠藤はその当時を回想している（録音テープの記録）。

「あの日（９月３日）先発隊がすでに何百人も朝

鮮人を殺していた。（自分は）指揮刀だけで出発しかけたら上官は〝軍刀を持って行け〟という。私は部下に自宅へ取りに行かせたが〝この軍刀は朝鮮人を切るためじゃない。おれの命令に従わない場合、お前たちを切るためだ〟と訓示した（昭和54年：録音テープ）

私は武人として部下を相手に一喝したこの命令は遠藤の良心が言わせた一句であると考える。彼は武器も持たない、しかも武装蜂起さえしていない朝鮮人を殺害する軍人の行為を犯罪とみなしていたからであろう。もしもこのような軍人が日本陸軍の中枢に大勢いたなら、後年、中国大陸で発生して、今も国際的な非難を浴びている南京アトロシテイは防止できたであろうと考えている。しかし、軍隊の指導者から良心が失われるとどうなるのか?

②良心との格闘：その二・王希天殺害事件の真相を隠蔽

9月4日、南葛労働会（後の東京労働組合）の指導者を含む9名の人達が習志野騎兵十三連隊の将校に検束後に虐殺される亀戸事件（註1）が発生しさらに中国人の留学生で社会事業家、YMCA幹事の王希天が殺害される事件が発生した。だが混乱する罹災地で、遠藤の耳に王希天殺害の真相が詳しく伝えられたのは、9月11日であった。その頃、陸軍では王希天は日ごろから要注意人物とみられていて、このパニック状況に便乗して、青年将校が一気にその中国人留学生を抹殺する行動に出たものと思われる。今では、想像もできないアジア民族に対する差別意識が社会に浸透していて、その状況から軍人の良心がマヒして凶悪な殺害事件が発生したのである。しかも朝鮮人殺害問題については、9日に陸軍の戒厳司令部に伝達されていて、遠藤もその対応に戒厳司令部と憲兵隊司令部の間を奔走している。しかも今回の、中国人留学生王希天殺害は国際問題になる恐れがあった。陸軍でもその対応が急がれたものと思われる。ここで遠藤日記から王希天殺害事件をめぐる陸軍内部で交わされた問答を拾いだしてみよう。遠藤はこう書いている。

九月十一日

午前ハ相変ラス報告調整ニ亡殺セラル　午後寸暇ヲ得テ警備区域ヲ巡察ス――〔数文字墨筆で抹消、その横に後年、遠藤は赤インクで王希天と実名を記入〕ニ就テ問題提起ス〔十数文字墨筆で抹消〕夕陽西山ニ舂《うすず》ク頃第三中隊ヲ訪問ス・・・」

九月十二日

午前報告ニ忙殺セラレ　午後司令部ニ行ク　殺戮事件ニ関シ報告セルモ師団司令部ニテハ腰弱シ　竹田（額三）大佐ハ流石ニ武士的ナリ　心地ヨシ」

　上記9月11日の日記には謎めいた個所があり、事件の重要部分が抹消されていることがわかる。しかし幸い晩年に遠藤はその日記の抹消の理由と日記に記載した一連の行動について、およそ次のように補足説明を録音テープに記録していた。その談話の重要な部分で‥遠藤は責任が軍内部でウヤムヤに成るプロセスを次のように要約していた。

（1）十一日の日記の抹消部分（二か所に）は王希天と佐々木、垣内のことを書いた。その記憶は間違いない。

（2）十二日はひと眠りしてから、飛び起きて事情聴取と前後策の協議に入る。自慢顔で「王希天成敗」を報告した佐々木と垣内を自分は「貴様ら自分のしたことが分かっているのか」と怒鳴りつけた。（この言葉は遠藤の良心からの発言である‥筆者）

　この日の旅団幹部会報‥（会報は軍隊用語でミーチングの報告）で、金子旅団長は今更のようにトボケた。佐々木と垣内らは「上官の命令によってやった」と主張。上官の金子は「やれとは言ったが、殺せとは言っていない」とシラを切った。また中岡も「第七連隊長である自分は、第一連隊所属の佐々木、垣内に命令する立場にない」と弁護した。

（3）責任の追及はうやむやになり、誰からも名案が出ない。佐々木、垣内ら単独グループの暴走事件として処理するか、事件を隠蔽する方策を講じるか、意見はわかれた。他の殺害事件を不問にして、この事件の実行者を自首させるわけにいかない、など理屈にもならない理屈が繰り返され、最終的には、ほほかむりが最上策だということになり、金子旅団長が遠藤に下駄を預けた。「遠藤大尉、旅団の意見はそんなところだ。早速戒厳司令部に報告して、今後の策を聞いて来たまえ」と発言した。

（4）遠藤はそれを受けて、刑事事件として処理するのか、隠蔽するのか、国際問題となったらどうするのか？遠藤は旅団長の前で念を押した。「戒厳司令部に報告に行ってまいりますが、当旅団の意見はすべての事件について徹底的に隠蔽する、どういう事態があっても部内から刑事犯人を出させない―それでいいんですね」と。

（5）その後、「遠藤は不安ながら戒厳司令部で報告した。参謀たちの反応は冷たかった。「五日までの混乱状態での〝対敵〟兵器使用ならともかく、十二日になって、武器も持たず、抵抗する意思もない一人の人間を殺るなんて、それをどうやってにぎりつぶせというのか？中国政府（段祺瑞政権）が外交ルートで抗議してきたら、まず隠しきれない。しかも一旦隠したのがバレたらどうするか？そうなれば全陸軍の問題になる。誰が責任をとるんだ」こんな結論に落ち着いた。

ここでは、全陸軍の問題となる、誰が責任を取るのか？がこれからの問題点となり、「隠蔽の方が上策だ」という方向に議論が転換し、武田額三高級参謀が遠藤に向かって「貴様の策を述べてみよ。大切な陛下の赤子（将校）を犯罪人にしないですむ方法があるなら、それでいこう」と発言した。遠藤はこの陛下の赤子という言葉に胸打たれ「流石ニ武士的ナリ」とその日の日記に記入した（以上上記（1）〜（5）の遠藤の談話は田原洋著『関東大震災と王希天事件』（三一書房　94〜98ページ収録の田原氏の聞き書きから抜粋）

問題はこの武士道の解釈が歪曲で、本来なら、武士の犯した不始末の責任は本人と場合によれば上司がともに自覚して、その罪に服すべきものであった。だが武田高級参謀の「侠気」（天皇の赤子を犯罪人にしてはならない）が遠藤の心をとらえたものか、あるいは旅団の方針には逆らえないと諦めたものか？遠藤はこの金縛りのなかで、およそ二週間、解決のメドを模索した。
　その翌月、いよいよこの事件は国際問題にならない方向へ、戒厳司令部を舞台に遠藤も巻き込まれながら進行しはじめる。そのプロセスは10月3日から11月21日の遠藤日記に明らかにされているので、その記録を紹介してみよう。

十月三日
出勤早々戒厳司令部武田大佐ヨリ電報ニヨリ出頭ヲ命セラル　直覚的ニ支人（王希天）ノ事ナラント判断セラレ旅団司令部ニ立チ寄リ　サイドカーニテ戒厳司令部ニ行ク　予想ノ通リナリ　秘密ヲ要スルヲ以テ詳述スルヲ得ス（王希天殺害対策――後年の書き込み）

（註1）亀戸事件　1923年、関東大震災の混乱の中でおこった労働者虐殺事件
　平沢計七・川合義虎ら労働組合活動家10名が、東京亀戸警察署内で、憲兵隊の兵士に虐殺された。大震災戒厳令を利用しての左翼運動弾圧事件の一つ。

1923年参謀本部作戦課に勤務した遠藤三郎

米沢の呉服商からエリート軍人へ
さらに「軍備亡国論者」への道

遠藤三郎、はてさて、この人は誰なのか?満洲事変を勃発させその名前を歴史に刻み込んだ石原莞爾高級参謀やマレーの虎と英軍からも恐れられた山下奉文、更には海軍の連合艦隊司令長官山本五十六元帥らと比較すると、遠藤三郎の名前はそれほど知られてはいない。しかし、関東軍の戦略家石原莞爾は仙台陸軍幼年学校時代の遠藤の先輩であり、山下奉文はマレーシンガポール作戦では、陸軍少将の遠藤三郎が提案した地対空の協同作戦で、山下将軍の指揮する第二十五軍は空から遠藤少将が指揮する陸軍第三飛行団に援護され、背後から敵に挟み撃ちされることもなく、マレー半島を無事に上陸地点から南下し、ジャングル地帯とペラク河を渡河できたのである。遠藤が智将であったことは、1932年春の第一次上海事変に際して、上海を防衛する中国国民党軍の背後に増援部隊を上陸させるため、揚子江岸の七了口に第十一師団の上陸を成功させたこと、1942年春にはジャワ侵攻作戦で、今村均が指揮する陸軍部隊のジャワ島上陸作戦を成功させるため、ジャワ島のカリジャチ飛行場に自ら指揮する陸軍第三飛行団を降下させ、占領した直後の飛行場から進発させた戦闘機で、その飛行場に迫りくるオランダ軍の機甲部隊（戦車と装甲車）を爆撃し殲滅させてもいるが、このような臨機応変の判断は今村均将軍の指揮する上陸部隊にとっては救いの神様のように思われ、遠藤は凱旋将軍として、日本の新聞でも大きなスペースで絶賛されている

当時の遠藤三郎は確かに勇将であり智将の名にふさわしい人物であった。しかし彼は軽はずみに進軍ラッパを吹き鳴らすエリート軍人ではなく、陰謀や謀略に組する人でなく、戦争が好きな軍人ではなかった。戦争するには正々堂々とした天皇の軍隊としての大義名分が無ければならない。1931年9月、遠藤は中央参謀本部の作戦課員の身分で、暴走する関東軍の行動を阻止する役目で、奉天の関東軍臨時司令部に橋本ミッションの随員として、派遣されても、天皇の軍隊としてとるべき軍人の良心を忘れる

1931年 9月満洲へ出張する直前の遠藤三郎（中央）

ことはできなかった。そして山本五十六と比較すれば、遠藤は若輩乍らも、山本がブーゲンビル島の上空で、米軍の待ち伏せにあい、戦死後はその国葬に陸軍を代表して参列後、山本の意志をついで、南方の島々に襲い掛かる米軍の戦闘機に如何に対決すべきか?を戦略的に考える役目を担わされることになる。

だが遠藤が近代日本の歴史にその雄姿を残しえたのは、少年時代からのメモ好きで14歳から日記を付け始め、91歳で死去する一カ月前まで毎日、日記を書きのこしてくれたことである。元陸軍のエリート将軍がなにゆえ、過酷な戦争体験を経て、１９４５年の大日本帝国の崩壊後、その思想を１８０度変革し、対米航空作戦の立案者から、軍備亡国論者に変身しえたのか?遠藤の書き残した93冊の日記には、戦争の傷跡から奇跡的にも生き延びた元エリート軍人の壮絶な生涯が記録されている。彼が書き残した日記には、中央参謀本部と陸軍省の内部で戦争指導を推進した多くのエリート軍人と戦場で命を落とした部下の将兵たちの姿も登場する。その軍人たちは部隊の上司である遠藤に何を伝えてのか?遠藤はその性格からみても、謀略が嫌いで、戦争をするには皇軍として誇り得る大義名分を重んじるタイプの軍人であった。しかし日本の軍事組織は、彼遠藤にその理想を追い求める自由を認める組織では無かった。だが彼はエリート軍人として、雲の上にいて戦争を指導する立場であったから、自分が記録した日記と重要な軍事機密の記入された文書類を破り捨てたり廃棄することなく、それらを自宅に持ちかえり、93

1907年仙台陸軍幼年学校に入学した遠藤三郎（14歳）

冊の個人日記と一緒に戦時下はもとより、１９４５年８月15日、以後もそれらを自宅の書庫に密かに保存し得たのである。

その日記には、毎日の天気も雨、曇、快晴などと記載され、少年期から遠藤は地球の自然現象にも関心があったものと思われる。

しかし彼が生きた時代は大日本帝国の勃興期で、国全体が日清戦争から日露戦争を経てアジア大陸の国々を征服する野望に燃えた時期に少年期を過ごしている。彼が書き始めたころの日記には、特別に戦争に関心を寄せる記載もなく、まじめに学業に励んで、自宅でも予習や復習、宿題などに取り組んでいる。彼の生まれは東北の米沢市で、父親の営む家業は呉服商であった。

だが遠藤少年は商売が好きでなく、お客の相手をしたり、お客が購入した呉服を相手客の家に配達するのも、好みではなかった。しかし日露戦争後の経済的不況のあおりから、家業は左前となり、金銭に苦慮する父親の姿をみるのがつらかった少年は上級の学校に進学する時が近づいたころ「僕は授業料のいらない学校へ進学する」と言い出して父親を安心させ、地元の仙台陸軍幼年学校に入学する道を選んだ。その頃の陸軍幼年学校といえば、将来は陸軍のエリート軍人を養成する学校で、地元の少年からみれば、憧れの的であった。そのため入学試験の競争率は50名に1人という狭き門になる年度もあったという。彼は幼年学校の入試も一番の成績で悠々と合格した。

この仙台幼年学校時代の体格検査と学業成績簿が彼の自宅に現存する。その検査表と成績簿から明治41年3月に入学した時の拾い出してみよう。

その書類には次のように学校側が記録している。

遠藤三郎年齢：15年3月　体格甲　身長五尺０６寸2分

体重：13貫２００１・７００匁　胸囲：2尺６６１７分

呼吸縮張・差：三寸８１・０

視力：右目２・０　左目２・０

これなら軍人として視力も抜群である。

明治41年3月　第一学年生徒考科序列表（総員50名）

教授部点数国語１５・８漢文１７・４作文１６・８仏語第一分科１４・１仏語第二分科１３・７本邦東洋史１７・３本邦地理１７・９算術１９・５代数１８・４植物１７・９理化示教１８・７画１６・９習字１８・４点　数総計２２２・８平均点１７・１訓育部点数３５・８

この成績をみると、彼は算術と代数が満点に近い成績で、やや苦手なのが、外国語・フランス語であったことが分かる。

躬行点５０・８点数合計３０９・４　序列１入校序列1なおこの序列は第二学年でも同じく1番であった。

なお卒業年度には「成績優等ニ付　皇太子殿下ヨリ銀時計一個宛御下賜セラル」とあり、その記載枠の筆頭には山形平　遠藤三郎とあり、卒業生徒学科優等の欄にもクラスメイト六名中の最初に、学科優等遠藤三郎、品行方正とあり、遠藤三郎の名前が最初に刻まれている。学校の成績であるから時代が経過してこの成績簿からは、同期生の個人名を記載することは差し控えるが、彼が所属するクラスは50名とあるから、秀才ぞろいの若者の中でも遠藤は抜群の頭脳の持ち主であったことがわかる。

その後、遠藤は１９１０年17歳で中央幼年学校に入学し１９３１年９月18日の満洲事変から１９４５年８月15日まで、戦争の時代を生きた上級の軍人や兵士の日記は貴重な歴史遺産である。広く見れば、戦争とはなにか?軍隊という国家の軍事組織とは何だったのか?その組織はどのような体質をもっていたのか?

アジア大陸の奥深く迄、国家目的の完遂のため、ひたすら命を投げ捨てて、滅私奉公の思想を軍人教育により植え付けられた将軍や下級の兵士たちは何故にその良心をかなぐり捨てて敵国の罪もない一般住民を殺害し、婦女を強姦し、敵国人の財産を略奪し、都市を無差別爆撃で破壊したのか?平和時ならとても人間の常識では考えられない、殺戮と破壊行為が正当化されてしまう。人間を殺せば、その数が多ければ多いほど、英雄とみなされ、人々の賛美と称賛の的になる。それが戦争というものである。

しかし戦争は短期決戦なら被害も少ないし、相手に一撃を加えれば、それで終わるものではない。軍隊がある限り、一地方での戦闘はまた次の戦闘を誘発する。国内では国民の抗戦意欲を刺激し、国民を総動員させる治安立法が登場し、各種のメディアには、その世論を刺戟するための論客?だけが選ばれて、軽佻浮薄な持論を展開する。満洲事変から上海事変、盧溝橋事変、ノモンハン事変、重慶戦略爆撃を経て、遂に米英ソ蘭など世界の先進国を相手とする途方もなく悲惨な世界戦争は、このような流れの中から発生した。１９４１年12月８日、日本海軍は真珠湾を奇襲攻撃し、陸軍部隊はそれよりも1時間半前にマレー半島に奇襲上陸したのである。戦争は地域を限定した戦争ならかまわない、という安全保障の神話は見事に崩れ去ったのである。なぜ、その流れを世界一優秀と学校教育で教えられた大和民族は止められなかったのか?　世界一優秀と自画自賛する国家の構成員なら、誰かが、どこかで、その戦争の流れをストップできたはずである。しかし戦争は一旦始まると、止めるのは難しい。日本の陸海軍の頂点には、当時、現人神とたたえられた天皇が君臨していたが、天皇でさえも戦争の道を平和の道に切り替えることができなかった。それは何故なのか？

この世界戦争は満洲事変からはじまり、15年間も中国大陸の奥地から南方の資源と緑豊かな島々の多数の住民の命を犠牲にし、当面は加害者であった日本兵も最終的には被害者になり、その人数は約240万人に達している。最初は加害者であった日本軍の兵士たちは最終的には南方の島々の密林のなかで生きるための食料もない飢餓状態に追い込まれ、南方特有の伝染病にも感染し、その命を犠牲にし、今尚多くの兵士が密林のなかで白骨となり、野ざらしになったままである。このような悲劇の歴史をみれば、戦争は悪魔の仕業であり、軍隊はやはりない方がよい、と考えてもよいのではなかろうか？

この悲惨な戦争を指導した軍人で、しかも秀才といわれた将軍や高級参謀はその数が多い。しかし戦争を指導する立場にいながら、将来、地球上から軍隊をゼロにする構想を練り上げた軍人となると、その数は殆ど見当たらない。にもかかわらず、日本陸軍の中にも、幼年学校を首席で卒業した一人の少年が満洲事変の直前に将来、世界の各国から、軍備をゼロにするという理論を構想する軍人が誕生したのである。その軍人が遠藤三郎という名前の秀才で、不幸な満洲事変が勃発したとき、彼は中央参謀本部の作戦課員として活動していた。将来、世界から軍備をゼロにしたい。それを可能にするには、どうすればよいか？

彼は参謀本部のデスクでも夜は自宅でも、思索にふけりながら本気でその構想を練り上げたのである。地球上、どの国にも軍隊などないにこしたことはない。軍隊があれば、政治家も将軍もその軍事力を使いたくなる。軍隊を無くせば、それを誰も使う事ができない。

この単純な発想が彼の思考の特色であった。その心の底には彼の良心があり、彼にその構想を練り上げさせたものと考えられる。だが、そのような構想が簡単に上司から認められるものではなかった。

1943年 5月
陸軍航空総監部総務部長（大本営幕僚兼任）時代の遠藤三郎

遠藤日誌　第一号　高等二学年生

明治三十七年八月一日より

明治三十七年八月二十二日まで

一．其の日又其の曜日

一．気候の寒暖

一．天気晴雨

一．其の日にありし事

八月一日（月曜日）

寒暖計　八十五度　天候　晴天　但し午後二時より二時半まで曇り

朝五時三十五分に起きかおをあらひめしを食い裏の畑にてかみきり虫を一匹取り父上に上げそれより兄上の図画習字をかたつけるのにてつだひ又私のものもそろへそれより一銭をもちて「とーじろー」にて菓子を買ひ・・・

八月三日（水曜日）

寒暖計　八十三度　天候　晴天

朝五時五十分に起きかおをあらひ桑の木をあつめ其の時かみきりを取りめしを食し桑をとき七時より九時まで歴史を復習し兄上ときばに行く・・・

八月十三日（土曜日）

朝五時四十分に起き顔を洗ひとこを上げ朝食を食し・・・

殖民少年を見　ぎす（キリギリス）に物を入れ・・・
（この日兄上にぎすをむりに取りに行かされて泣き）

八月十四日（日曜日）

（この日「殖民少年」を学校に返しに行く

（「続遠征奇談」を借りる）

夜　活動写真を見る（題名不明記入なし）

八月二十二日　月曜

朝五時五十分に起き顔をあらひとこを上げめしを食し・・・日誌を記し店にてつだい・・・昼食し又店にてつだい

（この日、ある家でうりをもらい、「私のうり少しにて小事を云ひて母上におこられたり」

日誌第二号

明治三十七年九月一日より
明治三十七年九月九日まで

九月一日、木曜

天候　午前雨天　寒暖計83　午後　晴天但し風あり

朝五時二十分に起き床を上げ顔をあらひしばらくして日誌を記し大便所に行きそれより○カより・・・

それより又日誌を記し本日の学科を復習し朝飯を食し大便所に行きそれより小学校に行きしにまだ戸開かざりき　第一遊歩時間にばめくらこをし　第一授業時間にば修身を復習し　第二の遊歩の時にも目くらこをし第三の時にも同じかりしが第四の時にはぶらぶらとして遊びたり又第二、第三の授業の時には暑中休のことについての御話や、病の事　第一学

年の事にて御ちゅういする事をおしへられ・・・
（この日帰宅後は）
昼食し日誌を記し室をカタツゲきばに水あびに出でてかへりうらにて運動をしそれより本日習ひし学科を復習しまた明日の学科をしらべぬ　但し二時三十五分より三時十五分まで　それより日誌を記し授業時間表を書しこれを書籍箱に張り〇ハよりあぶら上げを五枚四銭にて買ひ　それよりしばらくして床を取り夕飯を食し湯に入り色々のはなしをなし九時三十分にやすめぬ。

九月二日　金曜

天候　晴天　寒暖計83
授業時間
第一　国語にて稲葉一徹の所をおへたり
第二　地理にて鳥取県について習ひたり
第三　算術にて〇〇〇〇
第四　体操にて唱歌・・・
第五　綴り方にて信長一徹に言ひし話を話たいに〇〇せられ我は「御前は唯武勇ばかりの男とばかり思って居たに　これほど学問あるのは誠に感心な事である。そういふ者だとは知らないで実は今日茶の湯に〇ずけて御前を刺しころした―と心思ったのである」とかき木ばんに書かせられ、其の中なをされし所は第二「思いて居たに」「思って居たが」第三「学問するのは」「学問があるのは」第七「ころそうと思ったのである」「ころさせようと思ったのである」上り・・・
九時十分にやすみぬ
但電報によれば昨日遼陽かんらくしたりと

九月三日　土曜

（以上授業時間）
第一　国語にて昨日ならひし稲葉一徹の所の復習
第二　習字にて「資本を卸して利潤を得」の清書
第三　図画にてそろばんに帳面の清書

九月四日　日曜

朝六時四十分に起き・・・

昼食し店にてつだい　（よく店のてつだいをしている様子）

九月五日　月曜

授業時間
第一　修身にて修学の復習
第二　歴史にて北條氏の復習
第三　算術にて分数を初めて習ひたり
第四　体操中西先生出られき
第五　綴り方　北條泰時について作りたり

九月七日　水曜日

授業時間
第一　国語第十九課　太閤秀吉の逸事について習ひぬ

（以下省略）

九月八日　木曜

授業時間
第一　修身　中江藤掛先生について習ひたり
第二　習字　伝染予防　消毒隔離治療を習ひぬ
第三　国語　前の復習
第四　唱歌　愉快なる軍歌を習ひぬ
第五　理科　ゆりについて習ひぬ

九月九日　金曜日

授業時間
第一　国語　前の復習
第二　歴史　北條時頼を習ひぬ
第三　算術　球算したり
第四　体操　外にてしたり
第五　綴り方　豊太閤の風流について作りぬ

遠藤三郎　仏国駐在武官日誌

（大正15年〜昭和4年）
ルーアン、ジュネーブ、パリ、ロンドン、ギリシヤ、ニューヨーク北米大陸

※現在この日誌は狭山の遠藤家が所蔵しています
保存されている遠藤日誌以下

1925年参謀本部作戦参謀時代の遠藤三郎
（フランス出発の前年）

（遠藤三郎のパリ到着）

１９２６年　昭和元年
九月　仏国へ出発
九月三日　勲章送付の件
十月二十六日　午後三時パリ到着
十月二十七日　エッフェル塔に登る
アンテルナショナル16号室
十一月七日（日）パリのホテルを出発
午後四時頃ルーアン着

ルーアンの風景
十一月二十一日　ルーアンの秋　草原に牛と馬　ミレーの風景
十一月三十日　先生求む広告

１９２７年　昭和2年
一月二十日　アンドレーも来りて初めての室にて遊ぶ
一月二十四日　アンドレーと通じる

二月四日　Andorie に婦人よりすすめられ購入した300f の古金時計を与ふ
二月二十一日　アンドレーに思い失せる
三月五日　アンドレーボーイフレンドと散歩している姿
四月六日　アンドレーと高級レストランへ
四月十五日　杉山元ジュネーブより帰巴　遠藤を招待　灘の酒
四月二十一日　ベルダンに向ふ
（ジュネーブ海軍軍縮会議に列席）
四月二十二日　ジュネーブ海軍軍縮会議随員を命じられる
四月二十六日　アンドレーとの別れ感無量
四月二十七日　ルーアン駐在最後の日
（メッツ防空学校時代の遠藤三郎）
四月二十九日　2時20分メッツ着メッツはドイツ語圏
六月四日（土）思い出多きベルダンにて昼食　午後七時パリ着
六月五日　「短かかりし夜は明けて」アンドレーと同ホテルからアンドレーを駅に送る
ホッシュ元帥とメッツへ同列車
六月十五日　ジュネーブに向う杉山少将の招待湖畔の料亭にて夕食
七月二十四日　登山鉄道に乗にて yung frau Yoch へ
八月二日　朝鮮季王
八月四日（木）午後三時より最後の総会各国全権声明書を発し解散す40有7日間の努力も空し軍縮の困難なるを知る
八月五日（金）　報告調整にて多忙

1927年1月
フランス留学時代の遠藤三郎

八月六日　斎藤杉山少将出発
八月九日　報告文完了して杉山少将に提出

１９２８年　昭和３年　ガオン

一月二十六日午後　melle Gaon の学科及宿題
一月二十七日　ＰＭ２：００～Gaon, レッスン
二月七日（火）　本日 melle Gaon チョコラーテ予に贈れり
二月十一日（土）　Gaon 来りて学科
一月十八日（水）　Gaon ２時間レッスンこのころ連日の如く
一月二十五日（水）　Gaon ２時間レッスン
一月二十九日
二月二十四日　Gaon
二月二十七日　Gaon
三月十一日　甘粕から獄中記遠藤に渡される
三月二十四日（土）　ＰＭ2時より Gaon
　ＰＭ5時半 melle Danielle を迎へ
　7時半迄話す可愛想に涙を流し居たり
四月六日（金）　夜 Danielle 来る10時半迄話す
四月十五日　夜ダニエル1時間半話す
六月二日　五時ダニエル来り遊ぶ
六月三日　ダニエルと郊外散歩
六月二四日　午後ダニエルと共に競馬見に行く
六月三十日　Gaon の学科、四時頃帰宅せしにダニエル待ちあり2000f を要すと
七月一日　ダニエル本朝手術を受けたり
七月二九日　ＡＭ９：４５分ラザール駅でダニエルと待ち合せ
午後ホテルへ、夜映画
十月三十日　Gaon と自由平等博愛について
十一月二七日　夜ダニエル来る　百 f 与えキップを買わせる　ダニエルの性質に不満
十二月八日　ダニエルの兄の一周忌　花料として 50f
十二月十一日　ダニエルの協力　戦術の宿題

1929年　昭和4年

一月十九日　ダニエルの協力
一月二十〇日　10時間半休憩なし　ダニエル
タイピング
一月二十一日　ラジオ2000fで注文
一月二十四日　夜ダニエル来りて宿題の訂正
一月二十五日　午後Gaon16世紀に於ける仏
国文学の話
二月二十五日　Gaonに興味失う
二月二十六日　米国大陸経由で日本内地に帰
国の内報

1926年　九月仏国（フランス）へ出発

1926年　九月三日　勲章送付の件

陸軍砲兵大尉遠藤三郎殿　陸軍省軍務局軍事課貴官は八月二十六日附を以て勲六等に敍し瑞宝章を授けられたる

九月十三日　月　晴

午前七時一同自動車にて国白　自宅を出発

出発に先たち養父母（の）雪に詣つ何故か涙の降るを感ず

東京駅にはすでに橋本大尉来れり次て今井夫人等来れり次て広江少尉○所佐藤丈八氏及大崎の一同

九月十七日　日　晴

朝　佛語の自習をなす朝食後運動をなし理髪す

午後喫煙室にて上海上陸後、行動を打合せ後乗馬、ボート、デッキゴルフ等の遊技をなす

海水は泥れるにあてさるか如きも遠望黄色を呈す黄海の名（不（？））茲より来るか

風景描写見事

九月二十日　月　晴　中国揚子江河口へ

遠藤は一九三二年この揚子江上でセアカ上陸作戦会議

暑さ甚たしく安眠を妨く、すでに門司出航後三十分時計を遅らしたるも本日又三十分を遅らす

昨夜楊子江に着し湖時を利用せんかため三時間停泊せる由なく大時半デッキに出て、見れは一面泥水渺落として際涯なし水天遥かに岸と見しは中洲にして潮流？数時間なるも来た岸を見す誰か之れを川と云ふを得んや偉大なる哉壮大なる哉全長三千里東洋第一の名に愧ちさるもの宜なる哉

河口を翔りて概に数十里

岸と見へしは中洲なりけり

午前八時頃呉淞に着す旧砲台も用に止まらさる程なり低湿の地に建設せられたる町に過きす然れとも一見活気に充ち将来ある如く思推せられたり

呉淞より黄甫（ママ）江を溯航す何幅五六百米隅

田川より幅広き○○に過きさるも水量豊富一万噸以上の船も容易に航行し得、溯ること三十分艦は上海に着す

九月二十一日　火　晴

午前七時発渡寧鉄道にて蘇州に向ふ、停車場及汽車はマニラに於て見たるものに彷彿たり

日本内地と大差なく、水田著くは棉若くは桑多し、水郷の名にソムカス運河多く○橋極めて貧弱なり、家の建築等も日本の田舎のものと大差なり

本夜は旧暦八月十五日なり

九月二十二日　水　曇

午前二時半上海出港揚子江を出てて舟山列島を近く眺めつゝ南航を続行す

昨日の詩を岩橋中佐と共に左の如く訂正す

長江泊船逢明月銀波連変天又水江流無涯思悠々流星落處是家郷

曇り勝の天気も夕方より晴れて明月水平線に登る堂々然れとも時々雲足早く明滅時ならす

九月二十三日　木　晴

平穏の航海を続行す昼食前続書をなし食後三四特志家の為めに佛語の講義をなす

昼食後二時間睡眠後遊戯をなす午後六時頃船は台湾海峡に出つ近く友船加茂丸の日本に帰るに会す互にハンカチを打ち振りて挨拶す何人の乗り居るか知らさるもなつかしき心地す

夜月を見て散策す

近寄りて又遠かり行く友の船

顔は知らねど　ハンカチを振る

九月二十四日　金　晴

午前中読書す午後デッキゴルフに打ち興し居りしに船は除々と香港に入る東水道附近に砲台あり然れとも旧式なるもの、如し湾内捲護には

九月二十七日　月　晴

船は安南沖を南航す連山を望み得て風光佳なり

正午頃カムラン湾の沖を通過し主（？）にバルチ

ック艦隊囲の東攻を思ふ
踏破風浪万里〇〇艟暫泊冠蘭湾
顧西逢思君命重　望東欲進道尚遠

午後、シンガポール見物に関する打合せをなし後麻雀を習ふ略了解するを得たり、運動、水泳等をなす、此の頃より風浪激しく天気亦荒涼たり

夜小川来る将来を戒め奮励（れい）努力すべきを亡婦に代りて訓ゆ

九月二十八日　火　曇後晴

本日は故郷に於て鉄道開通式の行はるゝ日なり遙かに思ふ故山に走す

遭羅湾沖を通過し山田長政の偉業を追憶す
おゝしくも大和男子の気を吐ける
山田長政とわに眠らん

明日本船はシンガポール着の予定にて同地より吾人と別れてスマトラに行かんとする三好ときわ氏の爲に別れを惜しみて
常夏のシャワの木屏に行く君を
又夢に見ん外国に居て

例に依て終日運動をなす、昨今は涼気満ちて心地よし八十〇なく水泳は寒き位なり、夜は遅く迄デッキにて三好氏等と話す

シンガポール入港

九月二十九日　水　晴

朝読書したる後ゴルフをなすマレイ半島の陸昭を見る高山なきも富士山形の死火山森林に蔽れあるものを各所に散見す　夕方新嘉坡入港岸壁に着く
我船のシンガポールに着ける町
夕陽落ちて電光り

旬日の間同船して馴染となりし三好、下部両夫妻等別れを告く両氏はジャバスラバヤに赴任せらるゝなり
西東袂（たもと）を別つ船の友
楽しみ待たん又遭はん日を

三井、三菱あり出迎を受けたるも、同行者多き故

辞退し夕食後町を散歩す　日、支、土人等の遊廓を見物す後マレイ人の歌劇をテアトルロイヤルに見物す背景、裳は粗末殆んと間断なく速に場面を変化せしむるは妙なり宗教と変愛との衝突を序したるものなり十二時帰る○多く安眠し得す

町はマニラに彷彿たり商人は午後九時には店を閉博暗し

九月三十日　木　晴　朝驟雨あり

九時半三井、三菱より案内人来り自動車にて三菱に行き支店長板倉勝温氏に挨拶をなし次て三井支店を訪ね社長高橋敏太郎に会し後植物園見物に行く道は香港に及はすと雖アスファルト道にて到底日本内地に見る能はす植物園は南洋植物多く百花燎爛目を樂ましむること大なり

四季の花色とり〴〵に咲きにけり
エデンの園を現世に見て

水源地を瞥見して再ひ宿に帰りヨーロッパホテルに於て昼食の響応を受く午後大平ゴム園見学園内に大神官あり何となくなつかしく感す　使用する土人の日（銀）（文字消え）食事なし五十数銭なり。三四本を管理し得へく一枚時價七八十銭五千本にて一日三十枚位差出すと、収支贖はさるへし。洋式百貨店等を見　六時頃帰船

風邪より中耳を起しつゝあり耳の中痛み不快なり夜手紙を書きて後床につく

当地日本人は薬医及洗たく屋多く支那人はボーイ（広東人）車屋（福建人）印土ハンガリー人は門番巡査等　マレイ人は巡査、運転手等なるか如く一般にマレイ人の地位最も低し、船の辺りに水もぐりて銭を拾ふもの讙集しあり

十月一日　金　曇　午後驟雨あり

気温八十度熱帯にあるの心地せす

午前六時船はシンガポール出発しマラッカ海峡をまりふかに向ふ朝十時運動したる後読書に耽る

午後二時半頃マラッカ着沖合ひに錨錠（か）す時驟雨（しゅうう）激しき故上陸せす、雨中吾人に似

たるマレイ人か頻りに荷役す此處ありもデッキパッセンジャ乗込す中高板に天幕を張り男子自ら炊事に従事す女は少しも働かす異様の息（か）気ありマラッカは往時政○のありし所なるも今や其の繁栄はシンガポール及ペナンに移り人口二万に過きさる小都市となれり

古への面影いりこ寄る船の
錨も留めぬマラッカの町

夜マラッカの町を眺むれは唯一線に点々たる燈火を見るのみ

古への現栄偲ふ街もなし
燈寂しマラッカの夜

夜中尚寂しく荷役を続行したりしかな十一時頃出港す

ピナンヒル

十月二日　土　晴

マラッカ海峡を平穏なる航海を続行す、デッキゴルフ、通信読書等にて終日平凡に暮す、マラッカ半島或は近く或は遠く望見し得るも狭しと思ひし海峡も左舷には遂にスマトラ島を見るを得す

午後八時頃夕暗をついてペナン島に近くピロフトの誘導により島の西方より北に迂回して徐々にピナン港に入る

暗夜に浮く燈火は点々として限りなく暗の中を進む船の方向に徐々に変化すれと其の方角を知らす道標の如く夜光虫各所に光る

暗の夜に涼ふピナンの燈火を
目標に徐々と船は進めり
西東知る由もなき暗の海に
道の知るへと光るしらぬ火

午後九時頃入港錨を卸したるも唯活気ある町と思ふのみにて何事も知る由もなく床につく

ピナンヒルに登る

十月三日　日　曇

午前七時土人の操る小舟に乗し（最大限六人乗）

上陸す同行、田村、田島、荒木、西郷の諸氏及他の九名なり、ランチは八時半なるを以て見物の時間の少なかるへきを思ひ朝食もせす上陸せるなり、朝日ホテルの主人の案内により埠頭より直ちに自動車に分乗し蛇寺（観音寺）極楽寺を見物す道路は側にありてアスファルト道にて○走頗（すこぶ）る心地よく両側は柳子林又はニッパ林にて清々しく且つ土地広調建物瀟洒にして好個の住宅地たり人口十七万（日本人百八十人）に過きすと雖も貿易額五億に達し頗る活溌なる港なり目下島の東側水道浚渫（しゅんせつ）中にして航路の短縮を図れり

蛇寺は小寺にして建立後百二十年経過せるに過きず寺内萠黄色の小蛇頗る多し其の頭の形毒蛇に類すと雖も殆んと微動たもせす

極楽寺は広壮を極めたる建物なるも建立後四十年を過きたるのみにして何等崇高の念起らす唯東郷乃木両大将の寄せ書きの額はなつかしく感せられたり

本寺は四十年前支那僧侶か六十五万円を以て建立せん由なるも支那人か異境にありて此の如き大建築を○らせる其の勇気、努力は大いに感嘆すへき点なるへし

極楽寺蛇寺などを訪れて
物新しくて詩情そゝらす

二千四百尺のピナンヒルに登るケーブルカーは約十五分を要し中途にて乗り換ふ事は頗る貧弱にて到底筑波山のそれに比すへくもあらす頂上に休憩所及知事の官舎あり、涼気身に迫り心気爽快なり

詩情あふれるペナン港　遠藤は詩人の姿

奇鳥頻りに啼きマレイ半島一帯は狭き水道を隔て指顧の局にあり

常夏の國にも春は訪るゝ

二千餘尺のピンアンヒル下は
瞰下せは鏡の如く一波も起さるペナン港も往事エムデン号の汽船二隻を沈没せしめ心胆を寒からしめん所、彼等か報国の念に燃えて活躍せる当時を偲ひ感無量なり

鏡なすペナンの港静けきも

波風あれし　エムテンの跡
四面重囲故国危南溟独活躍緑田号神出鬼没肝胆塞
坤輿（のりもの）蒼海船航空

規模小なるも瀑あり花あり木あり麗しき植物園を一瞥してアカシアの行樹道を疾駆して埠頭に着しときはランチ出発の五分前なり

十二時やや前帰船して約七円を要したるのみ貨幣はシンガポール、マラッカも皆同様にてドルなり一円、一ドルは1.18円なり午後見物の疲労にてうとうとしながらデッキの椅子に寄りて移り行く島の景色を眺む（夜小川来りて話す）

緑濃き柳子の木陰に見えがくる
赤き瓦の麗しさ可な

十月四日　月　午前　晴　午後　雨

朝スマトラ島北端を過ぐ北偉六度附近を眞西に向ふ本年ハモンスウンの季節約十日遅れし由にてベンガル湾に入しや西南風瀕りに来り天は全く暗雲に蔽（おお）われ運気爽快ならすす遊戯又は読書なとをなす

船の動揺も稍（やや）強く為めに船暈にかゝれるものも亦少なからす

十月五日　火　曇雨

終日どんよりしたる天気にて愉快ならす
ポルトガルの軍人と佛語にて話す彼等は日本に対し好感を有し且つ日本人に稍似たる所あり

風波依然として強く船亦動揺し愉快ならす船中語するものなし　デッキの椅子に横（た）はり荒れ狂ふ海雲を望むれはいつしか夢路に入り又〇〇の声に昔の夢破らる船に驚く飛魚哉群りなし或は点々と船を操めて飛ふ

荒れ狂ふ海の面を飛ふ魚の
行方を追ふて我は夢みつ
安らかにまどろむ暇もなかりけり
ベンガル湾の浪高くして

十月六日　水　降雨

雲霧四辺を蓋じて遠望を許さす雨は粛々として斜

にデッキを打ちて散乗を許さす独り椅子に横ってベンカル（ママ）湾を静かに望むれは飛魚瀕りに飛んて旅愁（しゅう）を慰むに似たり
暗雲蓋（おおう）海雨粛々
風浪○船人無情
○（○（か））椅望便軽湾
飛魚群翔慰旅愁

十月七日　木　晴

久し振りに青空を望み朝徽を受けて心気爽快なるも暑気強し午前八時頃故山に向ひて西航する熱田丸に邂逅（かいこう）す互に汽笛を鳴らして敬意を表しハンケチを打ち振りて健康を祝す印度洋の唯中に扁羽飜して朝もやに輝く日章旗を見て感無量なり

朝の日にかゞやく御旗なつかしき
印度の海のたゞなかに見て
故郷をめざして帰る熱田丸
御旗眺めて涙ぐまるゝ
一抹の煙残して帰り行く
熱田丸の姿恋しき
八時半頃英駆逐艦九隻東航するを見る支那の事件に派遣せるなり威風堂々印度洋を圧す鈴蘭島（セイロン島）低く眺め得てコロンボの方向より一條又二條高く煙の昇るを見ると間もなく市街を表はす名高き防波堤も本日の凪にもの寂しく白浪は激するを見す

十時頃入港、旅券の検査を受け直ちに上陸しカド島会の案内にて同行に十三名五台、自動車に分乗してキャレジー見物に行く、行程七十二哩、道路はアスファルト道と雖も所々剥脱し産○の飛来するその多し

途中動物園に珍らしき蛇、トカゲ等を見雄大なる植物園に奇木を訪ね午後三時頃キャンヂー着他は奈良猿沢の池より大にして美なりと雖も全般の景は到底奈良の比にあらす、クリンス（プリンス?）ホテルに定合を喫し佛牙寺を見る、
千年以前の建築なるも珍とするに足らす、乞食多く不快なり。
巨象遊野鰐潜沼

椰子樹聳天錫菊島
釋尊去世幾千哉
経義不傳止形骸

釋尊の牙を杞念（？）せり佛牙寺集ふ乞食に汚されにけり
五時頃、川に遊つ象を見て帰路につく、路亭働く者を見さる中に所々田を植くる乙女等を見る

赤き布肌に優ふて田草取る
鄙の乙女等愛らしきかな
山川の姿に変りなけれども
生える草木はもの珍らしき

途中稍急峻なる峠あり今は自動車？行たるも百年前は山賊住ひしと云ふ山近く路あり眺め◯へし石川五右衛門の如き義賊なりしと
百年の昔は賊の住みしてふ
山路に今は自動車走れる
中途にして夕陽西山に（旧）き麗しきた焼の空に山の椰子樹一、二本高く黒く浮きの如く見ゆ
夕日蔭山にかくれて紅に
輝く空に浮ぶ椰子の木
日既に没して暗夜を走る自動車内に一つ二つ又三つ螢飛ひ来る
夕暗に見えつ隠れつ飛ふ蛍
故郷の夏も偲はれにけり

午後八時コロンボ着、ミカト商会にて宝石類などを買ひ主人より◯とに於ける奮斗精中傷、迫害等の様子を知る
十一時のランチにて帰船す
コロンボの町は人口二十五万日本人三十人、ピナンに比すれは稍粒なく、支那人及人力車はベンガル湾を境して其勢力を失ふもの、如く比の地に其の姿を見ること極めて稀なり

セイロン島漢字表記二つあり

十月八日　金　晴

昨夜コーヒーの興奮と暑さの為め安眠する能はす

苦し而も昨日の旅行の疲労及ひ之れか為患部の悪化等重なり不愉快なり、午前中諸経の計算をなす
午後日誌等を誌し読書す夜マージャンを戦はして
海上に椰子林浮ひしかり見ゆるミテコイ島南方を通過すの常陸丸遭難当時を追環す
果しなき海の藻屑も消えはてし
其の名も同し常陸丸なり
十時過迄遊ふ、典夫（長男）が曽て瓜の様な十月と云ひし三日月細く西天に懸り何とも云へぬ心地す

十月九日　土　晴

本日より競技会を開く、デッキゴルフ、ピンポン、環投け、マージャン、将棋、碁等数種あるも統制十分ならさるため進捗せす予も亦委員の一人たるも統制十分ならさるため働き得さるるは遺憾なり、夕方デッキゴルフ第一回戦にファーサート組シチーフォフイサーの組と戦ひて勝利を挙く

十月十日　日　晴

愛児十三郎（次男）の誕生日なり遙に思ふ走せて祝意を表す
いとし児の生れしその日はるけくも故郷思ふて祝盃ぞ挙く
門出して早や一月となりにけり
又思はる、愛し児の顔
（別れし時の様偲はれて）
終日競技の審判をなす午後小生も亦現投けりなしたるも独逸人に敗る患部悪し

十月十一日　晴後曇

風浪立たす鏡の如き海に飛魚瀬りに飛ひて一字を描く様飛行機の水上滑走にも似たり、鏡なす大海原を眺むれは一の字画く飛魚の群、桃井軍医生と相談し船医の診察を受け午後室に蟄居す、経過良好なり、
午前デッキゴルフ第二回戦をなし勝利を得

十月十二日　火　晴

患部の痛みに夢を破らる、こと○なり
午前ゴルフを遊ひ午後第三回戦に出て勝利を博す

夜○読に耽り読書なとして床につく

十月十三日　水　晴

両方風吹き荒れて昨夕以来船の動揺稍大なり激浪船に砕け飛沫デッキを洗ひ朝えに映して虹を描く

船へりに砕くる波に朝日映え
海のもなかに虹描かるゝ

午前十時頃よりアフリカ東北端のソメリランドの半島見ゆ代（なまり）色の頽山にして強き日光を反射し暑気頂に加はる映（不鮮明5文字）鏡の如し九十度に違す無風なり

去る月の此の日に浜を船出して
目のあたり見るアフリカの山

シャム人とピンポンの試合をなしたるも惨敗す但し輪投けに於て優勝す

夕陽海に沈み涼月中天に懸り刻々と変化し行く水と空の色の美しさ筆舌に尽すへからす

青き水白く光りて紫の空に連るアラビアの海
見る人の心は千々に変れども
御空に眺める月は変らじ

君と共に小志の里に見し月を
独り眺むるアラビアの海

六時半上陸をなし自動車を駆りて地獄の如き

十月十四日　木　晴

暑気甚しき中に競技をなし流行衣を○す環授けにて第三回戦に優勝す、手紙を書して多忙に時を送る

午後六時稍前アデン入港久しく陸地に離れし人々か久々振りに見たる陸地は草木もなき火山岩の硫々たる山なり、一月唖然たらさるを得さりき、此の如き地に住する人々の苦しみや如何ならんと同情に不堪ると共に吾人が庭園の如き日本に生れしを攪ふ

草木も生えぬアデンの思に同情
待ち詫ひし陸かげ近く立ち寄れば
草木も生えぬ赤（はげ）の山
アデン見て唖然たらざる人もなし
青き草木の影も認めず
赤頽（はげ）の山に強きは照り返し
地獄の釜も偲ばれにけり

いかにしてアデンの人や暮すらん
草木も生えぬ岩山に居て

六時半上陸直ちに自動車を駆りて地獄の如き心地するアデン〳〵ドライブして水源地（ソロモンのタンク）を訪ぬ到る所焼石ならさるはなく駱駝〳〵（ママ）か哀愁を帯くる指向して水タンクをつめる車を率じて駱驛する様のいかにも砂漠地帯を旅するの心地す水源地は岩山の谷を利用して天水を集むへく池を作りたるものなり工事には絶大のかを用ひたる跡歴然たり

夕暮の道を七時頃波止場に帰る英国水兵あり佛語を以て吾人になれなれしく話に来る、土人も亦佛語を解するもの多く非常に便宜を得たり佛語の勢力は此の辺迄及へるか如し

船にては石炭積みため窓を閉ぢ気温は夜に入るも九十度を下らす航海中第一の暑さにて苦しきこと限なく終夜眠る能はす土人か織物、場（ママ）券、駄（ママ）鳥の羽等売りに来る織物を記念に購ふ

十月十五日　金　晴

六時頃アデン出港アラヒヤ（ママ）は見ゆる限りに於て草木なく砂漠若くは石山なり午後二時頃俗称涙の瀬戸を通過此の地も亦英国か全く焼野の内に船舶の根拠地に充分なるだけの設備をなしありなり、ロイテル通信の中継地見ゆ、彼の努力の跡を偲ぶに充分なり、吾同胞の努力を待つこと切なり、暑気のため運動するものもなく唯を追ふて転々するのみ

酷熱焼土風又死
満目荒涼無生色
船内苦悩似金中
唯羨海豚飛躍快

夜に入りて涼風徐々に来り初めて生色ありデッキの椅子に横り弦月を望め思を故郷に走す

静風去熱涛声涼
弦月沖天紅海空
日中苦悩在何辺

焼土島嶼似更衣

十月十六日　土　晴

午前環投の決勝戦をなし惜敗す

午後注射をなして休む、気温九十度を超ゆる〇度なるも涼風来りて凌き易きこと前日の比にあらす

夕食は日本食の馳走にて後A甲板上に於て船員の余興ありたるも芸人少く気の毒にて見るに堪へさる程なり

十月十七日　日　晴

午前ゴルフのみくすを実施せるも組の英夫人は全くゴルフを知らす惜敗せり但し彼女か自己の責任を重んする点は賞讃に価す、午後、優勝戦を実施す当然勝つへかりしゲームも偶然の出来事により惜敗す同情なき戦は敗るプァーサーに対する反感大なりしこと故敗れたる方寧口適当なりしならん

十月十八日　月　晴

特記すへきこともなく平凡に時間を送る

※狭山遠藤家に保存の日誌にはエジプトの記述欠

十月十九日　火　晴

午前三時スエズ入港同時に検疫ありとて起されスモーキングルームにて検疫医の前に顔を出したるのみにて終る間もなく南那より伊人来り世話役上村大尉と相談の上自動車にて見物するに変更す。初め午前七時発汽車の予定なりしも着港時間早かりしと博物館見物の時間を得に〇め変更せるものにして同行陸軍十二名其の他を合し約三十名に午前六時十五分日出と共に上陸しアラビア人の案内にて自動車に分乗し直路カイロに向ふ

予は旅券にエジプト通過の査証なしとて四円二十銭位入国税を取られたり他の人々と同様の手続をなし来たりしも予は手落をらしむ遺憾なり

露下りて幸ひ塵埃立たす道路…所々荒廃しありも概（おおむね）ね良好にして又目下構築中なり、昔国荒寥の砂漠の中を三十乃至四十キロ来の速力以て疾駆す砂漠は大なる秋状をなして限りなく連り路傍

所々に廃墟を見る之れ往年那翁（ナポレオン）遠征の遺物なりと

　走れとも又走れとも果しなく
　空に連る挨及の原

　駱駄断○行人寂（さみし）
　砂濤連天埃及（エジプト）
　照在那翁（ナポレオン）遠征跡
　廃墟空洛黄塵風

　百二十七キロを約三時間半にて走破し午前九時四十分カイロ着、砂漠中に大市街を見て驚歎せるも後に知る全くナイル河の恩恵によりて勝せるを知るツタンカーメンの墳墓発見により世界の視聴を集めし博物館を見物す数千年前に此の如き程度に迄文化か進み居りやを疑ふ程なり

　コンチタンタール（ママ）ホテルにて昼食を喫すレモナーデ一本六十銭には驚く、午後再ひ自動車にてナイル河を渡りアカシア並木の道路をギザの金字塔に走る、僅々数町の道なるも名物の駱駄に乗り金字塔及スヒンクスを見物し記念の写真を撮影す

　高さ四百八十一呎底百積五町二反の大金字塔は巍然として天空に聳（そび）ゆ

　櫛風沐雨幾千裁
　巍然睥睨（へいげい）新再町
　幾多英雄佳人夢
　蔵（？）而不語金字塔

　次て土砂に埋れる旧都を訪ねサルタンハサン寺に其の構壮の善美を称し那翁（ナポレオン）の住所を訪ね往時を偲ふバザーにて記念に鑑筆、クッション等を購ひ汽車にてポートサイドに向ふ
　午後六時発、月清く砂漠上を照し雪の如し
　午後八時半頃より右に近くカナールを見る

　月沖於天砂如雪
　銀河洋々連両海
　曠古偉業誰不知
　埠頭高聳烈氏像
　（砂上雪の如き月光に革命家の姿を思う）

　午後十時半頃ポートサイド着南部商会にて土産品

など購ひ十一時半帰船す埃に汚れたる体を清めて床につく

十月二十日　水　晴

午前七時ポートサイト発地中海を西北（に）航す。昨日の疲労の為め休養す午後仏国に上陸後の相談などをなす

十月二十一日　木　晴

波平カナル地中海を航海す
運動会を開き一日喜々として遊ふ予も亦参加し琴平詣に一等パン食競争に三等を得たり
満月橋頭に懸り風光絶佳なり、小川来る記念に万年筆を与ふ

十月二十二日　金　晴

午前中上陸準備の荷作りをなし第三回の注射を実施す午後室にて休養、午後五時より競技会の賞品授与あり予も亦四種受領し得たり
夜半メシナ海豚等通過す右に Reggio 市左に Messina 市を眺め月光の明媚到底香港、馬関の比にあらす次テストロンボリ島を見る噴火の火口を認め得さりしは遺憾なり
エトナ山雲に隠れてみえねども
メシナの海は金に縁どる

十月二十三日　土　晴

特に記すへきこともなく一日を碌々として送る気暖下り日向悲しき位なり冬服を着す
夜小川来り晩く迄話す

十月二十四日　日　晴　烈風

午前四時頃より波当り船の動揺甚しく読書する元気もなく終日不愉快なる時間を送る午後二時（マルセイユ：筆者）入港、予定なりしも夜に入りて尚マルセイユ見えす如何に風浪の強かりしかを知るべし

潜艇跳染友邦危
船景将絶地中海
日東健児由義立

勇戦勲高別美安山
大戦当時遣外艦艦隊の労苦を顧みて

船はマルセイユ港外に着す

十月二十五日　月　晴　曇

昨夜十一時稍前船はマルセイユ港外に入港し得す一夜港外喫し四十数日間○居を共にせし同船の客と別れの挨拶をなし住み慣れし船と別れ園田に荷物を托して上陸形式税関検査に立ち合ひ午前十時半頃漸く準備完了して自動車を以て市内見物、notro dameに登りて市内を○下す本早朝船より見しマルセイユ市は概ね岩石地にて青色の不足を感したるも、notre dameよりの遠望は風光必すしも不可ならす、Hotel noailleにて昼食を喫し午後自由行動、先ツトマスクックにて信用状ありに市停（Jouo下）を取り出し田村教授と共に美術館に名画伯の画を見、凱旋門Catidoral等を見物して午後六時帰宿、直ちに一同夜のマルセイユ見物、世界唯一の活動　見午後十一時四十分田村教授と別れExpresseにて北上す一等車なるも不潔なること及動揺甚しきとは到底日本○色の比にあらす苦しき一夜を列車に昭す

（遠藤がルーアンに下宿するよう勧められたのは10月26日夜パリ到着後）

○午後三時パリ着〈遠藤三郎のパリ到着〉パリでのパーティ歓迎会頗る盛会

十月二十六日　火　曇

午前六時頃クエン（？）到着と共に夜明け数十分停車の後再ひ北向す、両側の風光延々して心地よし田園の広大なる食糧問題に苦しむ吾人日本人としては実に義（？）宝に不堪す午後三時漸く巴里着、在巴里邦人多数の出迎を受け（仙池大佐、桜井少佐、土橋大尉、酒井大尉、青木大尉、中村大尉其他大勢）予は一人Hotel international十六番室に投（宿）す停車場にて受けとりし多数の手紙の中光子よりのもの二通あり直ちに読む思い遠く故郷に走せ可憐なる彼女及子供等の様子見ゆる様なく近藤良○、花谷、杉浦（ママ）氏等の通信も亦嬉しく見るを得たり入

浴なとをなして体を休め到着の通知日誌なとを書く土橋大尉及青木大尉の来訪を受く七時半よりの日本人会、（文章一担切れる）

午後七時十分頃、青木大尉に迎へられ日本人会に出席す集る者四十名頗る盛会なり先発星川中佐の組も亦同席なり、同期生天○青枡（ます）と席を隣す西守原大尉、経田、酒井大尉等とも親しく話す駐在地にわ（ママ）きて色々と話したるも経田大尉はmant着くつToulら酒井大尉はdouanを勧たり十一時頃多くの人々は更に遊ひに出掛けたるも予は宿に帰る、帰路、Etoilに於て但波大佐より○○陸軍大学校入校を勧められ且つ其の決心を促したるも暫く熟考すべきを約して別る入校必すしも不可ならさるも家を三年明くるは忍ひ難きものあり夜之れか決定に苦しむ、十二時過き小○にて撮りし妻子等の写真を見つゝ光子よりの二本の手紙を読み遠く故山を思ふて感無量なり、桜井少佐の講話を聞き昼食後青木、酒井両大尉の案内にて市内見物、ナポレオンの墓、戦役記念館、博物館等を見る、戦勝記念館は頗る良好に整理せられあり然れとも一同独人之れお見は到底復興の念禁する能はさるものあるへし夜カッフェーパリーにて会食原大尉の案内にて廃頽せる夜、パリーノ裏面を見る静視するに忍ひす

（10月26日午後3時パリ着　夜のパリの裏面を見ている）

十月二十七日　水　晴

11時起床手紙なと書き居りしに西京大尉来り次で海軍の平出大尉の来訪を受く、午前十時過きHotel d Jenaに行き桜井少佐其の他大久保、桝（か）大尉等の案内にて日佛館行して金を下けエッヘル塔に登る髙さ約千尺Eseensenzを換へる四回、各十数分待たされ一時間を要したり、頂上より巴里市を俯瞰し全般の地形を知る、塔にて昼食後買物なとをなして午後六時頃帰宿、手紙を書き湯を浴して十時半床につく

（エッフェル塔に登る）

十月二十八日　木　細雨

寒気稍薄らく、午前九時半 Hotel djéna に行き酒井大尉

十月二十九日　金　曇　雨

午前 d'jéna に行き江橋中佐の航空に関する講話を聞き十一時半 33rue Faubourg st.Honore に東久邇官を訪ね拝謁を許され色々と親しく話をなし午後零（ゼロ）時半頃仙波大佐の招待にて Cercle Interallié に行き昼食を馳走になる後大使館に原大尉を訪ねて一時間ばかり話し後 Attache の事務所に行き（?）波大佐より駐在に関する指示を仰ぎ酒井大尉と共に métro にて帰る同氏より依頼せられし手紙を d'jéna に届けたるも（一行宛、帰国 Attaché 発）岩橋中佐は之を受けとらす

（二十九日欠　三十日欠）

列車にて雨のＲｏｕａｎに向う

十一月一日　月　晴

久し振りて青空と日光とを見て心地よし太陽は低し午前一時間徐読書をなし後荒樹大佐を○院に訪ぬ言葉通せす淋しく暮し居られし中なるを以て非常に悦はれたり庭を散歩なとして一時間徐話し帰宿直ちにサンゼリセーを散歩す恰も本日は彼岸の祝日にして人出多く殊に凱旋門下の無名戦死者の墓に詣する人○駅として続き各花を捧くる○子誠（?）に奥行しかしく見えたり後少供展覧会を見たるも日本の夫れと大差なし

夜木内氏を訪ねた食を共にし同氏と共にオペラコミックに歌劇を見る産業の優秀なると光線の利用の巧なると女優の体格の偉大なるとに感難す午後十二時過ぎ午後二時頃酒井大尉の来訪を受け次て服を注文すへく Collignon50、bournard st Germarn に行き jagnette 120F Véstornoir 上のみ 60F

外套 140F を注文す magasen deber marche に行き帽子靴等を買ひて六時帰宿し木内君と夕食を共に

すへく同氏を訪ぬ
八時頃より木内夫婦田村教授、萩野深尾氏と共に常磐に行き日本食の馳走になる面白く話し十時半頃帰宅す
（パリでショッピング）

十一月三日　水　降雨
朝回覧の手紙を出し九時半迄にイエナに集合相馬君の案内にて工場見学に行く、S.O.M 会社にて光学機械を見午後シトロエンにて自動車を見る規模頗る広大にて日本の貧弱なる恥しき様なり終りて買物をなして六時頃帰宅夜は村上大尉、十川、桜井両少佐と共に follicbergere を見る美装なるも低級にしてオペラの比にあらす十二時過帰る
（シトロエン見学規模広大日本と比較）

十一月四日　木　晴
珍しき好天気にて小春日和を味ひ得て心地よし
午前九時半よりホッチキス会社にて機関銃の見学をなし日本人倶楽部にて昼食
午後ローレーヌ会社にて自動車の見学をなす終りてより相馬氏と先に荒城大佐を訪ね見舞ひたる後相馬氏の家庭にて夕食を馳走になりスモーキングを借りて十時頃帰宅す
（ホッチキス機関銃）

十一月五日　金　午前曇　午後降雨
午前 grand palais に行き古美術品及現代の完の装飾及 Salon d'automne に現代の絵画を見る表現派と云ひ未来派と云ひ又筆勢の剛健を教ると云ふも古名画に比し寧口憎協セルニアラサルナキや、後菊の展覧会に故郷を偲ひ午後二時イエナに集合、安田少佐の案内にて大江大佐山本主計正と共に Louvre の博物館にて世界の大傑作を観賞し musée grevin に蠟人形を見て帰る午後七時イエナにて酒井、西郷、山本、田島栖下及下宿の Mademorsllll と共に会合酒井氏より本夜の劇につきて（Donfenglin）の説明あり八時オペラに行きて観劇に一夜を面白く送る、流石は grand opéra だけに立派なり
（古美術ルーブル、グランドオペラ）

十一月六日　土　午前曇午後雨

午前九時半イエナ集合、小池大尉の案内にてVersaille見物秋の効（ママ）外は殊に風光佳なり、malmaisonにLuis VIX及napolion Joséfin等を偲び午後Versailleの宮殿にLois VIX及普佛戦大戦の故事を訪たる（程？）なくしも明日の出発準備もある事故予のみ一同と別れ午後二時の電車にて帰る、スモーキングを相馬君に返し服屋に行きて仮縫を合せ六時頃帰宅夜原氏来りて十二時迄話す

（遠藤三郎のルーアン駐在）

十一月七日　日　降雨午後晴

十数日間住みしホテルアンテルナショナル十六号室も今朝にて御名残りなく八時半に井福来り九時稍前自動車にて出発十時発にてサンラザールの停車場を出発す雨頻りに降り停車場にては新聞を読み得さる程暗し雨に烟（けむ）る田舎の風光を眺め日本の新聞なと読みつゝ正午ルーアン着落付くへき室に入り荷物なと整理す小岩（？）にて荷作りせし品物か現はるゝ毎に当時の事を偲はれてなつかしく感す

午後四時頃酒井氏の友人なりとてM.AmeDéhous、panet氏Denis氏来り親しく話す旧知の如し誘はるゝかまゝに自動車に乗りて西の方四五里の所迄散歩す霞に煙るセイヌの流れ紅葉に飾る山の姿静かな軟な景色に光惚たらさるを得す糸の如き細き月を西山没する頃帰る夕食後老人及其の娘と話し十一時に床につく

（パリのHotelアンテルナショナル十六号室を去る）

（正午ルーアン着）

（風景美描写）

十一月八日　月　午前降雨午後（けむる？）

八時半に娘に起さる昨夜は色々と夢を見て熟睡する能はさりき午前中木枯に散り木の葉を眺メッツ光子及昇氏瑞枝氏等に手紙を書く降雨降雨のため室内暗く日出前が日没後の如し午後服屋に行きて服を合せ買物などなして四時頃帰る夕食後光子及子供等の写真を出し一同にて話をなす

（妻と子供の写真をみせる）

十一月九日　火　午前降雨午後晴

午後小学校の本を購入すべく町に行く所々を散歩して四時過きに帰る帰宅後一覧するに其の程度の高きに驚かさるを得す夜気分悪くあまり進まさりしも約束ありし故活動見物に行き十二時半に帰る、日の無理と過小の靴にて足を痛めたる為か淋巴腺脹れ発熱さへして苦し

（十一月十八日迄客体回復せず）

十一月十日　水　晴

終日床に就きて静養せるも快療するに至らす寂しき一日を送る

十月九日迄の新聞来り床中に読みて◯く思を故山に走す安田少佐令息死去の報に接し同情に不堪

十一月十一日　木　晴

休戦記念日にて午前八時午前十一時午後五時の三次に亘り寺々の鐘を打ち祝砲を発射し非常なる賑ひなり観兵式も行なはるゝとの事なるも病気癒えす終日憂苦の中に時局を送る夜、明日は日本行手紙の発送日なるを以て光子に手紙を書く

十一月十二日　金　晴

本日も終日床に臥す徒然なり本夜は土橋、青木両氏の為めの送別会開かるへきに之れに出席し得さるは甚た遺憾なり氷を求めて冷やす

十一月十三日　土　曇

酒井大尉来るとの事故床を離る光子及大友強氏、上村大尉より来信、メッセージあり初めて手当来る四ヶ月分180ポントと若干あり、返信を書きて午前中を費す終日床を離れ酒井氏其の他家族と活したる為めか病気空しからす

十一月十四日　日　定めなき天候

終日床につきて静養す、うるさき程色々と心配し呉れたり明日巴里に行きて治療を受けんと決心す発熱あり三十七度なるも痛部は三十八度、疼痛甚しく

夜眠る能はす

十一月十五日　月　晴　時々曇る

本日酒井大尉帰国すること、なり同車するを好まさると昨夜の苦しみにて病勢一変せるか如きを以て一日得り延ふることとなし又一日床に就きて静養す頗る楽となれり

昨夜小松にて子供か熱湯を浴ひたる夢を見て心配なりし故本日光子に子供に注意すへき手紙を書く

十一月十六日　火　曇　晴

昨夜夢に光子来るを見ぬ小松の親戚知己に多く不幸あるを見不快なり、朝 M.deme 来り予をアシアレの医者に連行かんとす親切なる男なり、昨日入湯し気持ち良かりき、温度は四十一度少しぬるく感したるも欧州人は三十九度なりとの事故我慢す

朝回覧通信なとを書く

午後自彊術を読み急に実行したくなり足不自由なるにも拘らす断然就寝前に実施す然るに昨夜迄夜半目醒め又は悪夢に襲はれなとしたるものか全く癒して熟睡し又昨日迄は目きゝなと出て（ママ）きたるものか之れ亦何等異情なく而も多分足の脹れは悪からんと思ひしも却て気持よく体温患部共に三十六度一分の平温に服す其の効力の偉大なるに驚く

十一月十七日　水　曇雨

自彊術の効果の大なるを体験し得たるを以て本朝も亦之れを実施し將来毎日朝晩実施するに決す一日元気に暮すを得たり、午後服屋に行き服を受け取らんとせしも未た出来す再ひ体に合せ本夜送るとの事なく背広 850F スモーキンク 130F なり、午後休養す。

十一月十八日　木　降雨

容体極めて良好なり殆んと苦痛を感せす

午後自彊術をなす為めの tappi を買ひに町迄行く夜晩く迄会話をなす聖上容体悪く為めに執（摂）政殿下大演習行啓見合せられたる電報に接す

（容体良好）

十一月十九日　金　降雨

陸海軍協同研究委員多数の寄せ書の浄書来る、共同作戦綱要案完成せるを報せり、之れか祝状を出す久し振りに日々新聞来る十日より十六日迄の分は中絶せり中途紛失せるものならん、午前中之れを読み耽り国の事も偲はれて面白かりしも光子より手紙来りけりしは物足らす、午後本屋に行きて（？）す13しおん六ヶ月分を注文し写眞の焼付を依頼し次て停車場に行き半額（ごよう）車券を要求せんとせしに応対極めて横柄而も予を支那人と間違へり甚た不満なるも之れ亦止むを得さることとなるへし

十一月二十日　土　午前暴風雨　午後晴

午前読書をなし午後博物館見物に行きしも目下手入中にて見る能はす散歩し、散髪して帰る、酒井大尉来れり午後五時より Mademoirelle（ママ）と共に再ひ町に行きて買物などなし午後六時半より慣例の会合に列席す親戚の三夫婦機嫌よく来りいか風に愉快相にて気持よし

午後八時解散、眞丸の月セイヌの上にかゝり風光佳なり

（博物館休館）

十一月二十一日　日　晴

久し振りの快晴にて朝食前既に庭に出てゝ散歩す軟き太陽の光清き秋の空気思ひ存分に洛びて四方を眺め散策其の頃は牧場となり入る事許されさりしも中腹の美しき草の上に横臥し大自然に接しつゝルーアン一帯の平地を眺め牛を愛し馬を愛（し）て時の過ぐるを知らす軽快に時間を送る、墓地は極めて清潔に保存せられ参詣する人少なきにあらさるも予の思ふ程にあらす殊に山に遊ふ人ゝ見さるは不思議なり時間の早かりしも一団なるへきも此の日の短なるに日光を節約する上より見るも既に此の時外にあらさるか如きは活気ある国民と云ふを得す、之れに反し正午頃寺に詣てしに何と薄暗きゴシック式の寺の内に集ふ老若男女の多き驚歎に價す佛人は活動の国民にあらす老衰の国民たりとの印象を深くす午後三時頃よりボンスクールに遊ひセイヌ河畔の美景を俯瞰し午後六時半より活動を見て帰る本日一日は遺憾なく面白く遊ぶを得たり

（ルーアンの秋）
（草原に牛と馬）
（ミレーの風景）
（牛を愛し馬を愛して→1938年刊の「従軍兵士の心得」に馬をいたわれを記す）

十一月二十二日　月　晴　夕方より降雨

食前の散歩は殊に気持良し、午前光子に与ふる手紙を似想して佛語の作文を作る、午後停車場に行きて半額券を購ひ後町を散歩して買物なとをなし午後五時帰宿、購ひ来りたる額に両親及子供に於ける小生等一家一同の写真とを飾る

夜、マダムに作文の訂正、読み方の修正等をなして貰ひ有益時を送る

十一月二十三日　火　曇

午前十時の列車にて巴里に行く、m.panel と同行す車中読書せるも動揺甚しく苦し十二時五分前に到着せるを以て午前中に日佛銀行に行かんとして急き外に出てしに眩暈を感す、自動車にて行けしに十川大尉と会す直ちにコンメルシアルに行かんとせしに平手海軍大尉に会す広き様にて狭きは世界なり、134F にて六十ポントを換へ原大尉を大使館に訪ねしも不在、木内氏も不在なりし故直ちに服屋に行きて服を受け取り 3300f を支払ひて大使館を訪ね、原氏ヴィローにて予を待つとの事故再ひ訪ね共に日本人倶楽部に行き日本食に舌鼓（したつづみ）し後天品氏を訪ねしも Madame のみにて不在

止むを得す直ちに青木大尉を見送るへクリオン駅に行く四王天少尉初め在巴武官殆んと全部見えたり九時三十分の列車にてマルセイユに向ひ出発せられたり、予も亦帰り度き心地す堀、上村両大佐十一時半到着せらる、との事故之れを迎ふへク駅の buffet にて待つ

此の間青柳、相馬、天品と共に愉快に話す天品に勧めらる、かま、に其の家に泊す Madame をソファーに臥して予と天品と二人にて double bet に休みしは気の毒なりき

十一月二十四日　水　曇

午前九時天品の家を辞して銀行に行き二十磅（ポンド）を換ふ139fにて又稍下落の微あり、原大尉を訪ね共に買物に出掛けオペラ通りの近くのスイス時計店にてsolvilを2200fにて購ふ後鎖を800fにて買ひpatiに蓄音器を買ひに行きしも店閉ちありし故両人にて招待せらる丶かま丶に天品の家に行きて昼食を共にす、本屋も宿泊すへく非常に勧められしも急き帰るを要せし故辞して共に再ひpatiに行く携帯用蓄音機1000fにて購ひ天品及Madameに送られて四時八分の列車にてRouenに帰る彼等の親切なるに感す

六時に到着写真を受け取りしも何れも不出来にてものにならす殊に光子及愛児等の写真不明瞭なりしは残念なり

（高価な買物）

十一月二十五日　木　曇

終日霧ありて日中尚電燈を点せされは読書し得さる程なり寒気も亦甚しく終日暖炉の近くにありて読書す、二六会報来る委員の苦労を謝す

十一月二十六日　金　曇夕方より降雨

午前十一時よりダンスの先生の所に行き稽古（けいこ）の約束をなし（八回180F）午後三時より第一回の教授を受く、大して難き事にあらす日本の舞踏に比し雲泥の差あり午後五時頃より佛語の自習をなす、寒さ甚しき為めか稍頭痛を感す

十一月二十七日　土　曇

午前週刊朝日なと読み居りしに久し振りにて金次郎兄、行地社其の他各所より多数手紙来りし故之れが返信を書く為めに半日を費す午後ダンスの為めにレコードを買ひ午後六時半より例の集会にブールスに行く珍しき人三人来れり一夫人は日本式の額をなし激れて好き相に思はれたり、夕食後Manel,deni夫妻及集会の時の友人等来り午前二時迄愉快に遊ぶ但し稍腹痛を感したれは閉口なり

予はシャンパンを呈提供す90Fにて三本

十一月二十八日　日　曇

午前九時半頃珍しくも太陽の顔を見たり、十時よりダンスを習ひ十一時より徒歩にてボレスクールに散歩に行く昼食前又ブールスにて集会、午後四時迄家にて休む午後七時より活動見に行く

十一月二十九日　月　降雨

午前六時四十五分迄に出発準備を完了する約束なりし故二時頃より目醒め布団〇す、七時頃 M.deni 来り自動車にてアシアレに向ふ、途中数回故障あり五時間を費して午後零時半漸く到着す

途中大波状地、大牧場を見仏国の土地の広き羨望に不堪、村落は集団的にして日本の如く人家点在せす、食物の関係上自給自足困難なる為なるへし其の結果野外に出するに馬や自動車の必要生し地形の関係と相待て之れ等のものか発達せるものなるへし

Docteur G.Rachon（138.Rue Jules-Barni、月火水、16夕方 Rue du Faubourg St Honoŕe、木金）に行く眼のみ見て診察し次の食物を禁し漢方医の如き薬を与へたり

Pel. Bonlean 15g
Reine des pis 15g
argentine 15g
Tenilles de casis 15g

défendu
Coeufs-Lait pur-Lehi-Camomiele-Sauces grasser-Boiitlous gras-Charanterie-Vin rouge-Legumrs Sel-Choux

午後四時出発せるも途中眞暗となり六時半帰る、新聞広告により先生志願者の手紙頗る多く来れり

（先生求む広告）

十一月三十日　火　曇

午前中佛語先生の志願者の訪問を受く

午後手紙を届けたる人々を訪ね多忙を極め仕事を終りて床に就きしは一時なり

十二月一日　水　曇寒気強し

終日先生を訪問し疲労を覚ゆ夕方可愛らしき小娘

来り佛語を教へん事を申込みたり昨日手紙を受け取りしMelle LeRoux なり

夜色々の話をなして十一時半床につく

（佛語学習／多数の仏人と面接ー教師の採用理由面白い）

（一日のスケジュール目白押し）

十二月二日　木　曇

朝M.Rene 氏の訪問を受く先生として採用するに決す日課時限を左の如く定む

7－8h　起床
8－9h　体操及トワレット
9－10h　朝食及自由時間
10－11h　自習
11－12h　先生に就きて学科
12－2h　昼食
2－4h　自由時間
4－6h30　自習時間
6h30－7h30　佛語学科（先生に就て）但し土曜日は午後三時より一時間とす
7－2h　体操就寝

午後三時よりダンスの稽古をなす第四回のLessonにて大分進歩す

帰宅後新聞（日本）を読み遠く故山を思ふ光子より三週間手紙来らす不思議なり

新聞広告により本日も先生来りしも拒絶す今日迄受け取りし手紙左の如し

M.Kolleville 138 rue StMaur　小学校の先生にて可なるもたのみ

Commandant Burean en retraite 33.place de la pucelle（老人）

Melle Marie A.Quilel.3 quai du l'davre　スクレテール三十位

Melle Patin 5 place ok la Rougemare　老人なるも採用

MmeA.Czaen 5 Rue de l'Hopital.　可なるも午後なる故取りやむ

M.R.Hamel. 24 rue St Rownay　（返事せず）二十五の男

M.René Legros 32 rue pierre Leurnaille　老人

Mme gamblin 18B Rue de la Cigogne　家がまづき故やめ
Mme renier　手紙がまづき故やめ
M.René Verroy 213a Rne de Renard　予備中尉小学校先生故採用
M Edward montiér 2 rue ponchet　老人、可なるも青ざめて不健康らしき故取り止む
M.yy Wagner　老人故取り止め然れとも彼は学者なり
（名前欠？）　4Rue Chasselierre　青年家か近き故採用
Mme Lucien 26.Rue St Romain　字かまつき故中止
Madame Roe lrue de Fontenel　時間か不適当故中止
Melle Durel 55rue des Faulx　学者らしき老人なるも色青白く且つ午後なる故中止
M.Poupard 9passage de la Rannpe　青年にて再度来るも家遠き故中止
Mme Guillon 23Rue du lien de santi　老人故やめる
M.A.Mousset 78 route neuve　面白き老人なるも道遠き故やめる
Melle A.Leroup 23 rue du canal Bapeaume les Rouen　22の可愛女なり午後六時半より家に来得るとの事故採用

十二月三日　金　降雨

久振りに光子より来信一同元気の様子にて漸く安心す十坊か予の帰朝を待ち詫て居る様子意地らしく涙溢る

午前中手紙を書く、大久保大尉より Amie を周施し来りたるも断る、午後三時よりダンスを稽古す

十二月四日　土　晴

午前ダンスの先生に行く正午過酒井大尉来る午後新聞なとを読み本夜の宴会遅かるへきを思ひ四時より床につきしも眠られす、午後七時半夜会に臨む自動車倶楽部の夜会にてフランスホテルにて開催中々盛大なり然れともホテルの構造等は到底帝国ホテル

の比にあらず、十時宴終りてダンスを始む此の寒中に婦人は薄絹一枚にて肩から先は全く裸体にて腋下の毛を露出し煙草を吸ひ酒を飲み頭は殆んど全部断髪之れにては女と云ふ様な感も起らす午前二時に到るも乱舞を止めす予は早く席を離れて帰り二時三十分床につく

（フランスホテル夜会ダンス）

十二月五日　日　晴

昨夜の疲労を快復すへく午前十一時迄床中に在りて休む午後堀江の方への回覧通信を書き午後四時半より一同活動見物に行く

十二月六日　月　曇

本日より先生の処に行く筈なりしも病気の由手紙来し故午前中家に在りて自習す午後買物に出懸け途中にて Madam Cracrn に会す彼を先生に取りさりしむ惜しき様なり

午後六時半 Melle LeRoux 来る頗る快活にて面白き人なり Yeantille ならざるも会話の伴侶とするに足る一時間習ひ七時半に送る

十二月七日　火　濃霧

霧深く遠望を許さす時々太陽の月よりも暗く見ゆる位にて濃きときは一（時）間位透視し得るのみ初めて Melle Patin に行きて第一回の Lesson を受く果して良好なる先生なり

午後第七回のダンスを習ひ夕方又佛語の授業中々多忙なり

十二月八日　水　曇

光子、四郎、寛一郎氏等より来信、返信を書く

午前の学科は先生病気の為め休みなり

午後の Melle は中々熱心に教へて呉れ感心なり

ルーアンでの日課佛語のレッスン多忙

十二月九日　木　曇

午前予備中尉 René Verroy に就きて歴史を習ひ午前十一時半より無軌道列車来るとの事故共に見物

に行く思ひの外小規模のものなりき、午後四時よりダンスの稽古に行く第八回目にして全て終了す、夜例によりてMelle,Lesson本日は中々多忙なりき

十二月十日　金　曇小雨あり

初めてM.Wagnerに就て佛語を習ふ不可ならさるか如し佛語の勉強にて中々多忙なり、本日は恰度小松出発の三ヶ月記念日に相当す月日の流れは誠に早し

本日より食事の際少量の白葡萄（ブドー）酒を飲むことにす若し健康状態不可ならさるときは在佛間続行すへし

十二月十一日　土　曇

午前Patin午後Lerouxの授業にて寸暇なし午後四時よりLerouxと共に散歩買物をなし夕食前Boursにて会合、夜はguettoと共にM.Deniを訪ひ十二時迄遊び帰宅す聖上（大正天皇）御不快の報あり心痛に不堪

十二月十二日　日　曇

朝M.Verroy来り共に波止場に散歩す

午後手紙なとを書き午後四時より活動見物夕食にはM.Me Deni、M.Me Panel来り賑かに遊ふ

十二月十三日　月　曇

両親様を初め光子幸子等に毛のシャツを典夫（長男）に外套、十坊（次男）及章坊に服を送るへく約500fを費して購入す目○を300fにて靴を200fにて購ふ仏国は決して安価ならす生活に注意を拂ふにあらされは到底安逸に生活し得さるへし

十二月十四日　火　曇雨

御両親にセーターを贈る小包料42fなるには驚かさるを得す故に典坊（長男）、光子、幸子の為めにはMagasinに依頼し○○後れて送る事にす

十二月十五日　水　晴

午前六時四十五分に起床出発の準備をなし午前八時二十五分の列車にて巴里に行き先つ天品を訪ねし

も不在（後に聞く室を誤りたるなりと）故土産物を置きて後大久保大尉を訪ね、Amieを継承すへく勧められ共に其の家に行きて食事をなす嫌ふへき者にあらさるも予は未た此の如き生活をなす意図を有せす、直ちに不定したかりみも折角の勧めなるを以て熟考の上返事することゝなし事務所に行き大勢集りて雑談す、二時半より講話ある通知なりしも三時半に到るも開始せられす殊に講話者青柳大尉ば通信に関して講話せり

安田少佐より聖上陛下の御容体を聞き心痛に不堪講話終りてより十川、西原両氏と共に散歩をなし午後八時より、桜井、清浦両氏の送別会を日本人倶楽部にて開かる十一時解散、天晶西原両氏と共に散歩し十二時過西原氏と共に帰宿Rue rennesのHotelに泊す三時頃迄話す（久し振りに皎々たる月を見心地よし）

（日本からの天皇重態の報）

十二月十六日　木　晴

午前十時頃より西原氏と共にサロンにて航空展覧会を見る規模頗る広大なり、昼食は日本人倶楽部の近所にて食道楽者に有名なルーレストラーンにて採る銀行にて金を換へ（120F）町を散歩し西原氏と別れ五時の列車にて帰R（ルーアン）町を散歩しHotel le Parisにて夕食八時半より有名なる活働写真Michel Strogffを見十二時半帰宿、二時床につく

（これでパリからルーアンに帰るツジツマが符号する）

十二月十七日　金　降雨

午前先生の所に行き午後家にて新聞を読み整理なとをなす午後六時半よりLourenxと共にCafféに行き初めて自由に話す彼も亦予と同様の考を有しArnieを約す可憐なり

（12月6日付　Melle Leroux　とある若い仏語の先生）

十二月十八日　土　晴　午後曇

朝聖上御重態の報大使館よりの受領、正午新聞によりて崩御の報を得落胆其の極に達す遠く東天を望

んて祈禱す
午後三時よりLourenxと共に遊ぶ遂に彼は意の如くなりたり而も彼の正直なるには驚かさるを得す
夜酒井大尉来り十一時迄話す

十二月十九日　日　晴

午前、Verroy氏と共に散歩す本日は諸寺院を見物す聖上尚御在世の報新聞に見ゆ、此の機会を利用して遙かに御手○を祈る
午後酒井大尉及家の娘共と共に活動に行き有名なるLamartineの作を見る人情味は日本と変る所なし夜遅く迄話す

十二月二十日　月　晴

特記すへき事なし

十二月二十一日　火　晴曇、霜降る

大久保大尉よりAmieを勧められ居りしも本日手紙を以て断る、午後Magasinに行き光子の為め狐の襟巻を購ひ国に発送す

十二月二十二日　水　午前晴午後曇

光子及大武氏より来信直ちに返信を出す光子等一同元気殊に典夫は予の帰るを待ち且加へ○をなし得る由十坊も亦大分口か達者になる居る様子可愛らしきものなり
大武氏の作
1、朝日さし目ざめて見れは他国かな
1、夜恋し夢で辿らん郷の空
1、ふたとせと思へば永き旅の空
　　待ちつ待たれつ研く此の身よ
1、限り無き望みも今は事過き
　　富士のたかねも近くなるらん
（久し振りアンドレーの名　Melle Lerouxに贈物）
午後鞄を購ひMelle Lerouxにnoêl及年始の贈物となす

十二月二十三日　木　晴　寒さ甚し

午前予備大尉につきて歴史を学ふ、夫人を紹介し且つ apéritif なと呈し
頗る歓待せり午後佛語の自習をなし

夕食後ホリベレシューニ入場券買ひに行きしも閉鎖せられあり後 Andorée と共に遊ふ七時半帰宅、寒さの為めか稍腹痛を感す、懐燈を入れて休む

十二月二十四日　金　曇頗る寒し

へヘルノ準備にて頗る多忙なる様子なり何れの家も水にて清め寄生木を飾り正月を思はしむ Melle Gilbert 手伝に来る十三才なるも身体も大きくて可愛らしき娘なり

午後酒井大尉及 Melle Jvonne 来り益々賑かとなる

夕方 Andori の学科を終りてより一同活動を見物に行く十二時に帰り一時頃より Noël の宴周始せふる、総数十九名にて女中二人を使用し頗る盛会なり、中男は僅に六名他は皆婦人、其の中髪を備へたるもの六名八名は断髪、宴終りてダンスをなし解散せるは午前七時なり
（ノエルの準備）
（Noël（ルーアンにて）朝までダンス）

十二月二十五日　土　晴（本日より昭和之年と改めらる）

珍しき好天気なるも昨夜一睡もせさりし故午前八時より午後二時迄床につく、新聞にて聖上崩御の報を得覚悟せし事なるも感無量なり

すめらぎの霊安かれと祈るなり
我が花を捧げまつれよセイヌ川
神去りましし君の御霊噫

夜家族（ルーアンの家族）と共に親しく話し十一時床につく

十二月二十六日　日　晴

午前中家に在りて謹慎す、本朝次の如き通知を得たれはなり天皇陛下今二十五日午前一時二十五分崩

御あらせらる驚愕に不堪駐在員及出張者に伝へられたし噫（ああ）

午後一同ホリベルジュに見物に行き午後六時Jvonneと別る陛下崩御の為めか気持引き立たす終日蒙朦々として時を送る

夜Denis氏の家にて一日夕食を共にし十二時迄活したるも相変らす気引き立たす

十二月二十七日　月　晴

午前家に在りて謹慎の意を表す

午後買物に行きし外家に在り気持引き立たす

十二月二十八日　火　曇

光子、四郎、敏子等より手紙受領、語学の授業のため午前はMelle Patin午後はM.Virongに行きし外は家に在りて謹慎す、極端に憮（ママ）欝となり殆んと神経哀○の如く家人と話するさへ○（厳）しくなりたり（日記の文字乱れる：著者）

午前二時頃床につく

十二月二十九日　水　晴

陰鬱となりて気引き立たす午前中床を就きて色々と深く考へを廻らす、午後M.Denis工場に誘に来り共に行きしも途中にて彼れは其時間顧客の所にありて待たしたるを以て予は単独にて帰る、面白からす

夜、手紙を書き午前一時床につく

十二月三十日　木　細雨

寒気稍緩む、午前歴史を勉強、午後Melleyilberteと共に活動を見に行く海賊の映画にて中々大規模なり、帰路、靴下を与ふ一足約三円五十銭、高価なるに○り彼女は年若き為めか遠慮せることを知らす必す最良品を選定す中々うっかり御世辞も云へす、MelleGietteにも同様のものを与へたり

本日も何となく気沈み勝なり、聖上の崩御此の如き程度に迄我々日本人の精神に打撃を与ふるとは未だ知らさりき

夜新（ママ）読をなし佛語の自習後十二時床につ

く

十二月三十一日　金　（天気記入なし）

朝 Melle Patin について佛語を習ひ午後

昭和二年一月一日

１９２７年ルーアン滞在初めての正月

一月一日　土　濃雲後晴

仏国の正月元旦は接吻にて明く即ち除夜の鐘と共に男女相接吻するを例とすれはなり予等も亦其の例に漏れす Regrand の家族、Denis の家族、Panel の家族、Déhais の家族等と共に Lestanlous にて会を共にし港内の汽船の汽笛を聞きつ、相接吻して昭和二年一月一日を迎へたり後一同町々を散歩す夜中なるにも拘らす遊び居るもの少なからす例によりて接吻後の散歩をなしダンシングホールも中々盛んなり、前夜焼けし市庁の火事場を見物し午前二時頃帰宅床につき午前十時再び起く、相変らす気色勝れす、特に Melle Gilberto の忘恩無恥なる若少なりとは云へ驚くの外なし予の為に佛語の相手となる約束をなしなから遂に三十分やりしのみにて他は何の手伝もせす即も年に似合はす早熟にて同宿の英人と恋し居るか如く暇のある毎に其の連中にて喜々として遊べり之れに対し祖母、叔母等感付き居りなから一言も注意せす男女愛に対する感念は全く日本とは異るが如く全く日本と異るか如く全く本人の意志に一任しあるか如し機を見て更に探究せんとす此の態度に対し不満なきにあらさるも嫉妬と混交するの虞（おそれ）あるを以て強ひて他言せす

寧に更に恩以て怨に報ゆるの態度を示すへく更に贈物をなし明日も亦停車場に送らんとす

一月二日　日　雲

頭痛を感す九時に起床し十時に出発する酒井氏及 Melle Gilberte を送り散歩して帰る Grippe にかゝりある為めか○に痛みを感ず不愉快なり、昼には例の三家族集合して賑かに食事し一同帰りしは午後五時頃なり下宿を変らんとせるも其の第一理由たる風

呂は mmeMarsil か百円食余を投して新に作りたるを以て本夜予の希望する條件を提出して若し聞き入れたる場合に於ては四月迄此の家庭に留るへく決心す○付には○○土地を変更し予の最も希望する家庭に入るの計画を有す

十時半頃予の希望を提出せしに彼等は悉皆聞き入れたるを以て予は毎月 1000f を出すこと丶なし其の中より若干を MmeMalecil 及 MelleGitte に渡さしむること丶なせり

（遠藤の下宿代で一家分担）

一月三日　月　降雨

寝過して十時過きに床を離る、速に M.Vagnez の所に行きしも気分勝れす進歩せす

午後自習をなし六時半より Andrie と遊ぶ、郵便局附近に故海軍大尉の別荘にて非常に金満家あり母一人娘四人暮にて将校を下宿せしむるとのことなるも彼は Jarouse の為めか其の名を云はず若し此の如き家に下宿し得れは誠に幸福ならん二十を下にして四人姉妹なりと屢々パリ、ニース等に遊びに行く由、女護島にあるが如き境遇となるへし此の家庭に入らさるは誠に残念なるも彼の口より聞きて初めて知り得たるものなれは彼れか予の下宿するを好ます之れ以上は口を減して云はさるも不足を云ふ事も出来す諦めたり

一月四日　火　晴雨（霰）○○○

記念の為め朝写真屋に行きて撮影す

流感の為め苦し、夕食を取らすに早く床につく

一月五日　水　降雨

病気癒えす食欲なく、下痢の気味且つ稍（やや）発熱せるを以て佛語の受業を休み午後二時迄床に就きて休む Andorie に Yvonne に出す手紙を示したるに彼は涙を流せり佛人の眞剣なるに驚く

一月六日　木　降雨

本日も亦稍苦し、午前中

久振りに桂木氏より来信筆無精にて初めて書きたる手紙なるも中々可憐なる人なり其の書中の歌に曰

く
のこされしツタ蔦の紅葉を見るまゝに
パリーの君を思ひこそやれ
エッフェル塔をのほりし俤を
しのぶにあまる秋の夕暮
君かすむ花の都にあこかれて
ゆくすべもなく蔦の葉を見る
蔦（つた）の葉の日に増し深き紅の
もみじをめで、ものおもふ秋
新聞及結婚の写真及出発の際東京に於て金次郎兄と共に撮りし写真到着昔を偲ひて感無量なり
東久邇宮昨朝御出発本夜浅倖中尉帰朝の途につく由巴里も次第に淋しくなる心地す午後は返信を書く為多忙なり
（遠藤詩が好き友人の詩を記す）

一月七日　金　降雨、時々太陽を見る

午前　地理
午後　自習
新紙中に光子の手紙あり、十坊大変に成長し予を呼ひ居る由可愛らしきこと限りなし、二未手当二百七十円倧受領せる由（以下プライバシー保護のため削除）
（日本の家族から手紙）

一月八日　土　曇雨

学科にて多忙なり、Melle Andorie は病気なるも強ひて来れり Melle Jovonne の弟 Dupille 来る勉強しつ、話をなす十七才なれとも中々大人らしく話も面白し
夜は Mme Saint Claire の招待にて晩餐会あり Denis、Panel、Dénais、Gardonent 夫妻来り賑かなり夜二時頃迄遊ふ
（アンドレー、この時すでに病気）

一月九日　日　晴午後曇

午前入浴し日本の新聞なと談みて休養す
午後 M.Dupille と共にフットボールの競技会を見に行く見物は可なりに多し、七時半帰宅、夜は酒井大尉と話し一時頃床につく、本日は気分良好なり

一月十日　月　曇
佛語の自習、授業等にて多忙なる一日を送る

一月十一日　火　曇
午後ホテルにてAndorée と遊ふ其の他に佛語の勉強と、光子、四郎、寺田大尉等に返信を書き多忙なる一日を送る下宿のやり方気に入らす不快なり荒畑大佐か船中にて禽獣と云ひしは必すしも誤りにあらさるか如し

一月十二日　水　曇
平凡なる一日を送る、十二月四日よりの日々新聞を見て不断を慰む下宿の者と夕食事稍激論を戦はす
午前午後霧及雨降る

一月十三日　木　午前晴午後霧及雨降る
特記すへきことなし

一月十四日　金　降雨

九月十三日横浜にて同時に乗船して以来一ヶ月半の航海二週間のパリ生活を共にせし荒場大佐一行本日巴里出発米国経由帰朝せらるゝ事になりしを以て予は御見送りすへく午前十時の列車にて上巳す列車は、三十分の遅延せり直ちにアンテルに行き御一行と面会す酒井大尉は予の病気を極めて重大に宣伝しありしと見え一同大いに心配し居られ予の元気なるを見て驚き居れり酒井大尉の非常識にも驚くの他なし
船の都合にて一行中大江、柳下、岩橋のみ本日出発他は明日との事故以上三氏のみを北停車場に送り其の他の人には挨拶をして午後四時の列車にて帰宿す一人取り残されて淋し
（横浜―マルセイユ一ケ月半の旅（パリ滞在2週間））

過にし日たに手を取りて船出せし
友は帰りて我は寂しき
日の本に鹿島立つ友見送りて
又偲はるゝ故郷の空

午前晴午後曇

一月十五日　土　午前晴午後曇

稍疲労を感しありしもMelle Patinのもとにて語学を習ひ帰路散歩してして午後一時に帰る、午後又Melle Lorouxと遊ふ、下宿の事につきて相談す眞に予を思ひ親切になすは彼れのみなり

（佛人女性の親切）

一月十六日　日　曇

午前中休養す、久し振りに熱き湯に入る

午後散歩、活動なとを見る唯一人故寂し夜パネル氏の所に去る十三日夜好生れしを以て俳句を作り短尺に書きて送る

初春に産声を聞く目出度哉

En se baignant S'aurore
Lu eog chonte la victoire
Quel bean paysage jayenx
C'est le symbole de l'hourenx
On entend le chant de b'ebé
Qui est né à nouvelle année
Y'avenir de votro famille
Etin céléra comnne les
Premier rayous du Saleil.

（短尺に佛文の詩）

一月十七日　月　曇

昼食後室を借る目的を以てMelle D.Merchandを訪ねたる外特記すへきこともなく殊にMelle Derauxは病気にて来らす不愉快なる一日を送る

（大学入学問題）

一月十八日　火　曇　四十五度（室内朝）

光子、金次郎兄、信吉、精平、板花、上村、鈴木各少佐、鈴木中佐、橋本大尉、澄田大尉より来信、子供等も元気にて成長し居る様子、殊に十坊（次男：筆者）は発育盛りにて可愛らしき様子目に見ゆる様なり典夫（長男）は一ヶ月はかり病気もし由殊に可

憐なり丈夫にしたきものなり、予の帰国迄に死しては大変だと自ら云ひ居る由　涙ぐましく思ふ
枝宅少佐は相変らす親切なり、鈴木少佐より左の歌を送り来る
日の本のはなに忘れす外国の
花にもめづるかほりあれども
蓋し名歌なり、予は左の返歌を作りて送る
芽（かぐわ）しさ葡萄（ぶどう）の美酒を味ふも
又偲ばるゝ大和なでしこ

午後は返信を書きて多忙なり、（澄田大尉より大学校入学の問題につき云ひ来れり予は命令ならは悦して入校すへきと予より希望する意志なきを答へり）
melle Leroux は本日も来らす彼も亦可憐なり、病を冒して来りしか禍（わざわい）なしたるにあらさりや何となく蔭薄き様に感せらる一月四日に写したる記念の写眞出来しを以て兄弟姉妹（義理共）及瑞枝氏に送る合計九枚なり
（大学入学）

一月十九日　水　晴

昨夜月を見て床につきしも間もなく雨、然れとも本日は殆んと終日太陽の顔を見たり誠に珍らしき天気なり午後 Rue Jandare 16-Melle Marchand の所に一室を借る一ヶ月一百佛なり、少し本を読みたるのみにて他は彼と色々話をなして時間を送る六時半より Melle Leroux 来りて勉強す

一月二十日　木　晴

General Niessel より手紙受領、金、土午前予を待つ由故土曜日に面会する約束をなす午前 Verong の所にてビオレターの説明を聞き午後ジヤンタルクの方の家にて遊ふ、六時過きアンドレーも来り初めての室にて遊ふ、対等の室と思へは何となく心地良し
夜出発の準備にて多忙なり

一月二十一日　金　降雪

午前八時起床、白曠々たり然れとも僅々一寸位に

過きす新聞の伝ふる如く日本の十二尺なととは比較にもならす六花粉々たる中を午前十時の列車にて巴里に向ふ途中北佛の雪景色を愛ず

北佛の野山は銀に飾られて
故郷の冬を幻に見る

正午頃サンラケール着直ちに駅前の宿舎に入り後グランメーゾンブランにMelle Yronneを訪ひCafféBoulanに行きて共に昼食を取る午後二時迄愉快に話す後Attachiの事務所に行きしも仙〇大佐及中村大尉不在、柳大尉、小池大尉等と話し五時半に帰宿服装を換へて再ひCafféboulanに行き酒井大尉と共に夕食、偶然大久保大尉に会す、午後十一時よりオペラに行き中村大尉及、Delmotte砲兵大尉及deWoillemont歩兵大尉夫妻と共にViolettaの歌劇を見る音楽の妙に恍惚たり

午前一時頃帰宿床につく

一月二十二日　土　パリ晴　ルーアン降雨

友の大尉帰朝見送り

早朝起床、午前八時十六分の列車にて大久保大尉サンラサール発帰朝の途につかるゝを見送り後Nussel将軍を訪ね大手少将よりの紹介状及贈物を呈す実に親切に待遇せられたり、後事務所に行き大学校の問題につき〇〇大佐と相談（予は命令ならは入学すへきを話す）し相馬大尉なとゝ話し帰路、サロンニテゴム展覧会を見物し午後一時発の列車にて酒井大尉と共に帰る

パリの賑かさに比しルーアンの淋しさ一人身にしむ殊に帰宅するも唯一人迎へるものもなく皆不在家は不潔にて〇くあり手紙を書き室整理なとをなし淋しき一日を送る

一月二十三日　日　午前晴　曇雨

午前入浴後読書午後二時より酒井大尉及下宿のMadameと共に観劇に行くLadame Igancheを演すオペラには比較すへくもあらさるも尚東京の第二流劇場に相当すへし予一人にて活動を見に行き十二時過帰宿

一月二十四日　月　晴

午前佛語の授業を受く午後Madame Demi及MelleTran Coise予を散歩に誘ひに来りしを以て午後三時半迄散歩に行く、後読書午後六時より別邸に行きAndoréと話し且つ通つ

光子より送り来る新聞は恰（あたか）も聖上御重態の当時のものにて国民か御平穏を祈願する様子を許導しあり当時を追憶し感又新にて両眼の熱するを覚ゆること一再に止まらす

一月二十五日　火　午前快晴午後曇

午前一点の雲もなく珍らしき好天気にて心地よし光子、早川夫妻、菊地米三郎氏、金沢参謀、原少将等より来信、国にては一同元気にて何よりなり早川の手紙中和歌二首あり

垂れこめて首行く人も絶えたへに
黒旗のみぞさびしくぞ見ゆ
師走吹く都大路の風につけ
海山へつる君をしぞおもふ

菊地中佐の手紙中に詩あり
李白の客中
蘭陵美酒鬱金香
玉椀盛来琥珀光
但使主人能酔客
不知何処是他郷
高適の除夜の作
旅館寒燈拘不眠
客心何事転ヽ凄然
古郷今夜思千里
霜鬢りし朝又一年
返信を書く為め多忙なる一日を送る

一月二十六日　曇雨　水

四郎より来信、小松不学気にも困りたるものなり夜M.Danicの所にラジオを聞きに行く雑音多く日本のものより少しも善良ならす氏の兄の家族も来る十七の息子と十六の娘とを見る娘は頗る美人なり二十二三と見て後に大笑をなす佛人は頗る早熟な

り

一月二十七日　木　晴曇

特記すへきことなし

一月二十八日　金　曇晴

脚本を読む難解の字多く閉口す

語学の先生に行きし帰路M.Panelを訪ね産後漸く恢復の季に向ひたり、夜、出巴の準備をなし十二時頃床につく

一月二十九日　土　曇

午前十時の列車にて上巴直ちに宿舎に入り観劇の準備をなし午後一時回〇分Comédie Fransaiseに行きてLa veyage de M.Périchwsの喜劇を見るOpéraには比すへくもあらす

夜、Cadino Parisを見物見事なるダンスを見物す十時頃外に出て、町を散歩し十一時半宿舎に帰りしも軽々しくして安眠し得す

一月三十日　日　曇雨

午前十一時サンラザル停車場にて酒井氏とMelle Marcileと一緒になりてColombeなるM.Dupilを訪ね大勢にて昼食を共にし夕方よりMelle Yvonneを伴ひOdionに観劇に行くLe Rosaireを演す悲劇にして其の表情の巧みなる思はす眼の熱するを知る十二時に帰り宿舎につきしも又安眠し得す

一月三十一日　月　曇

午前七時四十五分の列車にて帰宅午前中入浴整理等をなし午後自習、Melle Leronyは子供か病気なりとてひどくしおれ居たり同情す

二月一日　火　曇

午後食後直ちに散歩に行き二時半よりLerouxと話す学科をなしたるも愉快ならす五時半に帰る

中村大尉より陸軍省に於て予の陸軍大学校入校を承認せる旨通知を受く愈々三年間仏国に滞在せさるへからさることゝなり光子や子供等に対し誠に気の毒に感す如何にして光子ら機持（ママ）よく納得せ

しむへきや色々と思案す

夜下宿の人々や M.Denie 等と活動を見に行く彼等の時局観念のなきには閉口す一時頃帰る

（陸軍大入校承認さる）

二月二日　水　曇

光子、安子、四郎、寺田大尉、牟田口（廉也？）少佐、佐瀬、船山、守ヱ氏等より来信之れか返信を書くため午後は頗る多忙を極む、安子の馬鹿にはあきれ果て不快なり

光子は定めし苦しき生活をなし居るならんと気の毒に思ふ

夕方、Marchand の所に行きしも Leron 来らす空しく一時間待つ、子供ても悪しきにあらすやと心配す

夜 Danil（Danielle ?）、Demi、Déch 氏等来り、パン粉を焼きしものを食ひ賑かに話す本年中幸運来るためなりと先帝崩御当時新聞を読み幾回となく涙に暮る噫

二月三日　木　曇　濃霧（きり）

読書にて多忙なる一日を送る本日は心配する迄もなく Andorie 来り会話の練習をなす

二月四日　金　曇

佛語の勉強にて多忙なる一日を送る、Marchand に勧められ一婦人より古金時計を 300f にて買ひ Andorie に与ふ然れとも後に考ふるにあまり良き時計にあらさるか如し婦○時○○は中々小悧○なり

（Andorie に 300f の金時計を与ふ）

二月五日　土　曇　午後晴夕方雨

Melle Paten に M.Dupon の Campagne を習ふ面白し、夕方町を散歩し例によりて六時より Marchand の所に行きしも Andoréo は来らす、如何に多忙なりとは雖も約束を守らさるは不届なり万一此の如き態度を改めされは速に破約すべし

夜酒井大尉来る夜毎に国の夢を見る、典夫病気の様子を夢みて心配に不堪、本日典夫に手紙を書く

（遠藤アンドレーの態度に不満）

二月六日　日　曇

昨夜も亦光子等の夢見たるも面白き状態にあらす朝起きてより光子に手紙を書く

終日家に在りて読書す

二月七日　月　曇

午前十時の列車にて出巴、日本人会に於て昼食を取り午後三時半大使館邸に参集、知人多し殊に薩摩氏木内氏等に会しなつかし午後四時（日本にて八〇度八日午後零時）石井大使先帝の〇等につき一場の話あり一月〇して哀悼の意を表し先帝の御眞影に対し御暇乞をなす、午後五時発の列車にて帰宅す酒井大尉は未た帰巴せす、驚き入りたる人なり

二月八日　火　晴

記事なし

二月九日　水　快晴

午前十時の列車にて上巴直ちに駅前の Anglo American Hotel に投宿午後三時迄読書をなし後事務所に行き澄田大尉の砲兵用法、原大尉の独逸東方国境要塞問題、独逸軍事監督撤退問題、大島少佐の火薬圧力試験機に関する講話を聞く

後　日本人会に集合杉山少將、大島大尉の歓迎酒井大尉の送別会に列席十時解散散歩して一時頃帰宿。本日受領せし、光子、四郎等の手紙を読む、典夫十坊の様子詳しく記され目に見ゆる様子なりきんぐも受領し一時間はかり読書す、陸地測量部の富田大尉より〇〇（挨拶）を送らる親切なる人なるに感服す

二月十日　木　快晴

午前十時の列車にて帰R、途中白麗々の霜及セイヌ沿岸の枯木に霜葷のわきある美しき北佛の野を眺む、佛人を賞し得さるも佛の景色は殊に佳なり通信を書き読書なとして多忙に午後を送る Andorie 例に依て面色からす変更せんと考へしこと一再ならさる永き事にもあらさるへく又彼に対する同情心より先つ先つ忍耐することのなす

二月十一日　金　晴
霜再多く寒気強し佛語の勉強にて多忙なる一日を送る

二月十二日　土　晴　朝霧深し
冬の再来、三十六度（室内）に降り外は霜白く寒気甚し、午後四時活動を見後明白は典夫の誕生日に相当するを以て御祝ひに本を送るへく画本数冊を購ひて帰宅す
夜は新聞を読み国の事なと考へつゝ時間を送る

二月十三日　日　晴
十時頃迄ゆっくりと休み入浴をなし午前中休養す本日は典夫の第六回誕生日なり大正天皇崩御せられてより喪章を除き何となく気か軽快になりたり、且つ天気快晴にて心地よく午後三時半頃迄雑誌なとを読みしかあまりの快晴故せいぬ河畔に散歩に行く人出の多き驚くの外なし活動を見て七時半帰宿す典夫の誕生を祝すへくシヤンパンを購ひ下宿の人々と祝ひを共にす

二月十四日　月　晴
特記すへきことなし終日佛語の自習に忙殺せらる

二月十五日　火　曇
特記すへきことなし

二月十六日　水　曇
記事なし

二月十七日　木　曇
記事なし

二月十八日　金　曇
本日も語学の研究にて多忙なる一日を送りたる外記事なし

二月十九日　土　晴
福島の兄及婦より来信返信を出す
夜酒井大尉の送別の宴を開く Deni、Panel、Déai、

Grandorant夫妻及Madememoiel二人計十四名中々盛んに行はれたるも終りて寝につきしは三時頃なりいつもなから彼等の時に関する観念の少きは閉口なり

二月二十日　日　雨

午前中休養す午後三時よりDeni、Panel、Déay夫妻等と自（ママ）り車にて（空白）に行き庭園を見物す珍奇なる鳥獣多し一私人の所有なるも其の贅決なるに驚く

夜新聞を読み一時に床につく

二月二十一日　月　曇晴

Andori（ママ）の問題にて心配す光子より二通、大武君、小林大尉、鈴木中佐、杉本より来信反信を出す

フランスの葡萄の美酒は甘けれと
大和の桜辺にありてこそ
外国の花には愛づる色はあると
ゆかしき香清元失せにけり
（アンドレーに思い失せる）

二月二十二日　火　晴

夜M.Marceele来り酒井大尉は明日出発する故一同賑かに一夜を明す

二月二十三日　水　曇

酒井大尉の出発の日なり早朝起きて出発の準備をなし八時十五分頃より逐次M.DneieのPanel、Dénei gandelanの自動車に分乗してる、アーブルに行く約二時間半を費す、途中大波状地を形成するノルマンジーの大平原を見る天恵の豊なる羨望に不堪

十一時Normandi Hotelにて酒井大尉招待の最後の昼食を取らんとしてPanel及酒井大尉の挨拶ありDenieか云ふべき言葉を知らすとて花束を彼に呈すや酒井大尉は潜然として涙を降す見るもの涙なきはなし予も亦異境に於て此の麗しき友情の発露を見て涙無きを保さりき

午後六時半帰着Panelの家にてアペリチーフを馳

走になりて帰る夜は酒井大尉の話にて持ちきりなり（ノルマンジーの大平原を見る）

二月二十四日　木　曇　午後太陽現はれしも夕方から降雨

昨夜来風強し大西洋は荒れて酒井大尉は困難し居るならん、被労大なるを以て十時迄床につき学科は休み終日日本の新聞及雑誌を見る

Andori 来らす、明日より勉強せん

二月二十五日　金　曇

一月十日よりの新聞来る秩父宮御朝の報を読みて感又新に涙降る

カミソリ切れさる故交換に行きしも商人歯にせす甚た不愉快なり、佛人商人中には正直ならさるもの多しと聞く宜なり、アンドレイ本日も来らす本朝の手紙によれは体の具合悪しき様なるも本日来るへきを通報しありし故大いに心待ちしも遂に来らす心配なり

二月二十六日　土　曇

午前 Patin を訪ねて○○を受け午後活動を見るも面色からす Andori は本日も来らす不愉快なる一日を送る

二月二十七日　日　強風　晴

朝悠々休み入浴して一週間の垢を流し気持よし、アンドレーより来信全快せる由

午後四時迄読書後散歩、ホリベルジェー及活動なとを見て七時半帰る特に面白き事もなし夜一同にて写眞なとを見て時間を送る

二月二十八日　月　晴　頗る暑し

朝四手井大尉より電報受領本日午後二時二十分巴里着の由なれは出迎ふへく十時の列車にて出発す、車中熱さ堪へ難し正午巴里着後酒井大尉に依頼せられし本を買はんとして本屋に行きしも買ひ得すして約一時間半チェリー公園にて日光を浴ひつゝ散策し二時半リオン駅に行き、原、中村両大尉と共に四手井氏を迎へアンテルに案内す、同時に日本服を着せ

るはくるしき夫人を伴へる日本人来れたるをも迎へたり
午後三時半迄話し後予は帰R（ルーアン）す本夜久し振りにてAndoréと話す病状未た全く恢復せす気の毒なり

三月一日　火　曇
光子、堀江武治夫妻及宮田大尉より来りし返信を書きて多忙なる一日を送る

三月二日　曇　水（天気を先きに記入）
特記すへきことなし

三月三日　曇　木
雛祭りも異境にありては何事もなく平凡なる日を送る富田大尉より送られし文芸春秋到着感激す小学校中等の教程全部買ふ約邦貨六円なり稍高価なり、仏国小学校の制度は全く秀才教育なり六才前後になれは自由に小学校に入り最初Cours prêparatoirsにて書物なしに読方書方算術手芸を教へ十月一日（相当教課二抹消）適当と認められたるものは一年にしてCours élémentairesに入る優秀なるものはCours mogensに入る得るも20％に過きず（Andorieは殆んとなしと云へり）大部分は二年を要し約20％は三年を要すと
Cours mogensは最小限二年を要す
Cours mogens迄は義務教育にして何人も其の教課を受けざるべからす、但し十二才以前に於てCours mogensを終りたる者は更にCours supérieurに入り十二才迄停まるを要す
Supérieurには三年級あり

三月四日　金　曇晴
午前十時の列車にて上巴直ちにサンラザールホテルに入り光子及高橋に手紙を書きたる後四手井氏を案内すへくホテルアンテルに行きしに恰も彼れか外出途中にあり遭遇せるに頗る好都合にして共にアンバリードに行き博物館を見る、午後三時に別れ予は本屋に行きて酒井大尉より注文せられし一年兵役案を求めんとせしもあらす故に直ちに事務所に行き中

村大尉の正に外出せんとするに会ひ四月及○七月分の俸給を受領し共に伊太利に旅立たれる○井騎兵大佐を見送るへクリオン駅に行く時間一ぱいに漸く到着せるも幸にして汽車の出発約十分遅れ十分話もし見送るを得たり、後中村大尉と共に同氏の私宅に行く、中々よく整頓せられあり

七時半常盤に集合仙波大佐の送別会に列席但し此の席は仙波大佐の招待と云ふ形式となり日本酒は室井大佐の寄附によるものなり、十時四手井大尉北停車場より出発する筈故見送る予定なりしも機を逸し遺憾なり十時半解散、西原大尉の宿舎を見散歩して帰る宿舎の入口にて又も偶然 guy に会し遅く迄話をなす本日は四池の奴外機会を得たり

メモ記述

（日本の軍人仲間の送別会ひんぱんに料亭で開催、送別会はその都度誰れか尉官級佐官級の軍人が負担する形式をとる）

（持ちつ持たれつ賑かな宴会で人の和をたもつ、これは東京の陸軍の日本式やり方をフランスに移した様な印象をみせる）

三月五日　土　晴

午前七時四十五分の列車にて帰 R（ルーアン）、昨夜殆んと睡眠せさりし故頗る眠し、帰路直ちに Patis を訪ね語学の授業を受け正午頃帰宿午後は光子に送るサックの準備、理髪、活動なとにて呑気に時を送る、ブールスに集会する為め Andorée の授業は早く切り上けブールスに行き久し振りに友人らとアペリチーフを取り活動に行く約束をなして自動車にて帰り夕食後直ちに活動に行きしも席なし、オルロー沼の下にて Andorie か ami と散歩し居るを見不快此の上なし Edén にて二度目の活動を見る間も帰宅したる後も此の事にて頭を悩したるも高尚なる考を以て月曜日解決するに決す

（アンドレーボーイフレンドと散歩）

三月六日　日　降雨　午後晴

午前中休養、手紙なとを書く

夕方夕陽清き故 Rue du Canal の方迄唯一人散歩に行く Andorie を訪ねし Rouen 到着当時の事など

も偲はれて感無量なり
Bourse に行きしも約束の友人等来らす家の娘と共に帰る佛人の約束を厳守せさるには驚くの外なし

三月七日　月　降雨

終日語学の勉強に多忙なる一日を費す
夕、Andorie 来る予想に反し彼の心は相変らすなり満足に堪へす
光子より希望し来れるサックを郵送す定めし満足することとなるへし

三月八日　火　降雨時々霧

四郎及平竹より来信、返信及酒井氏光子等に手紙を書く特記すへきことなし

三月九日　水　晴雨時ナラス

平凡に一日を送りたる後九時二十六分発の列車にて上巴す
午前十一時十分着停車場に Melle Guy 出迎へ居たり共に St Yazar Hotel に行き投宿す夜寝台虫に襲はれ眠る能はす

三月十日　木　晴雨定まらす

第二十三回陸軍記念日に相当するを以て午後三時半迄に日本人倶楽部に参集す陸軍側主宰して地方の人々及海軍を招待し小宴を開く参集者百名位あり、他波大佐の最後の挨拶あり遇然安部菊一少佐及（人名文字欠落）砲兵少佐に会し時局の許す限り会談す、安部少佐は十三日出発帰国せらるゝ由、他人の任期は極めて短き様に感せらるゝも予の任期更に二年有半あるを思ふとき前途遼遠なるを感す、午後四時の列車にて帰Rせ

三月十一日　金　曇午後晴寒し

一昨日以来少しく風邪の気味にて稍不快なり終日多忙に暮す

三月十二日　土　曇晴

四郎及四手井君より来信、四郎は一月十日予か叱責せし手紙に対する返信なり憐憫の情に不堪折角の

土曜日も平凡に暮す

三月十三日　日　曇寒気強し

午前休養午後音楽会に行きしも満員にて入る能はす小時散歩して帰る天気の為めか風邪の為めか又其の他の原因の為めか本日は何となく元気なく悲哀を感す

三月十四日　月　曇

光子及金子君より来信返事を書く光子は予の帰朝の遅るゝを心配し居れり之れに対し大学校に入ることを知らすは誠に心苦しきも先つ内々に予報せり

三月十五日　火　晴

多忙なる一日を送る

三月十六日　水　晴

会合後庭にて日光を浴しつゝ新聞を読る（み）頼る心甚たし本日歴史五十頁読破し得たり佛書にて此の如く多く読み得しは本日を以て初めとす、夜、国の人々と八通手紙を書く

三月十七日　木　晴

午前Rener氏宅にて佛語の教授を受け午後零時半Andorieと共に昼食午後三時半の列車にて上巴す直ちに事務所に行き国際配置を研究し後Cernovittoの武官私宅に行きConsiergeにPour boireを与へ光子より三通、昇兄、金次郎兄、末子、早川、岩井の諸氏より来れる手紙を受領す

午後七時五十五分発にて仏国を去らるゝ仙波大佐夫妻及子供を見送る見送り人頗る多し

後西原、中村、原、大島の諸兄と共に常盤に行き夕食を共にし散歩の後西原少佐と共にHotel Campbelleに泊す室代のみ60Fにて稍高きも室は極めて清潔なり気持よし、手紙を読み一時頃床につく

三月十八日　金　曇午後降雨

午前十時より西原少佐と共に本屋に行きしも希望する本なし、帰路花ちゃんに結婚祝として送るへき

サックを購ひ午後一時の列車にて帰Rす稍痛（ママ）労を感す Andorie の授業を受けたるのみ、夜は少しく自習をなし十二時半床につく

三月十九日　土　曇

語学の自習及手紙の返事を書き多忙なる一日を送り午前一時頃床につく

三月二十日　日　快晴

午前中休養す

午後 Denie 氏に伴はれ友人大勢と共に自動車を馳してセーヌの上流約四十吉米の stAndouis に行く途中風光頗る佳なり北佛の野にも春訪れて所々桜花さへ散見す、春光朗かにして外套を要せす午後七時に帰宅す（出発の際又遇然にも Andorée（まま）か Ami と共に散歩し居るを見る）噫

三月二十一日　月　快晴

勉強にて多忙なる一日を送る Melle Frangoise に見舞として国より持ち来れる小箱を送る礼状を送り来れり未た七才の児としては実に見事に書き来れり

Andorie は依然として見事に難関を切りぬけたり若し眞なりとせは同情に価するも若し許（ママ）りなりとせはよほどの才者なり予の到底及ふ所にあらす

三月二十二日　火　曇

Fransoise を見舞ふ語学の自習に多忙なる一日を送る夜新聞を読む二月上旬意外の大雪に驚く教十年来の大雪にて北陸地方被害頗る大なり

三月二十三日　水　降雨

陰鬱なる天候にて気分勝れさるも大いに勉強す

三月二十四日　木　降雨寒し

Mi-Calaime の御祭にて変装せる男女ダンスをなして騒ぐ由なるも勉強の方が多忙故見に行かす

三月二十五日　金　降雨、強風、霰降り頗る寒し

四郎の手紙封筒河辺大尉のものなりし故河辺大尉の処にまわり同氏より転送し来る、弟の不謹慎なるにも驚くの外なし

三月二十六日　土　曇晴　強風寒し

平常の如く多忙なる一日を送り夜は Opéra Cinéma に友人一同と共に行く又も Andorée と Ami とに会す何と云ふ偶然ならん癒々（いよいよ）之れにて三四回なり○来の程面白し

四郎より二通光子より一通、斎藤新蔵より一通満井氏より一通手紙来る、典夫十三郎（二人の息子の様子）は極めて元気に暮し居る様子可憐なり一時半床につく

三月二十七日　日　曇

昨夜は殆んと熟睡する能はす気分勝れす朝八時半に起き昨日受領せし手紙の返事を書き入浴をなし静かに休養す久し振りに唱歌を歌ひ母国及昔時を偲ふ、午後六時頃より一時間ばかり散歩をなす何となく本日は寂し

三月二十八日　月　晴

Andrie は正直なるか Marchand か歟（ママ）つきか判断に苦しむ何れにしても外国人との交際にはよほとの注意を要す

夜新聞（日本）を読み一時頃床につく

三月二十九日　水　降雨

大使館より陸大入校者の隊附に関する官報受領之れか職○をなす予も亦之れに入れば極めて好都合なるも語学研究の関係上稍遅きと考へ思ひ止まる夜日々新聞を見零時半床につく

三月三十日　水　暴風雨

昭○日は典夫小学校に入校するを以て御祝に洋服を○るへく本日 145f を投して購入す明日送くる予定なり Marcile の友人写眞機械を売るとの事故実験の上之れを買ふことに約束す

三月三十一日　木　荒天

正午ブールスに集合例の友人一同にて酒井大尉の帰朝を祝す、午後中村大尉より依頼せられし官報を翻訳して郵送す、典夫に洋服を送る三、四週間の後には届きて大悦ひするならんと思惟す夜、中村、石本、四手井三氏より手紙来りし返事を書く

四月一日　金　荒天五十五度

四月に入るも尚煖炉を焚かされは寒さを感す陰鬱の天気のみ続きて不愉快なり

本日は典夫か初めて小学校に入りし日なり遥かに其の状況を相像しつゝ成功を祈りシヤンパンを抜く

（典夫小学校入学）

四月二日　土　午前晴午後荒天

特記すへきこともなく終日勉強して暮す

夜日本及週刊号外なとを見日本の事に思を走せつゝ唯一人淋しく時局を送る活動なとにも勧められたるも行かす

一時頃床につく

四月三日　日　晴時々曇稍寒し　神武天皇祭

午前中家に在りて休養、午後M.Denieと共に自動車倶楽部の競を見に行く小丘の坂路約二キロ位の所を一車つゝ登る競争にして其の競争は極めて幼稚なるも見物人の多きには驚くの外なし之れ等見物人を整理するために十名内外の憲兵か出動しありしも之れ亦目を牽きたり

夜はAng Hotel de l'Anglaisに於て宴会あり、終りてダンスをなし予のみ十二時稍過きに帰宅し床につく

四月四日　月　降雨　五十度　寒し

特記すへきことなく一日勉強して日を送る

四月五日　火　降雨

光子及寺田君より来信、荷物到着するも三十数円の関税を取られ且つ両親は贅沢品なりとて心よく思はさりし由、今井の親父去月四日に死亡、目白の義父も亦肺炎にて経過空しからさるとの事目白の義兄も中々苦労多く気の毒なり、夫々悔状、見舞状及返

事を書く

四月六日　水　午前荒天午後晴

午前 M.Wagner と共に美術館に行く予定なりしも彼は葬式に行くことになりし故取り止め十一時迄平常の如く授業を受け後 Andorée と共に Couronne に行きて昼食を取る仏国有数の料理屋故料理は中々上等なりしも可なり高価なり

午後日々新聞を読む

写眞機械を 500f にて購ふ

（アンドレーと高級レストランへ）

四月七日　木　曇雨

午前佛語を研究したる外週刊朝日楷行社記事を読みて終日送る

四月八日　金　晴

久し振りに晴天を見て心地よし午前 M.Wagner と共に絵画展覧会を見に行く規模極めて小なるも美術の国だけに見るへきものあり藤田氏の作三つありしは同朋の為め気を吐りものにして心地よきも其の作たるや吾人の感服し得るものにあらさりき

四月九日　土　時々降雨

M.Panel に招待せられ午後五時半より自動車にて宴会場たるルーアン東方約五六里の田舎のレストランに行く途中見事なる虹を見る心地よし集る者二十名ばかり極めて盛大に小供の誕生祝をなしたり但し午前三時（夜半より一時間進めたるを以て午前四時）迄踊りたるには驚かさるを得す

午前四時自動車六台を連ねて帰途につきしも途中道を失し不知の地を廻（旋回）る事二時間午前六時漸く帰宅す途中日曜日なるにもかゝわらす既に仕事に着手しある人々に会す

（佛人徹夜の馬鹿騒ぎ）

四月十日　日　曇

午前中床につく、午後家に蟄居して読書す

四月十一日　月　晴　寒し

特記すへきことなし

四月十二日　火　晴

午前中平常の如く佛語を勉強し午後二時半の列車にて上巴す室小將一行本日着巴の予定なりし故出迎へんか為めなり、停車場にて guy 二人を迎へらる直ちに St Lazare ホテルに投宿後事務所に行きしに室小將一行の着巴は十四日午後との事なり、西原少佐、中村大尉等と話し官報なとを見て七時迄時間を過す

予の隊附は Meg 髙射砲隊第四百三連隊として陸軍省に申出てある由なり

停車場にて夕食を喫し後宿舎にて手紙なとを書き一時間はかり活動を見夜は guy 等と遊ふ面白からす

（歓迎会送別会で多忙）

四月十三日　木　晴

銀行に行きて両替をしてより帰る（ルーアン：編者）の準備をなす本日は 123.9f なり午後一時の列車にて帰る佛語の自習をなしたるも疲労甚たし、隊附決定せる旨下宿の人々に話したるに心配面持をなせり

四月十四日　木　降雨

終日家に在り午前中勉強午後異動の祝状を出す Andorée は病気中なるも押して来れり可憐なる者なり

四月十五日　金　晴

午前中勉強午後二時半の列車にて上巴事務室及大使館の私宅に行きしも日本よりの手紙来たらず物足らす、七時半日本人倶楽部に集合室閣下一行の歓迎会に列席す、本日ジュネーブより帰巴れられたる杉山少將の招待となり灘の銘酒もあり久し振りに痛飲す四月十一日十二日戦場の案内することとなり居りし故之れか準備をなしサレラザールホテルに泊す

四月十六日　土　晴

午前中宿舎にありて読書し午後一時の列車にて帰

るスパークの休みにて散策する人多く列車頻発す

四月十七日　日　晴

午前中戦場見学の準備をなす、下宿の者借家にて食事の準備す

ルライトイ M.Denie の所にて食事を共にすることに約束しありたるを以て止むを得ず予も亦彼の家に行く、午後 M.Panel 一家と共に Seine の下流 La Bouille に行く、途中松の大森林及將に開かんとする林檎林等を見る景色よし

当地方の豊饒なる見る毎に驚かさるを得ず夕食を Lestaulan に注文せんか為めなり、午後六時半セイヌ左岸の通を経て Boussle に来り Apéritif を取り、M.Désié 一家を加へ合計十二名にて再び La Bouille に行く、セイヌ左岸の道を取る極めて良道にして近傍の風光更に美なり、Restaulan St Pierre の二階よりセイヌ河畔一帯を瞰下すれは其の風光の美天下一品なり、而も料理亦佳にして誠に散策の好適地たり、満月を戴いて帰路につく時に午後十時半なり

（下宿の者共の食事代迄常に負担するは、馬鹿らしく感ず彼等は当然の権利の如く思ひ碌に挨拶もせず）

（杉山元の招待）

四月十八日　月　晴

paque にて休日なりし快晴なりしも戦場見学準備にて多忙故外出せす、光子より久し振りにて二通手紙来る、返信を書く

四月十九日　火　快晴

午前 Melle Patin に御別れに行く額を記念に贈呈せり月謝一ヶ月分余分に渡しあるも彼は一言も云ひ及さざりき、午後 M.Verron を訪ねしも不在故予か着 R 第一日晩日（か）に登りし墓地の山に登り記念の写眞を取り後 Bonsecour 山に登り名残惜しき Ronen（ママ）及ジャンヌダルクの像に別れを告けて帰る夜巴里に出発す

（ジャンヌダルク像に別れ）

四月二十日　水　快晴

午前九時北停車場集合九時二十分発の列車にて在巴武官一同コンピエーニュに向ふ約二時間にして到着、佛王及佛皇帝の離宮を見る驚くべき程大なるにあらさるもタピスリーの中々立派なるものあり、後自動車を駆りて休戦條約を停（ママ）約（締約）せし記念の場所を見る、記念碑に刻せし文句は誠に露骨にして武士道の見地より之れを見れば其の心事の漏劣なりを思はしむ

封建時代の完全なる城砦を見午後八時頃帰巴す再ひ投宿す

四月二十一日　木　快晴

午前六時半出発 Hotel Canbrais に室少將及多口一等（五文字不明）三橋少佐、福原少佐、大木戸主計医、河井田大尉を迎へ東停車場に行き七時四十五分発の列車にてベルダンに向ふ、車中暑しシャロンにて昼食を取り十二時稍過きベルダン着直ちに自動車二台を駆りて戦場を視察すベルダン其のものか既に荒廃未だ回復せず震災後の東京を見るか如しポー堡塁に当時の苦戦を偲びドーモン○○独軍努力の跡を訪ねチオーモン附近の銃劍の壕を見て慄然たり、今尚地中を掘すれは人骨鉄片至る所に散見し得へし戦後十年なるに弾痕歴然として其の跡を止め草木悉く枯死せるものか春来りて漸く芽を生せるものを見るに過きず当時の惨状を回顧するに余りあり

午後六時の列車にてラレスに向ふサントヒエル、ド、タンクレーにて乗り換へ午後十時ランスに着す予想以上停車場附近は明く且つ賑かに感ず Hotel du lion A'oe に泊す室は清潔なるも四室にて 440f は稍高きに失す、ベルダンの自動車は一台 100f（一人前 25f とは頗る安価なり

（ベルダンに向う）

（Hotel 代高く自動車代安い）

四月二十二日　金　快晴

午前九時より自動車を駆して Chinin des danus の高地を見るベルタン（ママ）の夫れに比すれば激戦の度劣れりと雖も小村落跡もなく破壊せられあるの又、ヒンデンブルク線の一部等当時を偲ぶに足るもの少なからす、ホテルにて昼食を採りたる後シャ

ンパーニュの会戦場を見る、今尚タンクを戦場に放置して当時の戦況を追憶せしむ、帰路 Monopole 家のシヤンパン製造所見学、記念品及シヤンパンの供応に預り、有名なる Caté dolal（ママ）（ral）を見る戦争の為め殆んと破壊しつくされたり

午後四時の列車にて帰路につく、パリにて Lestoulan Bonlan にて一同夕食を共にし Hotel に案内せしに Buran より予か来る六月ジュネーブにて開催せらるべき三国海軍軍縮会議の随員附属を命せらるるとの内報あり直ちに中村大尉を訪ね連絡を取り兎に角大なる準備なき限りは隊付を実施すへきを約して帰宿す名誉と共に其の責任の大なるを感す

（ヒンデンブルク線の一部）

（ジュネーブ三国海軍軍縮会議随員）

四月二十三日　土　曇

昨日迄は夏の如き暑さを感したるも本日は寒気冬の如し午前七時四十五分の列車にて帰る、Marchand の家にて Andorie を待つ、彼は病を押して来り約三十分ばかり話して彼は帰る

Marchand に昼食を馳走になり二時頃帰る

光子等より来信十本ばかり手紙を書きたる後疲労甚しかりし故約一時間床につく

六時半 Bourse に行き友人を迎へて共にアペルチーフを取り七時半一同と共に家に帰り午前二時迄盛に留別会を行す Dneie、Panél、Douée 三夫婦来る、ganderiss 夫婦は不在にて来らす

四月二十四日　日　降雨

終日家に在りて新聞を読む

朝 Veron 氏を訪ね暇乞をなす、記念に小盆を贈りしに彼は予為めに特一本を記念に送り且つアペルチーフを馳走せり可憐なるものなり

四月二十五日　月　降雨

頗る寒く再び暖炉を使用す、午前 Wagnel 氏を訪ね暇迄をなす、午後荷作をなし多忙なり

Andorie は本日も病気を押して来る気の毒なり Marchant は予にハンカチを記念として贈れり

四月二十六日　火　曇

ルーアン駐在の最後の日は来れり朝より荷造をして多忙なり Madame Marcile 本日巴里に行くとの事故昼食にシャンパンを馳走す下宿には何等未練を有せさるも Rouen の町は何となく親み多し殊に Andorie が弱き身を以て此の地に残り子供を養育するために過激の仕事を此の地に於て再◯なさのるへからざるを思ふ時感無量にて誠に去り難き感をなす本屋午後七時四十五分名残りを惜しみて別る、幸に健在なれ

（アンドレーとの別れ感無量）

四月二十七日　水　晴

癒々（いよいよ）ルーアン駐在の最後の日は来れり下宿の人々には親しみを感せず従って此の家を出るは寧口希望する所なるも予の出たる後生活に苦しむ事を考ふるとき憫憐の情禁ずる能（は）す、但し住み慣れしルーアン特に毎朝◯◯を慰め呉れし小鳥、無心の犬美しきセーヌ川と別るゝは云ひ知れぬ淋しさを感す、午前 Melle Patis を訪ね御礼◯◯記念の写真を撮り帰路 pane 夫人を訪れ昼食を最後に午後二時半の列車にて Rouen を出発す

着巴後直ちに事務所に行きしにパリに隊附すると の話は單に希望せるのみにて仏国陸軍省は既にメッツに◯定め置きしとの事故又メッツ行きに決定す之れか為め夜 Andrée Legrande 光子等に発信す

（ルーアン最後の日　パリ経由）

四月二十八日　木　晴、寒シ

午前東停車場に行きて荷物をメッツに送り後事務所に行きて光子よりの手紙を受領す十一日発のものか僅か十八日にて到着せり、予か三年になるを知り非常に落胆し居れり

十一時杉山（元）少將を訪ね会議参列の挨拶をなし昼食を馳走になる日本酒、鯉の洗ひ蕨、鮒の甘煮等の珍品にて舌鼓（したつづみ）す午後三時辞して帰り少々買物なとをなしたるゆっくりと宿舎にて休養す

（メッツへ）

（手紙到着東京→パリ間18日で）

四月二十九日　金　晴

天長節の佳節も誇（？）閣中故何の催もなきとの事故早朝出発午前八時三十五分の列車にて東停車場を出発す

乗客中独逸語を話す人頗る多く之れ等の人々は頭を丸刈りにし前の方には一寸毛を延ばし居るに過きす女なとも断髪せさるもの多し朝寒気を覚へしも昼頃より暑さを感す運河の発達顕著にして Argonne の山中にも亦○横に走（る）と車窓より之れを眺むれは恰も山麓を舟か走るに似たり○○○○午後二時二十二分メッツ着直ちに Grand Hotel に投宿新聞公（ママ）告を以て家を訪ね後、町を散歩して町概念を得独逸の手に長くありしためか独逸語を話す人多く戦争の打撃を受けさりしため田舎の割合に活気を呈せり

メッツ到着

四月三十日　土　降雨

昨日の暑さに反し本日は頗る寒く室中にスチームを通せり午前○居して metz 案内を読み午後外出して室を検聞し後 Catédoral 及 musér を見物す Catédoral は Ruen の夫れに比すへきもならす Musée は内容見るへきものあるも建物頗る貧弱にして且つ見物人少なく淋しさを感す

夜、Rouen の活動と名も同しき Edén にて活動を見る説明に佛語と共に独逸語を使用し居るには驚かさるを得す小女予に切符を買ふへく依頼するにも亦独逸語を使用す仏国に在るか独逸に在るか判断に迷ふ程なり

Esplande にてすべり台に乗る中々大規模にて面白し

（メッツは独逸語圏）

五月一日　日　曇午後晴

午前中読書す午後2.Plau Davulede に Klecman を訪ね室を見る室は極めて良好且つ家の人々も気に入りたるも四階なると風呂なき為取り止む、昨日見たる4rue Gambetta の Mmelhrirtophry の家は総ての点に於て気に入たるも唯ルクサンブルグ人故之れも取り止む23rue Lafayettes の Briclot の家を見たるも下宿の夫婦か病人らしき故取り止む後連隊を訪ね途中モーゼル河畔の風光極めて佳なるを見る、後其の対岸なる Montigny の画家の家を訪ねたるも不在なり、極めて美しき家なりしも連隊に遠きと入口か気に入らさりし故取り止む公園を散歩し佛園勈(ママ)勈を見しに盛岡県人と云ふ日本人等に会ひ挨拶を受く異境に唯二人の日本人か遇然に会す何となくなつかしく感す、夜早く床につく

(下宿さがし)

五月二日　月　晴

午前九時連隊に行く初めて連隊長中佐 Fontarez 副官少佐 Mérat に会ひ親切なる指導を受け先つ大尉 Pêtre 氏の説明により自動車から農を見る、正午連隊長と共に Restauran Sannage にて昼食を取るモーゼル河畔の月光特に佳なりレストランより暇下するを得、後偕行社に案内せられ内部の様子を見午後は中尉 Gondinet に髙射砲射撃に関する説明を聞く午後五時連隊を辞して Planlîens に行き Melle Keime を6rue des Breize に訪ぬ家は新からさるも窓多く頗る明り且つ眺望佳、且つ十二三才の女の子か話相手に面白き故五日より入る事に決定す夜は手紙を書き十一時頃床につく

(下宿決定)

五月三日　火　晴

光子、Andorée、誠(カ)一、四手井氏、Madame Legrand 等より手紙を受領す、返事を書くため頗る多忙、殊に連隊にては中々難解の事を教へる為め頭の疲労甚たし

五月四日　水　晴

航空師団長に挨拶に行く中々如才なく挨拶せられたり光子より写眞到着、八ヶ月振りにて対顔せる思

をなしなつかし殊に小供等か予の不在の為めか幾分淋しそうに見えたり

後○○新聞を読む

（妻から写眞到着）

五月五日　木　午前晴午後四時頃より雷雨

午前、Remorgue 高射砲の説明正午連隊長及 Pêtre 大尉 Gondînert 中尉 Bérie 中尉を招待す、午後風の修正を習ふ、夕食後、新下宿に行き荷物を置くホテルも今夜限りと思ふと名残り惜し

五月六日　金　朝小雨後晴

愈々（いよいよ）ホテルを引き上ぐ宿泊代の予定より安價なるに驚く僅かに500f を超過せるのみ（一週間）但し宴会代は稍高く200f を超過せり、午後五時初めて Ruedes Lreize の mmeKeime の家に来る、思の外親切にて又同宿の大尉の夫人も亦極めて Yourtille なり、手紙の返事なとを書き十一時床につく

五月七日　土　晴

午前中のみ方向測定機の説明を聞き後 Pêtre 大尉と共に連隊の近所に在る下宿を見る極めて快適なるも既に取り定めたる家を去るにしのびす再来を期して辞す Lestaurant Saubage にて昼食を取り下宿に帰り、荷物の整理入浴などなし気持よし夜ジャンヌダルクがオルレアン入城の記念祭日に該当し家族一同及 Bataillant 大尉の家族一同と共に町に散歩に行く、軍楽隊を先頭に松火（ママ）明を点して多数の兵士等か八列の縦隊にて行軍し来り頗る賑ひたり各所にイルミネーション、国旗を飾られあり十一時帰宅久し振りにて Excelsior を読み床につく

五月八日　晴午後曇

午前中読書して暮す、午後三時半より家の者共と共に Sanbage 迄散歩に行く Jannedarc の祭にて頗る賑ひたり Sanvage にて家族の知人に紹介せられ共に汽船にてモーゼル川を下り停車場のレストランにて夕食を共にし十一時頃帰る、五人にて 120f 中々上等の食事になり予之れを負担す、帰路、Café に

てベネジクチンを取る稍疲労す
（ジャンヌ　ダルク）

五月九日　月　晴午後四時頃より雷雨

午前準備〇〇、午後〇〇に據る射撃を習ふ

五月十日　火　晴

本日よりクールに出席す一日五時間の授業は中々骨折る光子、Andrée Legrand 等より来信返信を出す夜家の人々と話をなす

五月十一日　水　晴寒し

特記すへきことなし

五月十二日　木　晴寒し

光子の誕生日なり夜 Capitaine Pêtre 夫妻を Moitrier に招待して夕食を共にす

五月十三日　金　晴寒し

夜キングを読み面白く感ず

五月十四日　土　晴寒し

編上靴一足と脚伴とにて 530f を要求せし不法の靴屋は本日完成すへき約束をなしなから出来居らす不快に感ず

朝 Grande Hotel にて食事を取り午後家にて休養夜一同と共に活動を見に行く

五月十五日　日　晴

午前中手紙を書き読書なとして暮す、夕方から散歩に行く

五月十六日　月　晴稍暑し

朝散歩にて聯隊に行く五十分を要す
特記すへきことなし

五月十七日　火　降雨

特記すへきことなし

五月十八日　水　晴

特記すへきことなし

五月十九日　木　曇　午後雨

光子より来信、返信及光子か上京中世話をなせし所に礼状を出す

五月二十日　金　晴

昼食後聯隊に帰らんとせしに電車中に日本人か支那人らしき人あるを見る間もなく聯隊に予を訪ねたる人あり竹内海軍少佐と云ふ未知の人なるもメッツにて日本人に会せるは第二辺目にして何となく親し、独逸よりの帰路メッツの要塞を見に来られし由ソーバーシュにてビールを飲し記念の写真なとをとり、後共にサンタンカン絶壁に登る風光絶佳なり、要塞は稍旧式なるも完全せり

ベルダン、ランス等の廃墟を見たる予の目には極めて美しく映したり午後四時別る

（要塞を見る）

五月二十一日　土降雨午後〇し強風

午前早く学科終り（十時）理髪をなし（2f50 には驚く）昼食後帰宿入浴後暫く読書をなし夕方より散歩かてら買物に行く、シヤツ袴下か 120f とは之れ亦あまりに高價なるに驚く

（物價高い）

五月二十二日　日　時々降雨

午前読書す、午後十一時より御寺に行き御祈禱の様子を見学す、Rouen に於て見たると大差なきも祷禱中喜捨を集めるには感服する能はす説教の如きも声響き多く聞き取る能はす

夕方より下宿の者と共に外出停車場の食堂にて夕食を喫す 50f~ にて三人前久々良好なる料理なり

五月二十三日　月　曇寒シ五十八度

本日より聯隊方に行く予定なりしも聯隊長の許可を得て実施学校の方に止まることにす Andrie　光子、〇地米三郎氏等に手紙を書く

五月二十四日　火　曇

午後演習に参加したれに（ママ）参りしも四時半にLe joindri少佐の宅に招待せられありし故直ちに下山して同少佐宅に行きしも一人も来り居らす五時半頃より漸く集り茶菓の馳走の後ダンスをなす集るもの五十名位非常に盛会なりき、八時頃帰宅手紙なとを書きて床につく

五月二十五日　水　晴曇

特記すへきことなし

五月二十六日　木　晴耶蘇昇天日にて休日

久し振りの快晴にて心地よし、午前中家に在りて手紙を書き読書などをなす、午後市内を散歩し写眞を写す夕方帰り夜又読書す

五月二十七日　金　午前晴午後曇夜雨寒し

午後聴音器の試聴ありしも予は出席せす早く帰宅しAndrieに返信を書き読書して平凡なる一日を送る

巴里到着後七ヶ月を経過せるも語学の進歩は予想に反し頗る遅々たり（語学の進歩遅々たり）

五月二十八日　土　晴寒さ強し

外套を着ても尚寒さを感す午前中聯隊に午後は家にて小休の後Maison Edangeにて夏服を注文す950fなり後市中を散歩し駅前にて夕食を取りて帰宅　日々新聞を見て夜遅く床につく

五月二十九日　晴

午前中家に在りて手紙なとを書く午後下宿の者及ザールブルグより来れる一婦人及子供と共にSaubagむ迄船にて散策す人出頗る多し

五月三十日　月　晴頗る暑し

午後の教練の時汗衣を露す、服の假縫を合はす

五月三十一日　火　時々降雨　暑シ

光子、細川忠康、竹内海軍少佐等より来信返信を出す星原大尉の死去を報す出発の際は極めて元気な

りしに気の毒なり人生朝露の如し予か出現以来〇た一歳ならさるに幽〇所を異にする人の少なからす幸にして予の一家一族に此の如き不幸のなからんことを祈る

六月一日　水　曇晴

日々新聞到着夜遅く迄読む

六月二日　木　曇天驟雨降露あり

稍疲労を感ず週間（ママ）刊朝日なとを読みて午後の数時間を送る夜シャンパンを馳走す、仏国人の図々しさに今更なから驚くの外なし、やはり日本恋（?）し

六月三日　金　晴

夜隊附中の中尉と共に停車場にて夕食を取り後獨逸より来れる曲馬団を見る規模の大なる規立の正しき流石に獨逸と感服す十二時過きに帰宅す

六月四日　土　晴

午前の授業終るや直ちに出発準備を整へ正午の列車にて上巴の途につく同行数名の中尉列車中面白く話し合ふ、思出多きベルダンにて昼食を取り午後七時巴里着直ちにサンラサール駅に行く駅前て一日本人に会す彼れは予を日本人と認め恵を乞ふ、二十二三の青年にして秋田のものなり、衣服窮口ての未なり、予は日本の為め努力すべきを愉し金 20f 与へて帰す

午後八時八分 Rouen よりの汽車到着四句にして Leronx に会す彼も亦非常に悦ひ居る様子面に表はれたり共に Américan Hotel に投す、夕食後凱旋門、エッヘル塔等を案内して帰宿、愉快に話し合ふ

六月五日　日　晴

短かりし夜は明けてリオンに行く Andrie を駅に送り（午前八時半）後中村大尉を訪ねしも不在、杉山閣下を訪ねしに遅くも九日迄に上巴すへ来との希望故急に帰 M の決心をなし午後一時の列車にて帰途につく、Metz 行きのホッシュ元帥と列車を共にす午後七時半 Metz に着す軍隊及市民の熱狂的歓迎

振りを見仏国の未た亡ひさるを感じ得たり、日本の今日軍人に対する反感振りや比較して羨望に不堪駅にて夕食を取り帰宅所々に返事を書き晩迄留む寂寞を感す

六月六日　月　午前暴風雨午後晴

午前九時半迄休養す後仏国將校招待の準備をなし手紙なとを書き夕食一寸散歩す疲労未た恢復せす

（**蘭外**）**六月七日　火　曇**

午前射撃明日の宴会の招待○○（以下解読不能）

34才　6月メッツ防空学校　6月～半年間

（ジュネーブ三国海軍軍縮会議　6月20日第一回総会～8月4日閉会）

六月八日　水　午前降雨午後晴

午前八時より聯隊長と共に高射砲聯隊の演習見学に行き露○となる、正午聯隊長と共に高射砲聯隊の演習見学に行き露○となる正午教官聯隊の将校及学生一同 Sawage に招待二名欠席合計四十一名頗る盛会なり午後三時迄続く予は初めて佛語の演説をなす聯隊長も亦之れに答へ予に贈るに万年筆及一同の署名を以てす且つ記念の為め三回写眞を撮影す本日の経費 2,000f（欠）夜出発の準備をなす

（佛語の演説）

六月九日　木　晴

午前十時六分メッツ発ナンシー駅にて昼食午後五時巴里着、直ちに Attaché の Bureau に行き挨拶をなしたる後 Attaché の私宅に落ちつく、全権一行は既に午後二時到着せるとの事故 Hotel Magestie に行き河村大佐及原少将閣下に挨拶、原少将よりは特に小生に対し陸海軍の円満なる連繋を取られん事を希望せられたり夜河村大佐と共に日本人会に行きて夕食を取り午後九時十二分リオン駅にて帰朝せらる園部中佐を見送り後河村大佐窪田大尉と共に moulim Rouge に行きて舞踏を見て夜遅く帰る

（ムーランルージュ）

六月十日　金　晴

午前十一時杉山（元）閣下の所に集合昼食の際は篠原（しのはら）夫妻も来り賑かなる昼食を馳走になる

午後会議の為仕事をなし午後八時大使館邸の歓迎会に列席す、石井大佐より、斉藤全権の人格に頼り会議に臨まんとすとの挨拶あり斉藤全権よりは各位の同情と援助にありて国家の為め世界平和のため貢献せんとすとの答辞あり宴終りてより中村大尉の案内にて河村大佐及新聞記者二名と共に見物に行き遊ひ帰る

（通り一辺セレモニー）

六月十一日　土　晴

午後二時より Burean にて会議の準備をなし午後五時頃より

六月十五日　水　晴

午前六時半起床の予定なりし處昨夜の疲労の為七時五分女中に起さるゝ迄知らす彼女の手助けにより漸く七時二十五分出発するを得たり

七時四十五分リオン駅着、八時十分の列車にて原少将一行と共にジュネーブに向ふ　朝寒さを感したりしもごじよ附近より暑気頓に加はり車中頗る苦し、Rhome 河谷の風光佳なり保津川河谷に似たり国境にて一寸旅券の検査あり約三十分間停車す　午後七時着、先着の人々に迎へられ主力は Hotel Beaurivage に予及時事の堀川氏及朝鮮の〇〇（空白）氏と共に Hotel de la paix に投ず　洛して汗を流し心気爽快なるとき杉山少将夫妻の招待にて湖畔の料亭に夕食を取る　風光の美筆舌に尽す能はす終りて湖畔を散歩す月を宿して湖水清し

（ジュネーブに向ふ　杉山少将の招待）

六月十六日　木　晴

暑気甚たし午前九時半より十川少佐を（ママ）と Chinique“la Colline”に向ふ、経過良好なるか如し午后 Bean Rivage に行き要塞に関する説明に立ち合ひ、各 Ataché に手紙など書く　午後八時より河村中佐と共に夕食を取る後湖畔を散歩す

（要塞に関する説明）

六月十七日　金　晴　暑し

気温二十七度、頗る暑し　午前相変らず十川少佐を見舞ひ午後読書す　但し害気の為め十分なす能はす　夕食後語学の学科を取らんとして一先生を引見す

六月十八日　土　曇　冷寒を覚ゆる程なり

昨夜河村中佐と共に杉山閣下夫妻をNordに招待したる頃より稍淳気を感し咽喉を害す

本日も亦涼しく凌き易し午前中読書す　十一時頃より比正（カ）海軍軍医中佐と共に十川少佐を見舞ふ、午後Bean rivageに行きて仕事をなし午後七時頃新に取らんとする語学の先生を訪ね夕食後散歩し早く帰宿の床につく、本日宿を下楷（ママ）階に移転す静寂にて可なり

六月十九日　日　晴

午前Bean rivageに行きて事務を取り午後一時半より同Hotelにて顔合せ会あり　午後五時頃より十川少佐を見舞ひ後約二時間仕事をなし夕方より河村大佐と共にPare des Beauy-Viveを散歩す

後帰宿して河村大佐と共に夕食再ひ町を散歩す

六月二十日　月　晴　暑し

午前中新聞論調の講議なとをなす

午後三時より愈々軍縮会議開かるゝ故約一時前に会場に行く　会場たる国際聯盟の議事堂ガラスの間は昔ダンス場たりし所、会場としての設備は不充分なるも○称の具合庭の眺めは頗る可なり、随員は全権及高級随員の周囲に新聞記者は正面及右側に其の他の傍聴者は左側に着席　三時十分ギブソン氏の挨拶によりて開会、英国全権及斎藤全権の推薦によりてギブソン議長となり、クーリッジ大統領に挨拶の電報を発し議事に入る　本日は唯各全権か米英日の順序に提議し午後四時閉会せり

本日斎藤全権は英語にて演説せり

（国際聯盟議事堂）

六月二十一日　火　晴

会議の進行法に関する打合せ会あり

昨夜より語学の会話を初む本夜も行きしも風邪のため充分研究し得すして帰る先生は Melle emma Achweingruber と云ふ

六月二十二日　水　晴　午後より降雨

暗号の編成雑務等に忙殺せらる夜十一時　電報を打ちに行き途中十六七才の少女予を郵便局迄案内せり雨の中を、其の親切なるに感動す

六月二十三日　木（原文欠字）　午前雲午後晴

会議に稍学張（？）味を欽きあるか如し

随号（？）と名のつく者には頗る多くの特典あるに予に対しては何等の特典なし　外務省の杓子丈規には驚くの外なく不愉快なり　午後腹痛を感ず夕食を取らすに早く床につく

（遠藤不満）

六月二十四日　金　晴

稍発熱し苦し故に午前比企軍医に診断を乞ひしに胃腸衰弱に依るとの事にて薬を貰ふ、昼食も亦殆んと口にせす、杉山少將及河村大佐の尽力によりて室代〇 10f を外務省より出すことに決せる由、

夜杉山夫妻、河村大佐と共に Restaurent（ママ）に行きしもスープを取りしのみにて帰宿、melle vio vuagniawx と会話の練習をなす

四郎、光子、典夫より来信、特に典夫の手紙は第一回の事故事の外嬉しく感せられたり、次の如く書きありたり

おとうさん　のりおも　じおならふて　てがみお　かけます

べんきうして　ゐらいひとになります

おとうさま、のりおより

光子は本月三日伴大尉と小松にて会ひし由幸遇にて定めし驚きしならん

Andrie 盲腸炎なりとの幸報を得て心配す

（遠藤、杉山少將の個人秘書の身分　外務省から特典なし）

六月二十五日　土　曇　時々降雨

午後三時より花祭りを見る　美しき各種の花に飾られたる自動車、自転車、馬車、馬、人の行列百餘も続き其の間可憐なる少年楽隊より老人の楽隊迄打ちまじり美しさ云はれ方なし　Mont Brancqnai を三回廻る其の中に花合戦、合戦　Conffétis 合戦行はれたり

夜斎藤全権の招宴、終りて両国の花火に優る美しき花火を見町の雑沓中を Confetti 合戦をなしつゝ、約一時間散歩す到る所 Confetti を以て埋めらる

（遠藤　杉山夫妻とレマン湖周遊　風景描写）

六月二十六日　月　曇　午後　晴

杉山閣下夫妻河村大佐と共にレマン湖の周遊を企図す　午前九時二十分ジュネーブ丸に乗りて出発湖上より美しきスイスの風光を称す又格別なり　午後二時 Monterean に上陸し湖岸を散歩したる後ケーブルカー及小さき山岳鉄道によりて Rochet de naye に登る標高二千餘米涼風肌を突いて寒し各所に尚白雪の点在するあり殊に外輪山と覚しきレマン湖外周ノ巍峨たる山は白雪を頂きて皚々たり眞に絶景と云ふへし

山上に約一時間遊ひて帰途につく　Monterean より汽車にて條約によりて名高き Rosanne に到り夕食、汽車を換へて午後十時半 Junève 着、再ひ花祭りの合戦をなし十二時頃帰宿す

（杉山夫婦とレマン湖　周遊ジュネーブ丸に乗り）

六月二十七日　月　晴　曇　寒し

陸軍側随員に対し書類の分配極めて○なり殆んと新聞記者と同等に取り扱ひ秘密書類を分配せず海軍側の心事寧に憫むへし　午後六時半より河村大佐と共に植物園を散歩し夕食は例によりて杉山閣下以下四名にて伊太利料理にて取り町を散歩して十時頃帰宿

六月二十八日　火　晴寒し

特記すへきことなくして一日を送る

夜河村大佐と共にシネマを見物す　フィルムは極

めて眞面目なるものなり且つ観客頗る上品にて極めて静粛、公徳心の発達せる感心の外なし

六月二十九日　水　晴

あわた丶しき様な一日を送る、会議は進捗せず夜は例によりて一同散歩して十二時頃帰る

六月三十日　木　晴

華府より来る暗号電報の翻訳の為五時間を費す夜河村大佐と共に Kursaal に行き喜劇を見る

七月一日　金　晴　曇

特記すへきものなし

夜、十川少佐河村大佐と食事を共にす

七月二日　土　曇　雨

夜十川少佐の全快祝を Restaurent（ママ）du Paredes eux vives にて行ふ　国際聯盟関係者のみの集会なり二次会を Kursaal に行く午前一時半迄踏（ママ）る

七月三日　日　晴

午前八時十分杉山少将夫妻河村大佐森山国氏○と共に自動車にて出発 Mont Brane 行を試む　四吉にして西嵛・仏国境に達し軍尚なる検査ありてより旦々たる道を疾駆してシャモニーに向ふ、途中の風光絶佳なり Montonwers に登る五十分を要す Montonwers は Mer de Graces にて名高し白雪皚々巘峨たる山脈洋々たる氷河自然の偉大なるに接し神気爽快なり、氷河上に遊び Restaurat に食事を取り一時四分の列車にて帰路につく　夜は早く床につく

七月四日　月　晴

午前十川少佐を訪ね又 Bean Rivage に行き東奪西走中に終る午後 Melle Vio と会話の練習をなす

午後五時半より杉山少将夫妻河村、十川氏と共に佛西国境を越えて Belle Garde に行き Perte du Rhone を見物　目下水豊富にして名の如く Rhone の水は失はれさるも物すごき様子なり、途中の風景

美、仏国境近くに要碍無比の要塞あり結構頗る面色し
食事をなし午後十時帰壽夜の祭を見十一時過き帰宿す

七月五日　火　晴

英国の巡洋艦六十万屯要求はさなきたに波瀾重量の会議に大動揺を与へ前途将た暗澹たるものあり会議脱退の声さへあり
夜小林中將、原少將杉山少將夫妻河村大佐と共に Restauran des eaux. Vives に行き夕食を取り散歩して帰る
（英巡洋艦六十万屯要求）

七月六日　水　晴

多忙なる一日を送る、Andríe の挑戦以来不愉快なる日多し速に解決せんことを欲するも頃日何所ありも手紙来らす
（アンドレーの挑戦）

七月七日　木　晴

特に記すへきことなし

七月八日　金　曇　雨

特記すへきことなし初めて Andrée より来信謝罪し来れり

七月九日　土　曇　雨

夜 Bellesoix に行きすき焼にて陸軍及大蔵の賀尾氏と共に宴会

七月十日　日　曇

午前杉山少將河村大佐と共に La Bellotte に行き（徒歩にて約一時半）昼食、短艇なとを漕きて通ひ六時帰宿、七時半より又小林中將の招待にて Bellesoix に行き夕食を取る樋口代議士賀屋丸山、藤原及永安中將等列席

七月十一日　月　晴

アイルランド代表帰国中暗殺せらる為めに本日の

会議は延期せられたり、夕食よりモーターにてLa bellotteに行き短艇を漕き夕食を取りて帰る
本日正午十川少佐巴里に帰る駅にて見送る
（会議延期）

七月十二日　火　曇雨

特記すへきことなし　久し振りに佛語のレッスンをなす　夕食ボートを漕ぐ月清し

七月十四日　木　晴

午後三時よりHotel des Bergnesにて第二回総会あり公開せらる各国全権の演説あり　四時半終る本日の演説内容は予め各国代表間に於て互に通告しありたるものにして目的は之れを公開して与論に訴へてとするにありしお（ママ）以て第一回総会の如き緊張味を見る能はさりしも入場者可なりに多し殊に婦人の多きは目を引きたり、其の中の大部分は主人の様子を見んとする外交官婦人なるも中には各演説の要旨を書き留むる程の熱心家も見受けられたり
夜は漕艇後夕食、公園にて軍楽隊を聞き帰宿新聞を読み晩（ママ）く床につく
（第二回総会）

七月十五日　金　晴

思ひ掛けす河辺虎四郎氏来壽益（か）きた話に時を送り昼食はBeanrivageに於て夕食はRarc des eaux vivesにて取る

七月十六日　土　晴曇

陸軍省に○電多忙なる一日を送る午後四時頃より杉山少将の所に於て遊び夜は晩（おそ）く迄散歩す

七月十七日　日　晴雲夕方降雨

午前十一時より例によりて陸軍一行に原少将を加へSalweの山に登る　住（ママ）往路はVeyrier迄電車、VeyrierよりMonnetier迄自動車、自動車頗る混雑し露国ベッサラビアより留学しある目下壽府医科大学の女子学生を膝の上に抱きつゝ登山せるは一興なり
Hôtel Bellevueにて昼食、帰路はEtrembiéreを

経て帰る、レマン湖上にてボートレースありしも降雨のため充分見る能はさりき
（女子医学生を膝の上に抱き登山）

七月十八日　月　晴

特記すへきよとなし、夜光子への土産にウラル山の dapis 石を購入す

七月十九日　火　晴

十川少佐来る　夜は湖水を渡り Bellerive に行き夕食を取る

七月二十日　水　晴

昨夜英全権帰国せるため会議なし
防備問題提出に関する意見を起案す
夜散歩す

七月二十一日　木　晴

記事なし

七月二十二日　金　晴曇　暑し

朝細井氏と共にトルコ風呂に行く、最初の台は摂氏五十七度にて十分位　次て○射、次て六七十度の蒸気室にて五分殆んと窒息する位なり　次てマッサージ　次て噴水室、後寝室、頗る面白し價 6f50、夜伊太利の人と話す Leatty と云ふ 4Rue du Rhône
（トルコ風呂マッサージ）

七月二十三日　土　晴雨定まらす

午前六時十分前十川少佐より電話あり降雨につき出発見会すへきを○○し来りられしも予定通り出発することに返事し次て河村大佐に電話せんとせるも通せず止むなく予定通り午前七時発の列車にて Bern に向ふ　河村大佐と二人のみにて淋し殊に睡眠不足にて眠し　車窓より展開し行く風光を称しつゝ午前十時稍前 Bern 着佐藤書記官補の出迎を受け午後三時再会を約して雨中市内の散歩をなす　先つ駅前の公園にて万国郵便聯合の記念碑に日本娘の像を見寺院の表亥関に地獄極楽の彫刻を見て東西との考への相通するものあるを知り更に forseaux oursにて熊の戯る、を見後ケーブルカーにてGurten山に登りホテルにて昼食、風光佳なり幸ひにして天晴る　午後日本公使館に行き佐藤君より瑞西（スイス）の国情等につき話を聞き後露国人に会し燃料、フィルム、光線等の発明品に関する概略の説明を聞く　間もなく十川、天品両氏来りしを以て共に午後六時五分前Bernを出発してInterlakenに向ふ　午後七時半Bbhunに下車し汽船にてBhun湖を渡り湖岸の美景○酔しつ、午後八時頃Interlaken着、ホテルは大抵満員にて漸く一ホテルに四人投宿、夕食後散歩をなし十二時頃床につく

（ベルン着　インターラーケン着）

七月二十四日　日　晴

午前六時五十五分登山鉄道に乗りてYung frauに向ふ、世界一の立派な山岳鉄道の名にソムカス○○完全なるも往復三等にて58f強なるは稍高し汽車中にスチームを通しあるを以て車中寒さを感せさるも外気の寒冷にして中途（?.）Sheidegに於て既に呼気白し　長達（ママ）（約七キロ）トンネルを過ぎて午前十時稍過きYung frau Yochに到着標高3457m白雪々たり強き光線に反射して○視困難なり重岸眼前に聳え絶壁足下より初まり眞に神境にあるの思す　殊に処女雪を踏んて鞍部に出つれは々たる白雲際なく○足下に広かり雲か山か又は雪か知るへからす

其の荘厳なる美景快絶壮絶眞に事舌に書すへからす、記念品なとを求め約三十分遊ひ憂を残して下山す　Grundにて昨年秩父宮の泊られし宿舎なとを見午後三時半の列車にて帰途につく　途中Bernにて再ひ一時間はかり散歩し午後八時半無事帰宿、入浴して渡れを医し床につく

（登山鉄道にてユングフラウに向ふ）

七月二十五日　月　晴

天晶及十川少佐を正午停車場に送る

夜レマン湖に舟を浮べて遊ふ

七月二十六日　火　晴

河村大佐の誕生祝に招待せられLes eawx vives

にて夕食、杉山夫妻、山形、工藤氏と予は夕食、Moulin ronge に行きて午前二時迄踏る

七月二十七日　水　晴

昨日の疲労医せず苦し、夜十二時迄散歩す

七月二十八日　木　晴　夜降雨

獨西滞在の記念に金の腕時計 337.5f にて買ふ　五人の為め一割を引きたる價なり、夜杉山少将の招待にて les eawx　vives に行く　杉山夫妻佐藤公使原田氏其の他合計十名列席、杉村公使の話は特に有益なりき

本日英国全権帰来し三全権会見の結果意見一致せす　決裂の止むなきに到れるもの、如し

（杉山夫妻宴会の連発　公費の乱用）

七月二十九日　金　曇

午前電報組立にて多忙なり

夜日本人のすき焼屋に行く　佛人の妻となり主人を失ひ戦争に一人息子を失ひ孤獨の身にして生活し居る人にて気の毒なり　Mademaiselle（まま）Francine Monge は日本人一同にちやほやされ居たり

七月三十日　土　晴

午前中仕事をなし午後すき焼屋に行き昼食を取り六時頃迄遊ひて帰る夜は久し振りに La belotte に行き夕食を取る　夜の湖水は又格別の美しさなり　新聞を読み二時過きに床につく

七月三十一日　日　晴

市内の見物をなす博物館は中々見事なり

夜杉山夫妻と共に舟にて湖水を渡り魚料理を食して十時過ぎ外人の自動車に便乗して帰る、散歩す　十二時頃河村大佐及原少将に誘はれマキシム及クルサルに行きダンスをなす　帰宿せるは午前三時半つまらぬことに労力を徒費す

八月一日　月　晴

1291 年本日はスイス聯邦の出来たる日にして国

際日なり　然れとも大なる催もなく又各戸に旗を揚けるか如きこともなし　所々の大ホテル等にイルミネーションをなしたるのみ但し人出頗る多し
（スイス連邦誕生日）

八月二日　火　曇　午後驟雨

午前中仕事をなし午後一時半杉山少将及河村大佐と共に李王殿下を迎ふるため汽船にてローザンタに行く出発の際は天気晴朗にて心地よかりしも途中より大雷雨に会し不快なりき、午後四時半着市内の見物をなし五時二十分停車場に行きしに殿下には既に到着し居られたり、汽車中色々の話をなしつゝ午後七時着〇、荷物のためごたごたあり　御手伝へして忙しき一日を送る、佐藤中佐金大佐、藤田次官、安達君、婦人二人来られたり、夜は日本料理を一人にて食す其の他の人々は（勅任官）斎藤総督の招宴に行きしためなり
（朝鮮李王）

八月三日　水　晴

殿下の御伴して国際聯盟、労動事務局其の他を内の見物をなす、午後買物の案内ゴルフ場への御伴なとをなす　午後九時四十分発の列車にて殿下一行を見送り散歩し手紙などを書きて一時過き床につく
会議は全く不調に終れり
（殿下の御伴でゴルフ場へ）
（杉山少将　宴会少將　何も仕事しない人）

八月四日　木　晴

午後三時より最後の総会あり各国全権声明書を発し解散す　四十有七日間の努力も空しく徒（か）に軍縮の困難なるを如実に体験せるのみ
報告作成のため多忙なり、夜 La belotte に行き夕食を取り田舎の娘等とダンスなどをなして十時四十五分の船にて帰宿す
（会議は不調　宴会は踊る）

八月五日　金　晴

報告作成にて多忙なり正午、杉山少将の招待にて Boiseen 婦妹と共に Les eaux vives にて昼食且つ同

少將よりカウスボタンを贈られたり
夕食には両全権の最後の招宴あり異境に同朋五十○名集合食を共にし各々別れんとす感無量なり　散歩して一時頃床につく
（杉山少将より　カウスボタンを贈られる）

八月六日　土　晴　雨

午前杉山少將出発の手続をなし午前十一時斎藤総督を正午杉山少將を送る　米全権ギブツ二氏も来り握手を交換（ママ）す、午後一時より杉村公使邸に招待、石井大使等と共に昼食の馳走を受く、米沢の人川上新聞記者もあり　午後買物をなし Melle Francine に御別れに行き後荷物の整理をなし午後七時頃より河村大佐と最後の夕食を取る午後九時四十分石井大使を見送り、米の Yous 將軍も来り握手を換して別る
名残りを惜むへりキュルサルに行き劇を見十二時帰宅○○を作りて午前二時頃床につく

八月七日　日　晴

住み慣れし壽府生活の最後の日来る午前十一時原少將河村大佐等を見送り次て正午予も亦出発す　外務省の外人顧問団同乗、外務省の西、米沢、山形氏等の見送りを受く、
偶然大使館のタイピスト Renée Leignadier 同車しあり色々話をして時の経過するを知すに巴里に到着す
すさみきった巴里の女、田舎者より金をしぼり取らんとする運転手天国の如かりし際西に比し頗る不快なる印象を残す
Hotel Rigine family に一泊す
（巴里の貧しい人々）

八月八日　月　曇雨

壽府の快晴に比し頗る陰鬱なり　銀行等にまわり雑務を終りてより杉山少將を訪ぬ、偶然中村、河辺田辺、和田氏等に会し午後四時頃迄会談す　午後報告文を書く、夜斎藤全権を東停車場に迎へ帰路武田大佐と共に帰る、シャンゼリゼーにてベネジクチンク馳走になる

（報告文を書く）

八月九日　火

報告文完了して杉山小將に提出す、午前武田大佐私宅を訪問、午後出発準備、

夜武田大佐に招かれ日本人会にて会食盛会なり終りて田辺、河辺、中村、樋口氏等と共に劇場に行きて遊ふ、一座にして約1000fを消費す午前二時帰る

（報告文杉山に提出）

八月十日　水　曇

朝、味噌汁の御馳走にて杉山夫妻と別れ午前十時四十分の列車にて河辺少佐及満鉄の佐藤達三氏大坂の加藤正之氏、東京の府会議員小川兼四郎氏の案内役を努めベルタンに見学に行く、車中談話面白し、昼食中に予の帽子紛失す　メッツ迄の切符を有しありしも下車と共に無効となる、

此の日の案内にては終始迷惑だらけなり、過日見学せし当時の事偲はれて感無量なるも印象は第一回に比し深からす駅前のホテルに投し夜散歩す　鴨緑江節を聞きしは愉快なり

（遠藤ベルダン見学　第一回目を偲ぶも印象深からず何故か？同行者に不満か？）

（ベルダン見学　東京の府会議員ら案内）

八月十一日　木　曇　雨

午前六時七分唯一人友人等の睡眠中に出発八時半メッツ着、迎へに来る者もなく寂しく下宿に帰る巴里より息子来り居れり娘の誕生日とか　午前聯隊に行く　目下防空演習中にて幸（か）聯隊長及学校教官にも会し夜演習見学に行くべく約し　午後四時帰宅　祝○に二時間も要するにはいや気生す

誕生祝の簡單なる茶の馳走あり　夕食後St Yelien○星の中央指揮所に行き師団長に合し一寸（か）演習の説明を聞きしも天気不良にしてナンシーより飛行機来らす為めに中止して帰る

（単身メッツ着）

八月十二日　金　晴曇時々驟雨

寒暑定まらす

午前買物なとをなし十時半出勤、午前中演習の説明を聞き昼食は教官を招きて二人にて食し後演習場の視察に行く自動車にて野外をドライブし気持ちよし　午後六時ひとまず帰宅す

午後九時再ひ聯隊長等と共に St Yurion 堡塁に行き演習を見学す満月駸々として静寂の野を照し月光頗る美なり　午後十時頃より屡々（しばしば）飛行機飛来し其の都度探照燈射照し高射砲射撃し見事なる光景を程せり十二時頃演習終りて帰宿す

八月十三日　土　晴

休養す　午後五時半出発ナンシーに行く　Hotel du Palais de la bière に投す　停車場前は矮狭（?）にしてメッツより感じ○きも　ホテルの清潔なる又町の美なるは一歩進み居るもメッツの如く獨逸人の建設にかゝる大建築物は見当らす、夕食後歌劇を見計らすも旧学生の仏国中尉に会し共にダンス場に行きて遊ぶ　一時半頃帰宅す

八月十四日　日　曇雨

一日ナンシー見物をなす、公園、及広場の極めて美なり又両博物館にも亦見るへきもの多し五時の列車にて帰宿す

演習の報告を書く

八月十五日　月　降雨

Assomption にて休日なり　終日報告の調整をなし午後五時漸く完成　大使館及荒木中將に送る夜 M.Keime と共に Kasino Bar に行き後 Exercion にて音楽を聞き停車場に○を○りて帰宿す　時二十一時半

（午後五時レポート完成）

八月十六日　火　降雨

聯隊に来りて予の配属を要求し第二大隊第四中隊に入る大隊長 Le joindu 少佐、中隊長 Ferro 大隊教官 Plantier 中尉午後 S.O.M 測遠機を見る

下宿遠きに失し且つ面白からさる故 Hotel に入らんとして午後各ホテルを見たるも Guide に示しある第二流ホテルは殆んと見るに足らす頗る貧弱なり、

Grand Hôtelは一日55f、Hôtel Royalは50fなり何れも相当気に入りたるも聯隊に近き関係上Grand Hôtelを取るに決す

八月十七日　水　晴

荷物を整へ夜Kein一部の人々と夕食を共にしシャンパンを馳走し九時辞してHôtelに来る気に入りた事も多かりしもいさ永久に来らすとなると別れ惜まるホテルにて唯一人寂しさを感す

八月十八日　木　驟雨

特記すへきものなし

八月十九日　金　降雨

Le joindre少佐ferré大尉Plantier中尉及実施学校の中尉計四名のGrand Hôtelに招待し昼食を共にす

八月二十日　土　降雨

夕食後久し振りに活動を見散歩して帰る

八月二十一日　日　曇後降雨

午前十一時発の列車にてルクサンブルク見物に行く　ルクサンブルクは予想以上に美しき町なり　但し降雨のため充分に見物し得さりしは残念なり、全市悉く公園と云ふも過言にあらす城は今や破棄せられたると雖も所々に当時を偲ふへきものあり　要害無比なりしもの丶如し午後六時半帰宿　旅行を藏田力氏同ホテルに来り予を訪ね来りし故共に夕食を取り外を散歩し大いに話し十時半帰る

八月二十二日　月　曇　時々太陽を見る

朝藏田氏と共に写眞なとを撮りて別れ聯隊に行く第六軍団の演習に参加するため自ら軍団長宛願書を出す　中々手続難し

Melle Kirmeの所に写眞を持て行く　未た洗濯物出来す　惰け者なるに驚く　夜手紙を書き読書なとして十一時床につく

八月二十三日　火　曇　夜晴

午前中聯隊に行き午後早く帰宿せるも返信を要する手紙多数来り居り之れか整理　演習出発等の準備をなし午後五時過きから一時間半床につきしも眠る能はすして夕食後出発 Sauvage の家に行き又手紙など読み一時間許り休む　十一時半聯隊に集合す

八月二十四日　水　午前　曇り午後雨

午前零時 Ferré 大尉の指揮する高射砲第三大隊と共に営門を出つ　久しく荒天続きなりしに本夜に限りこぼれ落つる程の美しき星空なり、第六軍団の機動演習にて昨二十三日北南両国開戦、北軍の中央帰団たる42D長の指揮に入りたる吾大隊は Chamblegg 附近に来るへき軍を受け夜行軍を開始せるものなり

自動車の如き高速度のものも故障なき程のみ速なるものにして団隊を作りて行◯するときは各種の故障生し到底疾速・行軍をなし得へきものにあらさるを知る

途中睡魔に襲はれ甚た苦し

午前五時頃漸く予定の陣地附近に到着天照後各一中隊を以て Sébastopol、Xammes Charey に布陣す

射撃開始し得るにありたるは午前八時頃なり　それ迄は馳遂◯軍の集中を掩護しありたり、昼食頃より降雨　休む能はす頗る難渋なるも午後三時頃迄天幕中にて仮眠す

夜は陣地を撤しCharey の一民家に入りて休む兵卆は藁（わら）の上なるも将校は各人一室つゝ割当てをしたり、

八月二十五日　木　午前　晴　午後　降雨、

午前四時集合五時出発　Regnié orlle 附近に陣地変換す、友軍の戦斗稍進◯・せるを以てなり飛行機の活動物凄し、此の地方は大戦当時激戦ありし所にして荒廃のまゝ放棄せられあり◯に R-menauvilley Regnié ville の如き全く人家潰えて僅に礎石を残すのみ　樹木屢々枯死して骸骨を残し弾痕到る所に見るを得へく襟蓬々として眞に当時の苦戦の様を想起せしむ　予少年の時、衣川の古戦場（平家）を訪ね〝夏草や兵拱の夢の跡〟の名句を思ひ浮へて感無量なりしも当地方は一層其の感を抱せるものあり　夜は布陣せる儘十二時頃より Fey-en Hage に行きて

泊す戦後新に建設せられたる村なるを以て形状皆相似たり
　夏草や兵供の夢の跡

八月二十六日　金　降雨　後曇晴

午前五時迄に自動車来る予定なりしも降雨のためか来らす　止むを得す徒歩にて一里余の道を陣地に行く途中にて迎への車に会ふ、此の日一部 Lriney に陣地を変換す、将校一同にシャンパンを馳走す　午後師団司令部を訪ね敵反撃し来れるを知り一般の状況退却の止むなきものと判断せしも佛将校は之れを信せす　依然当地に止する準備をなし居れり
　果して午後九時頃退却の命令来り急遽出発 Thrán court を経て Hagéville に至り泊す時に午前零時なり、全部到着せるは午前四時半
　字のみだれ夜間演習のためか?

八月二十七日　土　晴曇

朝漸く帰団命令に接し陣地を布く　午前十一時演習終了、昼食に再ひシャンパンを馳走す

午後三時頃出発帰路の途につく　一進一退部隊を整頓しつゝ行軍せるを以て隊につきしの（ママ）、午後六時半頃なり聯隊長の出迎を受く、帰宿後直ちに理髪、入浴等をなし散歩して十二時頃床につく、（帰途 Grave-lotte にて1870年戦の博物館を見る）
（ベルダン見学杉山少將の姿記述みられず）

八月二十八日　日　晴

久し振りの快晴なり　午前中新聞を見手紙なとを書きて宿にて休憩　午後 Sawage に行きを遊ふ午後五時頃より散歩し活動などを見て唯一人なるも面白く遊ふ

八月二十九日　月　晴

本日より第三大隊に行く予定なりしも Ferlee 大尉及 Plantur 中尉 Verdan に行くとの事故予も同行す　途中 Etair の極めて惨憺たる状況に破壊せられありしを見て戦役当時を追憶す　当地ホテルはクロンプリロッツの泊し居たる所なり
311 聯隊にて多くの佛将校と話し Pugné 氏の子

供家にて両人に昼食を馳走し午後Ferré大尉の案内にてVerdanの戦場を再ひ見つ　同氏は三回本戦場にて戦斗せる人故直接其の戦話を聞きしは甚た有益なりき

午後七時帰隊す

（三回戦場で戦った大尉の案内　ベルダンへ）

八月三十日　火　晴

本日より第三大隊に行くことにす　午前十一時より第六年団の観兵式あり　聯隊長と共に陪観す、道路上を行軍して軍団長の前にて敬礼するのみにて日本の分列式の荘厳さなしと雖もなほ佛軍の堂々たる威力あるを感知し得たり、夜Keimeを訪ね洗濯代を支佛ひ散歩して帰宿す　昼食に敵大隊の青年将校を三人招待す

八月三十一日　水　晴

午前中St martin（?）にて門地高射砲の攻撃を見学す　午後教育予定表等を見午後五時帰宿す　手紙などを書き夜は町内を散歩し十一時半床につく

九月一日　木　晴

特記すへきことなし、八月陸軍大異動の先輩に祝状を書く

九月二日　金　晴　午前濃○

Captaine dernier　Lt malai˘　Ltの三人を招待し昼食を取る、午後七時頃Fontanz大佐来り演習参加許可せられたる　皆を傳へられたり　明日出発すへしとのことなるも田辺少佐及中村大尉明晩○るわの事故日曜日出発すへくLr Démogerに告く、散歩して帰る　偕行社記事なとを読み十二時床につく

九月三日　土　晴

午前手紙を書き読書し午後散歩す　活動を見る

午後八時二十分中村大尉来る予定なりし所七時頃到着　Madame同伴なり、共に夕食を取り町を散歩し十二時頃帰宿す

九月四日　日　降雨　後一時晴

午前十時迄読書し後中村大尉を案内して St Ruintant に登る○し霧の為め展望し得さりしは残念なり、Sauwage にて三人にて定食を取り午後二時半の列車にて出発せるを見送る、本日も亦聯隊長来り（予の留守中）Fersé 大尉の集合場所を書き置かれたるも地図上に認め得す　又同大尉より自動車にて迎へに来る約束なりりし故焦燥しつゝ、値ちにも遊に来らす空しく日曜日一日を送る

九月五日　月　晴　曇

午前中宿舎にて迎へに来るへき自動車を待ちしも来らす止むを得す午後二時半意を決して南軍 D.C.A に会すへくナンシーを経て Luniville に行く　当市に於て軍隊を求むること恐らく不可能なるへしと思ひたるも両軍の予想する衝突点たる Chêteau-Aaluis に比較的近きと比の附近に於ける最大の町にて宿舎を見出すに便且つ電車西方に通する様地図にありし故先つ此の地を目標にしたり　午後六時頃着　軍隊は既に出発してあらす故に先つ Hotel des Halles に投宿騎兵大尉 Deleuge 氏と話し演習本部か Morhange にあるを知り明朝 Merhange に行くに決し此の夜町の見物をなす小なる淋しき町にして大戦初め三週間獨軍に占領せられ稍戦禍を蒙りたるも多く其の跡を認めす、公園は極めて見事なり、兵舎は古くさく化物屋敷の如し、青年訓練の極めて最格（？）に実施せられつゝあるを見る宿舎の主人に戦争の話なと聞き十時頃床につく、宿代 12f 夕食 12f なるには驚く　metz に比し其の安價なる比較にもならす

（地図を頼りに合流する師団を探す）

九月六日　火　晴　朝濃霜

午前六時 Lunéville を出発し Avricourt Sarrebourg を経て Merhange に到る時に午前八時半なり　直ちに自動車にて演習本部なる Wgan 将軍の本営を訪ね DCA 陣地を聞きしも明かならす南軍師団に行くへき指示を受く、参謀等何等情況を知らさす其の不親切憤慨に價す、午前九時半頃迄待たされ航空兵等と共に自動車にて戦線を視察しつゝ、Dieuse なる南軍騎兵師団司令部に行く時に十時過

きなり幸ひ親切なる少佐副官に会し車を借りてD.C.A 陣地たる Blanche Eglise に行きしも既に陣地を撤して前進したる後なりし故戦場を一〇し〇Château-Salins を経て Hampont に行きしも見当らす空しく Dience に帰る時に十一時過ぎにて第一期演習終る、参謀に D.C.A の本夜の宿営地を訪ねたるも彼は予に全く誤りたる地点を与へたり　駅前にて昼食を取り Strasbourg 見物に行くに決し午後二時半汽車に乗り将に出発せんとせるとき偶然に vigoindre 少佐 Dermas 中尉に会し其の宿営地か Londrefing なるを知る　Strasborg に行く旨を告け再び Avricourt に至り汽車を待ちつゝ Strasborg 見物の計画をなす　此の地方戦禍甚しく住民は獨軍の命により Alsas 地方に避難せるも其の留守中家財を悉く盗まれたりと駅などは今尚砲彈にて破壊せられたるまゝに残れり

午後六時出発　八時頃 Saverne を経て Strasbourg 着直ちに駅前の Hotel national に投宿稍暑し

夕食後散歩に行き公園の Caffé にて偶然 Cours platiqm にて知り会ひし 155R の中尉に会し数十分話す後歌劇を見十二時帰宿、Metz に比し頗る〇盛なるを知る　商店劇場等も中々立派なり

（途中目指す師団見当たらず　二日間時を無駄にする）

九月七日　水　晴　午後曇時々降雨

早朝より市内見物有名なる Cathedoale に登る高さ151米頂上迄服を脱して登る　一時間を費す流汗淋漓特に其の鐘楼に登る時は眩暈を感する程なり　予の上には鳥一羽止まり囀るのみの所迄登る行人〇蟻の如く足の直下を〇り霞ありて展望充分ならさるも東に獨領シュワルツの山あり　西に佛領 Voge の山あり其の中間を洋々として Rhin 河流れ古来幾度となく両国争奪の地となりし歴史を物語るに似たり

後四箇の博物館を訪ね電車にて佛獨国境なる Rhin 河岸の Restaurant にて昼食を取る（Rhin の魚を食す）所々の公園を見午後四時の列車にて出発す　此の頃天気険悪となり雨降る　Saverne Saneburg を圣 Londrefing に着きしは午後六時なり

将校一同駅迄出迎に来られしは恐縮なり（殊に宿舎より悪路は○以上もありたるにも拘らす）夕食を共にしカルタなど遊び一時床につく

九月八日　木　晴曇

午前九時　騎兵の後方より宿営地を出発　田舎の平和なる景色を眺めつゝ、行軍 Fnsming 附近に一夜布陣したる後直ちに Vahl-Ebersing 附近に陣地変換特記すへきこともなくして本設○にて宿営す

九月九日　金　晴

午前四時　集合とのことなりしも兵隊は四時に来るも将校は一人も来らす　四時半に一人他は五時過に来れり

寒気は強し甚た不愉快なり　時々戦線を俯瞰（over look）し面白し　午後十一時終了、シャンパンを馳走し午後二時隊と別れ大隊長に送られて St Avold の駅よりメッツに帰る　メッツの駅にて遇然大島騎兵大尉に会し予のホテルに案内し夕食を共にし夜町を共に散歩ダンスなどなし夜再ひ予の室にて午前二時迄話す

（メッツに帰る　町を散歩、ダンス）

九月十日　土　曇

午前九時より大島大尉を案内して町を見物し更に St Quintan の山に登り砲台を案内し Sawage にて昼食を馳走し午後三時半の列車にて駅に見送る　予は来た此の如く親切に案内せしことなし而も二回共食事を支拂ひ散財も亦少なからさるに巴里の友人に手紙を書くに予に会ひしことすら書かさる彼の非常識には驚くの外なし　大将の息子なれと云ふものは此の如きものか

留守とき来りしに手紙に返事を書き夜遅く床につく

中村大尉が未だ射撃演習の件を願出てあらさる手紙に接し其の怠慢驚くの外なし

（日本人大尉の非常識に驚く（大島大将の息子））

九月十一日　日　晴時々雨

昨十日第二内親王殿下誕生あらせられし旨通報あ

り　皇太子殿下を得る能はず国民一同落胆せしことならん

午前中新聞なとを読み午後二時間はかり散歩し又新聞を読みて一日を送る

九月十二日　月　曇　寒し

講義係を求めたるにも編制及動員は○なりとなし求め得さりし故、○を借用して一日の中に之れを解決す　多忙なり

九月十三日　火　曇

午前中聯隊に午後 Moulin の照防空隊見学に行き少尉 Braustein 氏の説明を聞く　午後四時同少将及其の友人ら Restaurant に招待 Campagnu（?）を馳走し共にて Mosel を下り午後七時帰宿　Lt Dény に礼としてカフス釦を送る　夜日記を記し光子に手紙を書きなどして床につく　風邪にて気分勝れす

九月十四日　水　曇

朝聯隊に行しも何等新しき事もなく予の演習参加に関する返事もなし　午後早く帰り床につく　風邪宣しからす光子の依頼により十坊の服及典坊及敏子に筆入を買ひ郵送す　郵税 45f 強なるには驚く、

午後五時 Lt Dermas 等と共に Winzor に行きて Caffé を取る夕食に招待せられたるも風邪故辞し又早く床につく

九月十五日　木　曇

風邪未た癒えさるも起きて出発の準備をなす　昼食の時兵卆来りて Colonel Fontanz より Comandant Le Join に宛てたる手紙を渡す間もなく許可来るへしとの事なり

飛行第一師団長及 Le Joindu に挨拶に行きしも不在止むを得す聯隊に行きて挨拶す恰も Fontanz より電報来り居りし故 Pigais 及 Mme Romcus 等に別れを告け帰宿、出発準備をなす　巴里中村大尉より電話ありしもよく聞えず

Metz 最後の夜　出発準備を終ると共に床につき滞在中の事なと追憶す

（メッツ最后の夜）

九月十六日　金　晴

午前十時発の列車にてメッツを出発す　一等Militcure に乗る　同乗者少く二等席も面白からす　但し大使館の女傭員の妹らしき者乗り辺し居たりしも軍服故話掛けすに巴里にて別る　五時巴里着直ちに Parisiana-Hotel にて一室を借り荷物を降して Attachí の事務所に行く時に午後六時なり　一日予の到着を待ち居たり　研究すへき事など話されたる後武田大佐よりなるへく早く出発せよとの事　故本夜 Andrie と遭ふ約束なりしも電報を発して其の出発を見合さしめ午後九時の列車にて Paris を出発す、呈よく鳥の立つ様な多忙なる出発なり　車中にて光子より送り来れる新聞なとを読み十二時過き新聞を枕として休む

（一等車に乗る　パリに向う）

（パリから鳥の立つ様な出発　ボルダンへ）

九月十七日　土　晴　曇

午前六時　Bordan 着　直ちに乗り換へ午前八時 La teste 着　飛行機の将校か Chame 将校を迎に来り居るに会し其の自動車に便乗して Cazan 着　時恰も射撃開始せられありしを以て兵卆の案内にて直ちに射場に行く　二千五百米の距離を徒歩にて急きのて至（?）る、久し振りにて旧知の将校多勢に会し愉快なり、午前十一時迄射撃見学、終りてより、明日及月曜は米国の祭にて休み故旅行を思ひ立ち昼食後旅行計画をなし午後三時三十分 Cazan 出発 Bordean に行く　403 の中尉及海軍大尉同行　午後六時 Bordean 着 Hôtle Seize に投宿なし三名にて市内見物は頗る○盛なり、夕宿後芝居を見物し十二時半床につく　蚊の来襲甚しく眠る能はさりき

（米国独立記念日）

九月十八日　日　曇

午前七時半列車にて Fonlouse に向す　荒石は Bordeaux 停車場の雑沓甚し、縦て駅員は極めて冷淡、予に軍隊切符を渡すを肯せす、一等全額にて 120f 以上支払う　東南進して海岸を離れるに従ひ松樹なく平凡なる地形と化す　但し葡萄酒の本場だけに葡

萄畑は到る所見るを得へし
午前十一時着　直ちに自動車を駆して名高き博物館を訪ねたるも日曜日の為め午前中は開館せすとて極めて冷淡に拒絶せられ不快此の上なし　煉瓦作りの大寺院、公園等を見たるのみにて南佛屈指の大都市も大なる印象なくして午後三時の列車にてLourdesに向ふ　電気機関車にてピレネー山麓を疾走する快味は又特別なり　午後三時半Lourdes着
直ちに御寺に参詣す　カトリックの本山（南佛に於ける）故参詣人頗る多く毎日御祭の如し　本日も一万人の行列あり　到底善光寺琴平成田山の比にあらす、鐘紀洞（か）に行きしも時間なき故中に入らすしてひきもどし城に登る要塞の地に築かれたる眞に防禦用のものなり見るへきもの少なからす、標高900米強の山にfiniculIairoにて登る　十五分を要す
Pyrénees連山及Garonne河谷の眺望絶佳なり◯を割いて午後七時二十一分の列車にてPauに向ふ、山麓より駅迄僅々2Kに足らさる所を自動車にて20fを要求せらる、雲助如き輩頗る多きを恨む、但し此の如き輩は自ら價を定めて与ふるに若かす、午後八時Pau着　既に日没して見えさるも其の規模の大なるに驚く　先つはHotel de Franceに入り食堂の大なる到底ParisのHotelの比にあらす　数百人を収容し得へし夜音楽を聞き　町を散歩等して久し振りに安眠す　夕食25f　室代60f

九月十八日
（カトリックの本山）

九月十九日　月　快晴　米国祭

朝焼を受けて麗しきPyrénies山脈を室の窓より眺む　午前九時より冬の庭及NapolionⅢの城等を見物す　何れも構造の大贅の限りを尽したるものなり　城中に日本の陶器二三種ありたり
午前十時半の列車にてBiautzに向ふ、Hotelの自動車駅に行く故便乗せよと勧めらるゝ、よって予のタクシーを拒?て乗りしに僅か一町位の所を車代5fを要求せられしに驚く、此の如き輩到る所に見る仏国のために惜む　Gide bleuをHôtelに忘失して残念なり　午後一時Biarritz着、

地図をたよりて海岸に出つ　太西洋の絶形（景）一○の中にあり　Chatean-Barque にて昼食を取り Statue de la Vierge に憩ひ午後二時二十二分発の列車にて帰途につく（軍人券を呉れたり）　暑さ甚たしく Biarritz は夏なり　車中暑苦し　午後八時 Cazanx 着　西海岸附近一帯は大松林にて各樹より松やにを採取しありつゝあり　稍疲労す宿舎には電燈なくらんぷを用ひ風呂なく水にて体を拭くのみなるも心地よし　安眠するを得たり　本旅行にて予の通過せる距離

Cazanx	70K		
Bordeanx			
Louloure	257K	— ハ正確ナルモノ	
Lourotes	332K	107	
Pau	15K	37	
Biarritz	158K	106	
cazanx	30K		
	852K		

（ビレネー山脈を窓から見て　ナポレオン三世の城を見物）

九月二十日　火　快晴

朝広野に霞置きて心気爽快なりしも九時頃より太陽の直射熱及輻射熱堪へ難き程なり　午前八時より十一時迄午後は三時より六時迄戦○往復に軽鉄にて各三十分徒歩十分を要し稍疲労す　流汗衣を露すにも拘らす入浴し得さるには甚た遺憾なり

午前 Aur-remorqeu の射撃　午後 Plateforme の試験射撃後 zaou 以上の高度の射撃を実施する予定なりしも高度 2500 以上に飛行機○○ず中止す

午前 Aur-remozqeu の射撃（taquimè torique）午後 tir an son、午後は稍雲あり　午後は風ありて昨日より凌ぎ易し　昨夜夜間飛行に一飛行機墜落下士一名墜死せり、依て本日弔慰金を其の遺族に送る

予は 100f を出したるも聯隊長は 20f にて可なりと承知せす　故に 50f を出し置けり

（夜間演習　一飛行機墜落）

九月二十二日　木　午前晴　午後降雨

午前平常の如く射撃、午後二時半より一昨日墜死せる下士の葬式に参列す、遺族の悲観し居る様を見て同情に不堪　教会にて式ありたる後駅にて貨物車に柩を移し飛行隊将校の悼辞あり時恰も天曇りて雨降る　霜○になりて帰宿す　午後の射撃は取り止め、午後七時半より聯隊長の招待にて夕食に参列す、予を最も上席に第一の珍客たらしめたり　午後十一時解散し将校三名か宿迄送り来れるは誠に感謝の外なし

九月二十三日　金　曇天　寒し

午前MG射撃及高射砲射撃　午後二時より学校及40f聯隊の将校及見学の上級将校を招きシヤンパンを馳走す　シヤンパンは田舎にも掲らす高價なり一壜40f稍不当なり

午後三時半より射撃終りて舟遊を試みたるも荒天にて中止、夜間射撃も亦中止

九月二十四日　土　降雨

降雨にも拘らす最終日なると砲兵監来るため射場に行く殊らに雨中に時間を経過するのみMarage大尉の演習に関する説明ありて終了、午前十時解散す

五月以来顔なじみの人々と別れを告け宿舎に帰り出発の準備をなし午後三時三十分の列車にてArcachonに来り　Hôtel Bridtolに投宿一日50fとは法外安価なり（食事附下宿）　夜Casinoを見物す遊覧地たけに中々立派なり

（最終日）

九月二十五日　日　晴時々村雨あり

午前新聞なとを読み午後○○を取りてCazanxに行く宿の娘等は中々親切にして且つ宿附近の景色は静寂其のものにして忘れ難し記念のため写眞なとを取り午後三時五十分の列車にて帰る　夜Clinpiqueを見る、中々盛んなり

九月二十六日　月　晴雨定まらす

第六軍団の演習及Lorsaime演習の記事を書き多忙なる一日を送る　食後海岸を散歩す　気持良し

夜降雪

九月二十七日　火　材雨瀬りに来る

天候定まらす外出する能はす終日宿にありて報告の起案をなす　（仏国防空の現勢と帝国防空の将来に対する希望　午後十一時漸く脱稿す

（終日（帝国防空の希望）　報告の起草）

九月二十八日　水　晴

久し振りの晴天にて気持よし　朝冬のかじのの山に登る　十時頃迄散歩し後報告の整理をなす　稍腹の具合悪しき故宿に蟄居す

九月二十九日　木　晴

午前中手紙なと書きて家に蟄居し午後西南方海岸ピクーに遠足を試む　自動車にて約二十分往復5f、砂漠に連って砂丘あり　丘上松樹多し、仰いで松○を聞き伏して○声を聞き南佛にも秋訪れて遊客少く専に大西洋の眺めを我物にして午後五時頃帰宿す

九月三十日　金　晴

午前十時十五分発の汽船にて、湖水を渡り対岸 Capferret に行く松林を馬車鉄にて横切り太西洋岸に出つれは渺、花とし方際なき太洋眼前に展開し思はず快裁を叫はしむ　遊客数人、美しき砂の上に遊○び涛にたわむること数時遠く南方湖水の入口迄足跡を印す

雑沓濃艶の巴里に比し如何に静寂清楚なることよ巴里の毒花の庭に例つれは比の地は処女の住む天国なり去るに忍ひさるものありしも午後二時頃、天曇りしたるを以て帰途につく　船價往復6f（片道約二十分）馬車1f半、

十月一日　土　晴

午前中読書　午後宿の小輩を伴ひ再ひ Capferret の太西洋岸に通ふ、動く太平洋にも別を告けざるへからす名残惜しき感あり

夜ペリー9人及ロシアの人と知人となり面白く話す

二六会へ通信なと書き十一時床につく

十月二日　日　曇時々降雨

午前六時起床　七時十五分前 Arcachon 湖畔の最後の散歩をなし馬車を駆して停車場に到り午前七時十九分発列車にて巴里に向ふ　本日より冬の時間表を使用し昨夜零時に一時間遅らし自然時に帰りたり　午後五時半到る間無味なる汽車旅行を徒（？）行し稍疲労の後巴里着　直ちに Parisiana Hôtel に投し入浴後 Restaurant Drouant に行きて夕食を取る頗る美味なり　後散歩して遅く床につく

（冬の時間表を使用）

パリ時代はじまる

十月三日　月　晴

早朝より事務所に行き武田大佐に挨拶し手紙の整理等をなし居りしに練山大尉来る久し振りに会す山田、細川、〇室の諸氏も Antel に来り居るを聞き直ちに行しも李王殿下の所に行き居るとのこと故予も亦李王殿下を訪ね昼食の馳走を受け後新来の客を案内して買物なとをなし夜八時頃再ひ Hôtel antel に行き山田、〇室君を送り Yam du Nord に行き夕食を共にし更に中村、原の二兄と共に散歩し遅く帰る

（李王殿下　巴里に遊ぶ）

十月四日　火　晴

新聞広告の返事を受け取り下宿候補の地を訪ねたるも希望するものなし　夜、常盤にて中村大尉と夕食を共にし帰宅す

（日本の軍人　パリで遊ぶ）

十月五日　水　晴

早朝より午後一時迄下宿を訪ね廻る六七軒訪ねたるも希望するか如きもの見当らす　唯一軒、Toul Effel 附近に Aparty ment を見出し 1,200f にて約束し午後二時〇来りしに瓦期代として更に 200f を要求せり　共の態度頗る豪慢にて癖にさはりし故峻拒して帰り Hôtel de la Bourdonnarb に投す室代一日 35f 食事は 20f 前後なり　夜返事を書き荷物を整理

して遅く床につく

十月六日　木　晴

終日忙しく演習報告を清書し且つ殿下のための講演を準備す午後五時十分北駅に奈良少佐（大将になり天皇の侍従武官長となる人）を迎へHôtel Campbelleに案内し午後七時杉山少将及酒井中佐を訪ね挨拶の後武田大佐の招きにより私宅を訪ね佐藤中佐中村大尉練山大尉細川少佐等と十時過迄面白く話す　帰宿後更に清書を続行し午前三時漸く終る

（李殿下の講演代筆）

十月七日　金　晴

午前中、講演の準備をなす（地図書き）昼食は中村大尉に招かれ彼のAmieの家にて原大尉と共にすき焼をなす

午後三時Hôtel magéstiqueに行き杉山少將原少佐と共に講演をなす　午後六時終る　夜西原、奈良少佐と共に日本人倶楽部に行きて夕食　会談の後Champs Erisérsを散歩し一時頃別れて帰る

（日本人倶楽部）

十月八日　土　晴

殿下を案内してFontainbreauに行く予定なりしも妃殿下歯痛のため中止しSt germentにて画の御買物の御伴をなす、事務所に行き後中村練山両大尉と昼食をなし帰宿、澄田少佐を訪ねたるも不在、家にありて下宿の事なと考へ疲労し切りたる体にて光子に手紙を書き床につく

十月九日　日　晴

午前中手紙なと書き午後西原少佐を訪ね後奈良大尉（少佐）に戦場見学のProgrammeを与へ帰宿、報告の調製をなす

（奈良少佐は戦場見学　プログラムを与へる）

十月十日　月　晴

午前中報告を清書す　午後澄田少佐を訪ね大学校の事なと話す　下宿の談に入るへきを希望せられたるも予は承認せす　夜遅く迄報告を書く

十月十一日　火　晴

報告を書き居りしに中村大尉より電話あり　明日通信学校に入校すへしとの事故　午後大急きて報告を呈出し銀行にて金の準備をなし孝之少佐を訪ね杉山少将に挨拶して帰宿　出発の準備にて多忙なり

（ヴェルサイユへ　通信学校に入る）

（仏語表示大文字のところ小文字になっているingrich　そのままとする）

十月十二日　水　晴

午前八時の列車にてベルサイユに来り　直ちに通信学校長を訪ね教育は予定通り十五日よりとの事にて予定表及書物なとを貰ひ Hôtel de Noailles に宿を取る　昼食後町の散歩後宮殿の庭を見る広大なる実に驚くの外なし　雑沓の巴里に比し殊に住み好し

（ヴェルサイユへ　通信学校長を訪ねる）

十月十三日　木　曇天

通信に関する書類を予習す　十三郎（次男）の誕生日のつもりにて祝状を出したるも誕生は十日なりき、多忙に取りまぎれ日を逸したるは遺憾なり、夜活動を見十二時床につく

十月十四日　金　曇

終日通信の予習をなす

十月十五日　土　晴

午前九時通信学校に集合せるも予定は正午集合なりし為め集るもの半数に満たず為めに校長の挨拶もなく解散す　午前自習、手紙の返事など書き午後上巴先つ自動車展覧会を見後 St Lazare 駅前の ingrich Hôtel に室を取り、奈良少佐を訪ねたるも不在故面せ〇会し帰り自動車のカタログなど整理し午後八時八分 Andrie を迎へ夕食を共にし一度久し振りに話す

（アンドレーと夕食）

十月十六日　日　晴

午後二時 Andrie に別れ Versailles に帰る寂し公

園を散歩し夜手紙を書き自習などして床につく　本朝奈良少佐出発　見送る能はさりしも近々中に内地に帰るを思ひ羨望に不堪

十月十七日　月　午前晴　午後細雨

通信学校教育第一日、準備の週（ママ）到なる眞に手本とするに足る　難解の語言多きも面白く一日を送り得たり Stajius 百名近く頗る賑ふ、夜迄忙しく晩強す

十月十八日　火　曇

本日午後武官事務室に於て新に来られし観光団へ演習の講話をなすへく予定せられありしを以て通信学校の講習終了と共に同所に行きしも午後六時にて時間多くなかりし故取り止め直ちに日本人会の送別会に列席す、一行中に阿南中佐居らる奇遇なり、又思ひかけざる石本少佐獨逸より来らるゝに会す　本日の出席の為ならざるを感ず同氏と愉快に話す、大島駿少佐　三橋中佐、澄田少佐　天晶大尉　中村大尉五名の送別会なり　午後九時終り予一人ベルサイユに帰る

十月十九日　水　曇

多忙なる一日を送る　本日午後の講義は比較的容易に聞き取り得たり　夜日本に手紙を書く　金次郎兄より母上の老ひられしを聞き心痛に不堪　御保養料として金五磅を送る　幸にて予の帰朝迄元気に居らせたきものなり

（観光団一講話時間なく中止　仲間の大尉五名との送別会）

（母親に金5ポンド贈る）

十月二十日　木　午前晴　午后曇り

終日勉強す

仏国陸軍大学に入学

十月二十一日　金　明

午後野外にて通信演習を実施す愉快なり

十月二十二日　土　降雨

天晶及びYvonne二人より反事来り閉口す　午後二時四十五分先つYvonneを停車場に迎へ御城を共に見物す、降雨の為め何事もなし得ず宿に帰り茶を取り午後五時半共に右岸の線にて出発St Lazar迄一緒に行きて別る後直ちに天晶を訪ね共にBramirie Universaireにて夕食を取る　仏国に於ける彼れと共にする最後の会食なり　終りてよりシルクに行きて見物彼れと建康を祝し合ひて十一時半別れ午前零時五十分宿に帰る

（ベルサイユ城見物）

十月二十三日　日　曇、降雨

午前十一時迄に再び出巴澄田少佐を訪ね大学校の内部を案内して貰ふ、思ふたよりは御粗末なり　十時半之れ亦最後の決別を（仏国に於ける）なしベルサイユに帰る

途中秋雨に濡れし紅葉を眺め寂寞を感す　帰宿して各所に手紙なとを書き散歩し夜勉強して床につく

（佛国陸軍大学を案内される）

十月二十四日　月　曇細雨

午前学課　午後演習、午後八時半中村大尉の帰朝を送るへく巴里北（駅）停車場に行き十時の列車にて見送る　帰宿せるは午前零時、

李王殿下より頂戴せる煙草入及十二月より四ケ月分の俸給（171ポンド）受領

十月二十五日　曇細雨　火

着佛満一年の記念日なり、午前学科午後演習にて多忙なる一日を送る　光子久子、河辺、荒木中將等より来信、返信を書く

（着佛　満一年）

十月二十六日　晴　水

昨年の今日巴里到着、当時を追憶して感無量なり終日勉強す　傳書鳩の記号信号等につき学科、午後は図演

十月二十七日　曇味　木

午前交換機の実習、午後自由、四時半頃中岡君の来訪を受け一時間愉快に話す　馬力を掛けて勉強す稍風邪の気味にて苦し

十月二十八日　晴　金

午前図演　午後通信綱の建設

夜遅く迄報告の調〇をなす

十月二十九日　土　晴

午前図演の原案指示及終りの挨拶あり、十時に終りて宿に帰る　光子より忠願せる手紙来り不愉快なり　光子も殊に幼稚なるも両親いつまでも大悟し得られさるは御気の毒なり　午前十一時より学校の教官中御世話になりし人九名（Commandant Culvel は止むを得す欠席）Colonel Bar の Commandant Louis de Singay の Commandant Oger. Ct A. de Adgazan の Cuyard の mB maber の Auloine 等）を招待し昼食を共にし記念の写真を撮影し午後三時決別す、住みなれし Versailles、Hotel de noailles（T.8-96）に思を残して出発す

下宿にて服を着換へ、帽子（を）買ひ及服の注文に行く帰路、intel にて新に来られし観光団を訪ね、佐々木輜重兵中佐山岡大佐に会ひしも谷中佐は不在なり、後内山中佐に会す、阿南中佐と散歩し十二時帰宿、荷物を整理等して二時頃床につく　眠られす閉口す

（ベルサイユ　ホテルに思を残し出発）

十月三十日　日　晴

午前九時半サンラザール駅に行きしも約束の練山大尉来らす止むを得す予一人十時の列車にて出発ルーアンに向ふ〇等に乗りしも時間遅る故席なく廊下に居るの止むよ得さる状態にあり、稍疲労しありしも途中景色思出多くなつかし殊に久し振り（六ケ月）に住み慣れし家を訪ね眞に頃ひを以て近よる故郷に帰りし心地す　三人と共に食事をし愉快に話し夕方散歩に出掛けたる所遇然にも練山大尉に会す　彼は時計一時間遅れ居りしを気つかつに遅れたるなりと

一同に紹介し一時間ばかり物語りして六時十六分の列車にて帰巴す　荷物の運搬に稍難渋す、荷物を

整理し十二時床につく

十月三十一日　月　降雨後曇

午前中荷物の整理をなし午後講話の Bureau に行く三時半観光団及駐在員の前にて演習の講話をなす、後小松原中佐の露国の近況に関する話あり、次て日本人会にて観光団各位の招宴を受く、散歩して十一時半帰宿す

（小松原中佐「露国の近況」）

十一月一日　火　曇

終日報告の調整をなし多忙なる一日を送る夜十時過き漸く完了するを得たり

十一月二日　水　晴

午前九時四十五分三橋中佐及田辺少佐を St Lazar 駅に見送る、帰朝する人を送る毎に望郷の念禁じ難し買物などをして十時半帰宿、諸報告を調整し午後 Bureau に行きて武田大佐に提出し、後血液検査を受け散歩して帰る

夜随所に手紙などを書き十一時床につく

十一月三日　明治節　晴　木

午前学校に行き日課予定表其の他注意事項等を受領して帰る午後三時半より菊の展覧会を見に行く、昨年の今頃の事偲はれて感無量なり　日本、趣味は昨年よりも更に多く取り入れられあり　夜新聞などを読みて休養す

十一月四日　金　曇

午前十時十五分より外国学生の馬術の試験あり数年振りて乗る稍疲労す

午後二時より Sallon du Malíchaux にて学校長 Kiring 将軍の挨拶あり、小（か）外国の将校総服装か華美なり、後阿南中佐を訪ねしも不在、佐々木中佐も同様、散歩して七時半帰宿す、本日 Crídit Commu ○ de France に Zao Livus 及 15,000f を換金す

十一月五日　土　晴

朝光子、四郎、Andríe、Legrand等より来信、第一回の授業、一般戦術防禦陣地の編成 Cdt Bounean 約二分一及至三分一を聞き取り得るのみ、午後は返信を書く

四時半より佐々木中佐を訪ね依頼せられたる佛軍プアンフレットの説明をなし六時半帰り読書をし静かに休む

（陸大第一回の講義　1/2 1/3 を聞き取り得るのみ）

十一月六日　日　降雨

愈々冬来る寒し午前中入浴読書などして静養し午後下宿の息子と活動見物に行く　彼の Amie も来る彼等は Amie を持つことを何とも思ひ居らさるもの丶如し

十一月七日　月　曇晴晴

馬術後歩兵戦術 Giran 大佐、午後大戦の活動写眞を見るへく Bourvard de Boinso ○に行く兵備取り混へあるも国防思想及平和賞の思想を美化するに好個の材料たり　夜報告して十一時床につく

十一月八日　火　降雨　寒し

一般戦術ありしのみ、所々に返信を書き又明日の図演の準備等して多忙なる日を送る

十一月九日　水　降雨　曇

馬術、一般戦術及午後図演あり、図演は午後二時より五時半過迄休けいなし連続実施せられたるには閉口す　Yannu 午後六時来る共に Champ de man を散歩す

十一月十日　木　晴　曇

朝 Andríe より Rouen に来る様手紙来り　予定の変更を要し当惑　意を決し行く事にし電報す、戦術の講義後午後 Attaché の事務所をを訪ね本夜の在巴將校の会食に出席し得さる旨を告け西原少佐及昨夜到着せる佐野少佐一行に会し挨拶をなし午後五時の列車にて Rouen に行く　約束の宿に投ず　Andríe は午後九時に来る　久し振りに色々話し彼

の願ふままに午前零時五十五分の列車にて帰る　翌朝休戦記念祭に出席せさるへからされはなり列車中に暖房装置なく寒さ厳しく眠る能はす

（ルーアンにてアンドレーと会う）

十一月十一日　金　休戦記念日　朝　降雪

午前四時半 St Lazar 着、直ちに自動車を飛はして帰宿、床につきしも眠れす　午前七時起床し記念祭に参列す　午前　大学○学生及科長 Etoile に参集花環を無名戦士の墓に捧け敬礼して解散 Hôtel Antel に佐野少佐を訪ね十時 Hôtel Bourdomand に甘粕夫妻を訪ね数年振りの会見なり色々世話をし十二時過き帰宿す　午後二時間はかり床につき午後七時より杉山少將の招宴に出席、河村中佐、都川（?）大尉等の珍客あり面白く話し十一時帰宿す

（数年振りホテルブルドマンドに甘粕夫妻を訪ねる。杉山小將の招宴）

十一月十二日　土　午前晴　午後曇　夜降雪

午前学科終り後、午後先つ服屋に行き後三時 St Lazar にて Meile Jane と一緒になり St German に行く城の庭を散歩し　夕食を共にして帰る

十一月十三日　日　曇天

午前休養、昼食に M.Dupille に招かれ Colombes に行き午後面白く遊ひ七時頃帰宅す、夜図演の宿題をなす

十一月十四日　月　降雪

馬術、砲兵戦術図演にて多忙なる一日を送る、光子より二通来信　小供の服到着　大悦ひなり　十坊迄予に手紙を書くとて鉛筆をなすりつけよこしたり可愛い児なり

十一月十五日　火　曇

夜下宿の人々其の友人等と食事を共にし休戦記念日を祝するためシャンパンを馳走す

十一月十六日　水　晴

久し振りに晴し気持よし、馬術及学課等にて中々

疲労す　夜m.y.と共にベルダンの戦争の活動を見に行く、中に日本の風俗、風光等のヒルム（フィルム）あり、なつかしく思ふ、十二時帰宿

十一月十七日　木　晴

宿題を貰ひあるを知らす他の将校の提（ママ）出するを見て驚く帰宿後之れを作り多忙なる一日を送る

十一月十八日　金　曇

オデオンに行き入場券を取り買物なとをなす、夕方、Jeane来る三十分ばかり話して別る、光子より二通来信彼女のけなげなる決心を見て喜ひの涙こぼる栞を送り来る愛すへし

（光子夫人の手紙＝喜びの涙）

十一月十九日　土　降雨

午前十一時より仏国学生の外国学生に対する招待あり　memeにて両古参将校の挨拶あり盃を挙けて解散す　午後図演の準備をなし夕方甘粕氏を訪ね後IvoneをSt Jozanに迎へ夕食を共にしOdionにMadame Karíriaを見るオペラにて見たるtraviataと同筋なり、見事なる出来栄へなり　十二時半帰宿す

十一月二十日　日　降雨

午前十時甘粕夫妻を伴ひルーアンに行く　下宿にて一同と会食色々話をなしたる後　甘粕氏の為めに下宿を借るべく交渉し話を取り纏めたる後一同散歩して六時十六分の汽車にて帰巴、夕食を共にして帰宿す、此の頃Andríeより来信なし　病気なるへきを思ひMam Racineに問ひ合せたるに本日返信、肺炎及角膜炎にて重態なりと　気の毒に不堪　直ちに見舞として金50fを送る

（甘粕夫妻とルーアンへ　下宿を世話する）

十一月二十一日　月　曇

午後四時間に亘り図演、佛語は半分位しか解し得ず　焦操（ママ）愁操を感ず、本日も亦Andríeに見舞金50fを送る

彼は又立つ能はさるにあらさるなきや　昨夜は殆んと一睡もなし得さりき
（アンドレーに見舞金50ｆ　三日続けて送る）

十一月二十二日　火　晴曇

Andríe 病床より来信、気の毒なり　又見舞金を送る　午前中入浴休養　午後図演相変らす充分了解し得す苦し　夜新聞を読み十一時床につく

十一月二十三日　水　曇寒し

朝馬術及歩兵戦術　午後武官事務所にて談話会あり出席す　予は大学校の様子を話さしめられたり七時頃帰り読書す

十一月二十四日　木　降雨

戦史、午後手紙を書き野外戦場の準備をなす

十一月二十五日　金　晴

朝七時より馬術、昨夜安眠し得ず疲労す、毒瓦斯の講義あり　午後自習す、Andríe より来信　客体良好ならず気の毒なり　見舞状を送る

十一月二十六日　土　曇晴、

シヤンチリー附近にて砲兵現地戦術、自動車にて十一時出発六時帰宿、其の間昼食もとらす寒風にさらされて演習す　頗る寒し

光子、甘粕氏等より来信　夜返信を書き十二時床につく

十一月二十七日　日　曇

午前下宿にありて休養　Andríe に見舞状を書く、午後 Hotel intel に垣内大佐を見舞　到着以来腎臓を病み居らる、五時迄話し、新聞雑誌等を贈る、思ひがけずも垣内中尉の叔父に当れり、武田大佐も来られ談　地震（関東大震災）の時の王希天問題に移る、午後オペラの近くに新築、せられたる大活動写眞館 Parmunt に行く稍高價（一等25f）なるも設備、音楽、は中々大したものなり　夜読書して早々床につく

（王希天殺害　陰ぺい　パリでも継続する）

（パリで垣内大尉の叔父に当る垣内大佐と王奇（希）天問題を語る）

十一月二十八日　月　曇　日中尚燈火を要する所暗し

午前馬術ありたるのみ、終日家にて読書す、長靴一足注文したる900fを要求せり法外の値断に驚く、仏国の生活もあきあきす

十一月二十九日　火　曇雨

午前戦車の用法及馬学あり、午後、光子、寺田君、Andrie に返信を書く、光子殊勝なる覚悟にて留守をなし居り可愛想なり　Andrie は近々恢復に向ひつゝあり、寺田君は Sovietts に駐在する由父上に発信、星氏の成婚、本家の出産に祝状を出し、内山少佐に reception の日を通報す　夜十一時迄勉強す

十一月三十日　水　曇

馬術及参謀要務、鉄道輸送、午後明日の準備にて多なる半日を送る、疲労を感す　上階の住人午前一時頃迄騒き眠り得す困却す

十二月一日　木　曇

終日暗黒陰鬱にて気持悪し　航空の問答的講演は頗る面白し、予は初めて経験せり

午後読書して忙しく暮す

（航空の問答的講演は面白し）

十二月二日　金　曇

午前七時よりの馬術は電燈下にて実施　痛快なり但し起床の時は中々苦し　終日零度以下の冷たき湿気ある空気　北佛の冬は淋し

（午後自習をなし夜新聞など読みて床につく）

十二月三日　土　曇

午前歩砲の連絡に就きて講義あり　その概要を聞き取り得たり午後月曜日の準備をなし七時より Yeanne と観劇に行く

Opera Comique 満員の為夕食後 Orinpia に行い中々面白し、彼れと行く事には何等興味を有せす

十二時半に帰り新聞を読み二時頃床につく

十二月四日　日　曇

昨夜より稍寒さ薄らぎ午前中一時間限り太陽を見たるも直ちに又曇る、午前中休養及明日の準備午後Yvorme及Direcverteを招きparamaunt○活動を見る、六時半に別れて散歩したる後Hotel inter Antelに垣内大佐を訪ね演習の説明なとなしたる後夕食を食し午後九時帰宿　手紙なと書き床につく

十二月五日　月　曇　**時々太陽を見る**

昨夜も亦眼冴えて午前四時半迄眠られす　稍神経衰弱に罹り居るが如し、朝頗る眠かりしも例により て早くより馬術及一般戦術、

午後は自習をなす、

75ekの随伴砲兵としての用法を見たるも大した事なし

十二月六日　火　晴

久し振りに晴天気持よし午前ゐ生学あり　午後あすの好天（か）気故散歩ながらHotel Interに垣内大佐を訪ね予の報告書を御借し砲兵に関する諸問題等を話して帰る、稍疲労し思ふ様に勉強出来す

四郎より来信両親初め一同無事殊に予の送りし五磅到着　両親は非常に悦ひ居られたりと

垣内大佐に報告書借す

十二月七日　水　曇

馬術後何等学科なく終日家にありて読書す　語学の先生を決定すへく新聞広告に返事せる人々に発信す

十二月八日　木　曇

午前一般戦術　午後自習、午後七時より近く出発せらるゝ三氏新に来られしに軍医四十宮のために送別会を日本人会にて実施　集るもの十数人　淋し桶口君の父死去の由気の毒なり

十二月九日　金　曇

昨夜も亦二時過迄眠れす　六時に起きて馬術、昼

食後二時間ばかり床につく　稍風邪の気味あり　気分優れす　午後図上戦術あり、本日は比較的良く聞き取り得たり、

十二月十日　土　曇

午前学科、午後図演にて多忙なり午後七時 St Lazar 駅に行き Yvonne と夕食を共にし後 Magador に行き Rose marie の劇を見る見事なり特に光線の利用の巧好なる驚くの外なし　一時半帰宅す

（ロゼマリエ観劇）

十二月十一日　日　曇

午前光子、花子を初め各所より来信返信にて多忙なり　語学の先生一名来る　午後昨夜忘れし方等巻を辞書か取りに Mogador に行きしも見当らす、立派なる品なれは多分盗まれしならんとのことなり午後駅のサロンを見物す　絵は大したものなきも室の装置には中々見事なるものあり

垣内大佐を訪ね色々話したる後七時に帰る Jeanne の来訪を受く、夕食を共にし十時に別る

（三度垣内大佐と話す　よほど信頼する相手か？）

十二月十二日　月　曇

暖房消えて寒し暖炉に時々薪を焚きしも火続かす勉強に困難を感す、本日も二候補者を引見せるも適当なるものなし　一人一時間 7f、二時間 12f と云ふに、一人一時間 30f を要求せり　寒く且つ眠き故十時半床につく

十二月十三日　火　曇　寒し

航空写眞の講義あり

光子より来信十坊予の帰りの遅きを歎き居る由気の毒なり　返信を出す　午後自習をなす

（陸大にて12月13日航空写眞の講義）

（後満州と南方で役立つ）

十二月十四日　水　降雪

馬術及戦史（了解し得す）後十川少佐を訪ねたるに不在なり、

午後内山少佐次て佛語の先生（三十五六の人、

20f要求、相当教養あり）次て甘粕氏の来訪を受く夕食迄話し勉強せすに一日を送る
（甘粕の来訪により、勉強できない）

十二月十五日　木　曇　朝数時間太陽を見る

寒気稍緩し、久し振りにAndrieより来信病重し気の毒なり　防練に於ける師団内の通信に就て講義あり、午後明日の図上戦術の準備をなす　下宿にて電話を架けるとの事故其の半額を予も出すことに約束し本日661.25fを支拂ふ、中々高價なり
（電話の設置　高価）

十二月十六日　金　快晴

寒さ甚しく室外の水は悉く凍る午前七時より馬術指凍りて感覚なし、八時五分帰宿の途太陽赤く地平線上に現はる景色良し、衛生機関、運用、午後戦術共に本日は大部分了解し得たり、午後五時半終りて甘粕氏を訪ね七時迄話して帰る
（甘粕氏を訪ねる）

十二月十七日　土　曇　雪降る寒し

零下六度頗る寒し　本日の学科は佛将校のみ故予等は休み　朝新聞社に広告を依頼に行き後杉山少将及武田大佐の女中に贈物すへく買物をして帰宿、午後新聞を読み又外出Mme Georgを訪ね後ホリベルヂェーの近のAuberge料理長に行き面白き鳥料理を食しMaderainにて活動（Ben-Hur）を見て帰宿手紙なと書き午前一時半床につく
（POPの公（ママ）告にて極めてSévereなるには閉口す）
（パリの杉山小将　武田大佐　女中付きの生活）
（映画ベンハーを見る）

十二月十八日　日　晴

零下十二度を示す　頗る寒し午前休養及戦術の作業をなし午後四時より山岡大佐を訪ね参謀肩章を渡し後ナポレオンの活動を見公衆大食堂に入りて夕食す　何知らすに入りしに其人数の多きに驚く　但し上流の人を見ず、三血と菓物及流水を飲し5f85には驚く　一食100f以上の所もあり5fの所もあり、

巴里はピンからキリ迄ある所なり
帰路アンテルにて憩、佐々木中佐其の他森村少佐、練山君等に会ひて十時迄話し帰宅す
（パリの食堂　ピンからキリ迄）

十二月十九日　月　晴　非常に寒し

馬術後、後方勤務の講話あり、谷中佐に演習記事を送る、内山少佐より紹介し来れる先生は予か第一回に見て不可と思ひし人なり頗る滑稽に感す
午後図演の準備にて忙し
Jeanne 来る一時間はかり遊びて帰る
十一時迄勉強す

十二月二十日　火　晴

昨日より寒気稍緩みたるも尚零下五度を示し寒し、光子及武田大佐より来信、光子は相変らす気嫌よく暮し居つ様子にて安心す　但し武治君職を失ひ困り居る様子、気の毒なり
武田大佐参謀綿結（日本酒）一本と訂正し来られたるも既に二本買ひ居れり　我儘なる人と思ふ、僅か180f位のもの故一度二本と云ひて註文したる以上は其の儘二本買ふてもよかりそーに思ふ
午前自動車を以てする軍隊輸送　午後通信の図演

十二月二十一日　水　曇

昨夜寒さ緩み降雨あり　零度位の寒さにて路上悉く氷結して徒行頗る困難なり　馬術及対砲兵戦術
午後後方勤務、語学先生の広告に対し三十通位の返信を受領せり、但しP.O.P にては広告せす
午後六時、Hôtel International に行き谷中佐、伊藤中佐、垣内大佐に色々話をなし夕食を馳走になり（谷中佐より）垣内大佐よりハンカチを贈らる　夜手紙を書き十二時過き床につく
（フランス語の先生　三十通の応募者）

十二月二十二日　木　降雨

低気圧にて暖かなり　十度位なるも風強し　気候の激変に驚かさるを得す　午前戦史午後幹事の réception あり親切に色々と希望など聞かれたり又

予の家族の為めに幸福を祈れり後Lyon駅に行きCannel迄の二等往復切符を買ひ席を予約す（560f）

夜甘粕氏訪ね来る

十二月二十三日　金　曇

寒気益（々）緩し十五度を示す　午前七時より馬術地理に関する講話ありしも全く聴取し得す

午後騎兵戦術あり、腹痛を感し聴取し得す

午後六時より（佛語会話の）先生の候補者三人の来訪を受く　軍服出来たるも頗る不出来にて送り返す

（ヒヤリング聴取し得ず）

十二月二十四日　土　降雨

本日より休暇　朝西原少佐を訪ねたるも不在故佐々木中佐を訪ね輜重の話なとをなし後事務所に行き練山君と話し後先生一人を訪ね昼に帰宿、午後旅行の準備及後Sporting Clubに行き英国歌劇団のNo.No.Nanetteを見る　英人としては実に上手に佛語を操りたり、25fの席か語学の先生の世話にて5fにせり、関係者と外人相手の値段の差の大なるに驚く

（休暇）

十二月二十五日～二十六日

二日間筆記欠（珍しいこと）

（91才迄一日も欠かさず記したとはいえない。）

十二月二十七日　火　曇　小雨

午前中自習及Lesonを取りて終り午後二時より四時迄又Leson、先生は一日六時間つゝとし一週間300fを要求せるも予はあまりに長時間なる故一日3hとし200fとして契約せり思ったよりはゑけつー（ママ）な人なり　Madame.M.Guyonと云ふ（3 Row de Commandant andle）夜がしのに歌劇Cibou Letteを見る可なりの出来ばいなり、十二時過ぎ帰り一時床につく

十二月二十八日　水　曇　朝一寸太陽を見る

午前中勉強、午後Lesonの後散歩す

特に記すへきものになし

十二月二十九日　木　晴

久し振りにて快晴気持よし　午前九時発の列車にてMe Guyonと先つManton Garavanに行く　午前十一時五分到着す　当地は仏国最東端の停車場にして其の東五百米にして佛伊国境Pont StLuisに到り得へし橋上にて記念の写眞を撮影し佛伊の番兵の許しを得て伊国内に踏み入り附近の美景を観積（ママ）賞す　国境は幅数百の川に過きさるも北側は越ゆへからさる絶壁の岩山にして特に守備の要なし但し北方の山に要塞あるを得たり

海岸にて昼食を取る　光線強く外套なくして発汗を覚ゆ　北方近くの山々には白雪を見るに海岸の曠かさは実に不可思儀なり

十二時十二分発の列車にてMontonを一瞥したる後Monte-Carloに帰り（十二時三十分着）有名なる賭博場カジノを見物し、熱帯植物の見事なる其の庭園を散歩し終電車にてMonacoに行き水族館を見る

其の声也易に轟き居る程でもなく感したりMonaco侯の城を見物し巴里に於ける武官会に祝電を発し午後五時六（分）発の列車にてCannesに帰る（六時半着）

（列車でクリスマス休暇の一人旅：佛伊国境からモンテカルロ～モナコへ）

（佛伊国境線　モントン　ガラバン）

（モンテカルロの熱帯植物園と賭博場を見物）

十二月三十日　金　午前晴　午後曇

午前中勉強す　日出の景色絶佳なり、暁を拝しつゝの自習心地良し

午後二時五分発の汽車にてniceを訪れ、城壁（?）に登りて美しきパノラマをあかず眺め午後六時頃帰宿、比の頃より民宿の婦人連とも親密になり夕食後など面白く話す、休暇の短きを恨む

（モナコでモナコ侯の城を見物）

十二月三十一日　土　午前快晴　午後曇

午前七時東天紅に染めて清し海の色亦美しく神々しき日出を見て恍惚たり、Cannesの冬は静けく且

穏かなり

午前中勉強し午後 Mont Chevalier に登り 92m の古き塔より Cannes 一帯を俯瞰す　風光泡佳なり、二ケ所博物館を見たるも極めて貧弱なるものなり但し日本の雨傘を陳列しあるは奇異に感す、

後再ひ宿舎に帰り新聞なと読み Cannes に於ける最後の夕食を採る、睥の馳走は中々美味なりも昨年の年末の如く雑多なる出来事もなく極めて平和に極めて上品に地中海の涛声を聞きつゝ静かに静かに昭和二年を送る　而も予唯一人にて

今、午後十一時十分、Cannes Gonnet Hôtel の南側海岸に面せる室にて既往一年間を追憶しつゝ、筆を取りあり、仏国にて完全に送りし昭和二年の一年間佛語は大して進歩せるを認めさるも会話に大なく苦痛なくなりしこと、読書か早くなりし事とは確実なり、語学の点は此の如きも一年間を顧みて何等思ひ残す所なき程度に勉強せり　且何等故障もなく無事一年を送り得たるは神佛の加護によるもとよりなるも故山に残れし光子が毎日毎度予の幸福を祈り呉れし事も忘るへからさることなり、幸ひにして留守宅にも一の故障もなくして一年を送り得たり

神よ更に予等の為めに幸を垂へ給はんことを思ひ出多き Cannes、麗しき La Côte d' Azur の滞在も本夜限り、明日、即ち昭和三年元旦と共に此の地を去りて再ひ活動の舞台に出たれとす、汝、予の為めに健康を与へよ、予も亦汝の永へに麗しく栄へしことを祈る

（故郷の家族に神佛の加護）

コートダジュールの季節　今はホテル代安價

La Côte d'azur は十二月 乃至三月を季節とす　主として英米人の占領する所となるも英人は Noël を故郷に於てなすの習慣あり　故に予の来れる時は季節中最も閑なる時なりしなり　従て宿料を安價に静かに◯一週間を送り得たり（1 週間分 1100f 強）

日誌　自　1928年　一月一日
至　同年　十二月三十一日

（在佛第三年）

一月一日（カンヌ）　日　曇後晴

午前七時起床在Cannes Hôtel Gonnetの三階南側の予の室の窓より朝を拝して本年の幸多からんことを祈る　空は雲に蔽はれありしも地中海の水平線上10milienae位の間雲切れて常の如く赤に染めたる帯の中より日出を見心気爽快なり　一週間平和に暮したる此の地を去るは心残るも休暇も残り少くなりし事故出発準備をなし午前九時二十分宿屋を去り自動車にて停車場に行く、10fは稍高し　最後の散歩を海岸附近にて実施し九時五十三分発の列車にて帰途につく、車中Mf anterie de la marineの下士数名同乗　MarSeille海岸の風光昭媚なり　途中特記すへきこともなく午後七時Lyon着

途（ママ）然領事館の連中に遭ふ駅前のHôtelに投宿せるも頗る貧弱なり、夕食後町を散歩しCasinoに入る、CannetのSpotigueにて見たると同種のものなり　但し観客頗るまづく、Còte dázurより一転して化物の都に来（た？）るか如く最初の感し頗る不良故最初夜行を逝け且つ時間を利用して第二の大都たるLyonを訪たる決心なりしも急に変更して明朝午前七時の急行にて帰巴すること、なす　十二時過床につく

一月二日　Lyon　月　午前晴　午後曇

午前七時Lyon駅にて午前七時発急行に乗る　駅暗して何物をも認めず、駅を出て、霜雪の如きを見る愈々北国に帰るの感深し、午前八時頃日出を見其の方向により汽車の南方に走るを知る、即ち予は汽車を違ひたるなり、然れども急行にて停まらすAvignonにて午前十時半下車す、此の汽車は二時間遅れてLyonに着したるものにて予定表になきことを初めて知る　駅にて証明を貰ひ午前十一時二十分の急行にて帰巴の途につく　車中混雑甚しかりしも

幸に予約せる席を憶く渡したるものあり着席し得たり
予は本日の失敗に鑑み慣れるに従ひ用心の必要を痛感し本年はよほと慎重に事を処理せんとす　車窓より太陽の光を受けて美しき外の景色を眺む　駅の数にも（かかわ）らす沿練（ママ）線の山々に旧城跡を見る　仏国か昔如何に殺伐なりしか知り得へし Didior 附近より急に寒気加り外は白雲張りて々（もくもく（?））たり車窓の内面すら水蒸気氷りて美しき画を表はせり、定刻より約三十五分遅れ午後十一時巴里着、降雪中にて地上一二寸の積雪あり　漸く自動車を見付け久し振りに帰宿す　何人も迎ふるものなく光子の手紙二通及其他の人々の手紙数通ありしのみ淋し
特に Andrée より色々の小事云ひ来り不快を感じたるも後に考ふれは止むを得さることならんか一時頃床につく
（遠藤淋しがりや）

一月三日　火　曇
Paris　灰色の雲低く極めて陰欝なり朝陽に入りて旅行中の垢を流し日本服にて精々す手紙の返事など書き居りしに甘粕大尉来り色々と十二時過き迄話す午後亦手紙を来り整理なとして時を送り午後五時より先生の候補者の多数来る
午後七時半頃練山君の来訪を受く
電話去る二十七日以来設備せられたるを以て杉山少將及武田大佐に到着を電話す杉山閣下よりは来る六日夜招かる
（下宿から始まる）

一月四日　水　曇
久し振りに学校（陸軍大学：筆者）初まる午前砲兵戦術休暇前より餘程聞き易くなりたり　次に歩兵戦術の課題作業につき説明あり、午後自習、甘粕及先生の候補者数名の来訪を受く
午後九時半 Lyon 駅に行き十時四十五分到着の西原　藤本大尉及某主計を迎ふ、十川、原、練山　西原貫にの諸氏も駅にて遭ふ

一月五日　木　晴

久し振りにて巴里の太陽を見る午前遭遇戦の講義：午後自習す、先生の候補者中より先つ三名を選定し来週より開始することとなす

一月六日　金　晴

午前七時よりの馬術は中々骨折れ、本年の乗初めをなす、午前遭遇戦、午後宿題をなし居りしにgeanne来り予の手紙に対し不服を云ひ居れり
勉強の妨害をさる、こと大なり
後　甘粕氏を訪ねたるも夫人のみ居たり、Rouen引越に関する件を下宿の場に話した後杉山少將を訪ね午後七時よりの招宴に預り居しはなく、原、西原、柳、諫山の諸氏は（?）席面白く遊び十一時半帰宅す

一月七日　土　曇

昨夜安眠し得ず朝眠し、午前遭遇戦に於ける歩兵、帰宅後宿題をなす、
午後　甘粕氏二回来り夕食を共にすへきを申出てし故七時より外出　夕食を共にしCasinoなとを見十二時過帰宅　一時床につく　本日も遂に宿題出来す
（甘粕氏夕食をねだる）

一月八日　日　曇

日曜なるにも掲らす入浴もせす終日宿題をなす此の苦労誰か知らん

一月九日　月　曇

騎兵戦術ありしも充分聞き取れす
宿題漸る（ママ）く終る　之れか爲め多忙なる一日を送る
甘粕氏の下宿の問題にては宣しき問題起りし由十川氏より聞きし故　甘粕氏を訪ねたるも不在妻君にのみ遭ひて帰る午後六時過き同氏訪ね来りて問題は解決す
本日初めて佛語のLesonをMelle Juonne de lavalを取り　20fは稍高き心地す一回にて　其の善

悪は判断し得さるも発音は良く矯正せり

一月十日　火　曇

馬術及砲兵戦術

久し振りに光子より来信安心す　午後甘粕氏を訪ねたるも不在故夫人にルーアン引越に関する件を話して帰る（甘粕と交流続く）

後　Garcri Raffaette に行き上履及 serviette を買ひて帰宅せしに甘粕氏来る、一時間はかり話して帰れり、来て　土曜日　ルーアンに行くに決す

初めて Melle Bot Antoinetto の Leson を取りしも年若の関係か充分の知識を有せさるか如し十回分として loof を与へたり　但し気持の素直なる点は同情に値す、夜新聞を読みて十一時頃床につく

一月十一日　水　曇雨

朝入浴し気持良し、外交に関する講話ありしも充分理解し得す残念なり

午後　光子及昇氏等より来りし返信を出し六時より

Melle Louiutte の Leson を取る未た学生（18才）なるも頗る元気にして且つ智識豊富なり Argentinu なり十年間仏国にあり　其の佛語は完全なり、ベルタンにて父を失ひ気の毒の子なり、絹のハンケチを送りしに大悦ひなりき

（アルゼンチン）

（父　ベルダンで戦死　気の毒な子）

一月十二日　木　曇

午前七時より、馬術は濃霧立込めて晴黒の度更に深し　一般戦術及馬学、午後自由、Melle Yvomme の学科ありたるも気乗りせすこれにて一時間 20f 拂ふは馬鹿らしく感ず

夜　新聞を読み　十二時床につく

一月十三日　金　曇時々太陽を見る

運動戦に於ける歩兵戦斗

後　武田大佐に招かれ夕食の馳走になる

日本のそばに舌鼓す、西原、原、柳、相馬、練山、河井田の諸氏同席

十一時半帰宅す

一月十四日　土　曇時々太陽を見る

午前　カナダの地誌

午後一時発の列車にて甘粕氏夫妻と共に Rouen に行く停車場にて Melle Margrite の出迎を受け久し振り（て）にて下宿を訪ぬ、甘粕氏等の室は中々奇麗に整頓せられありたり、夕食を共にしシャンパンを馳走して引越を祝ひ　午後九時　自動車にて駅前の Hotel Diéppe に投宿す　Andrie　十一時迄来り話す　大病院の〇様芭しく且つ今尚全く恢復しあらさるか如し肺を損ね居るにあらさるなきやを思はしむ可愛想なり

（Andrie と対面　肺をわずらいて可愛想）

（列車でパリに帰る　別の家庭教師）

（夕食　遠藤のおごり　シャンパン迄）

一月十五日　日　曇

午前八時二十分の列車にて帰巴し入浴後宿題をなしたるも後方勤務の命令の如き未た習ひし事もなく途方に暮れたり、三時より Melle Louisette 来り四時半母も来り愉快に話す、夕食は下宿の婆　留守にて止むを得すレストランに行きて食す、午後十二時迄勉強す疲労を感す

一月十六日　月　曇　朝雨

午前、馬術のみ　午前十一時半出発　久し振りに Vessaille に行き旧 Hôtel にて昼食を取る　Hôtel の人々はもとより投宿の外国将校迄皆親しく挨拶せり自動車にて運転の教育ある予定故之れか加入もれとせしも運動し得さるものは加入し得すとの事故午後三時に帰宿す、内山少佐を訪ねに十分はかり話す、頭痛を感す

Melle Yvonne の Leson を取る

下村少佐着巴、Hôtel Splendioh に連絡し得たり同夫人は出産されしため気の毒なり

一月十七日　火　曇

午前十一時より Cantilly 附近に於て野外戦術攻撃砲兵　午後六時帰宅す疲労を感す

Melle Botte の Leson、夜新聞を読み、十一時半床につく

一月十八日　水　降雨

午前七時より馬術、十時半より外交、午後自習及宿題をなす　午後四時半よりMelle Gaonと共に二時間Lesonを取る　午後七時下村少佐を訪ねMaiśon Prunierにて外食を共にし久し振りにて面白く話す　午後十一時帰宅（二人前　260fは稍（やや）高し）

（Gaon気に入る）

一月十九日　木　曇　時々太陽ヲ見ル

午前十一時より一時間Melle GaonにPièŕe Rottiの作を習ひたる外は明日の戦術の準備をなし午後五時迄多忙に暮す、後新聞をよみ十一時半床につく

一月二十日　金　晴

馬術、及午後図上戦術　忙しき一日を送る

BotのLeson、可隣なるも知識充分ならす　十二時迄勉強、疲労を感す

四郎、光子等より年賀状来る　返信に忙殺さる

一月二十一日　土　曇

午前戦術の自習、久し振りにて桂木氏より来信返信を書く、午後図演、騎兵及航空、午後五時半迄、疲労す、Melle GaonのLeson一時間の後、Casino de Parisに行く　71fは高きに過ぐ、評判程もなく例の裸踊を見しのみ但し最後の瀑は稍見るへきものあり、予は眞面目なる劇を好む　十二時半帰宅

（Casino de Paris　ストリップ）

一月二十二日　日　曇

午前練山大尉の来訪を受け午後一時迄話す

午後二時より一時間Mell Botと勉強し後Palmauntに活動見に行く、手套を（ママ）落失す馬鹿らし佛紙に日本の議会は解散せられしを見る

夜　Hötel Jitelに行き佐野少佐　垣内大佐に会し約一時間話して帰宅す

一月二十三日　月　晴

教官病気の爲め午前学科休み、午後戦術、歩兵及砲兵、午後六時より Melle Yvonne 病気のため其の母来る

学校の教官 Ct Hass ler ら招待する事に関し交渉す

一月二十四日　火　曇

午前　七時より　馬術、攻撃に於ける砲兵の用法

午後　砲兵の運用につき自習、午後四時半より Melle Gaon 来り学科、六時半共に外出　家迄見送り後　日本倶樂部に開催せられたる宴会に列席す

杉山少將初め多勢列車面白く話し午後十時より阿南（惟幾：筆者）中佐、諫山大尉と◯スベクを見に行き　十二時頃帰宅す

一月二十五日　水　晴

午前、外交、午後　Melle Gaon 来り　二時間 Leson を取る　七時半より Restauren Ledoyen にて武田大佐の招宴に列度す　客は條約実施委員、Hoche 元師の参謀7名　日本側同しく七名にて盛会なりき　樋口大佐と大学校同期の人なとも来り盛んにて、其の話出てたり　午後十二時帰宅

一月二十六日　木　晴　夜　降雨

午前　馬術及印度支那地誌

午後　Melle Gaon の学科及宿題、

夜手紙など書き　十一時半床につく

一月二十七日　金　晴　午後曇

教官　病気の爲め工兵戦術中止、自習をなす

午後二時より incl aride に行き　旧式火砲の展覧会を見る　1870年以前のものにて主として陣列せられたり　単筒、元込めのもの多し

日本製（天保年間）のものも一台ありしは目を引きたり

後　再ひ自習、Botto と Gaon の頂る疲労を感す、Andrée 再ひ病気になりし報を受く気の毒なり

（アンドレー再び病）

一月二十八日　土　晴　寒し

午前　馬術終り後　Hassler 少佐を訪ね明日の講話の原稿を貰ひ帰宿後読む　彼の勇敢に戦ひし様髣髴として現はれ涙の流るゝを覚えす

午後　騎兵戦術、終りて直ちに Melle Luisette を訪ね、約四十五分学科を受け後 Hotel Jrtee に行き垣内、木村、両大佐、阿南中佐　佐野少佐、井手井大尉等に佛軍砲兵に関する講話をなす、夕食を共にし午後十時半帰宿し―多忙なる一日を送る

（垣内大佐階級高い）

一月二十九日　日　晴

終日　Hassler 少佐より貰ひし原稿を読む　午後二時より一時間 Melle Gaon の Leson　四時諫山君来る　七時出発 Marbon Prunier に行く、武田、木村、垣内の三大佐、阿南中佐、佐野少佐、四手井、諫山出席　七時半

Hassler 少佐来り講話を初む予は初めて其の通訳をなす　中々困難を感したるも予め稍準備しありし故兎に角無難に過きたり　有益なる話を聞きつゝ食事をなし後　再ひ講話を開始し十一時過き止めて帰る　十二時半床につきしも安眠し得す

（遠藤　ハスラー中佐の通訳　事前準備して無事乗り超える）

一月三十日　月　曇

午前三時迄の時計を聞く　四時と五時を知らさるのみにて六時に起き馬術　苦し　午前騎兵戦術後杉山少将を訪ね本日迄研究せし事、高射砲、都市防衛、砲兵問題等を説明し久し振りに甘き日本食を馳走になり午後三時半帰宿せるも疲労甚しく眠気を催し勉強し得す

Melle Yvonne 病気にて其母代理に来て一時間勉強す夜早く床につく

都市防衛―1945／3月役に立たず

（都市防衛　杉山に研究成果を報告　日本食に）

一月三十一日　火　曇

午前中　自習　午後　騎兵戦術ありしも講義不明

瞭にて閉口す、六時よりMelle Gaonの学科、夜は日本の新聞を読み　十二時床につく

二月一日　水　曇雨

本日も馬術及戦術にて多忙なる一日を送る
Melle Gaonの学科は一の慰安なり、
夜　週刊朝日を読む

二月二日　木　晴

午前　外交問題　午後　一般戦術　中々充分に了解し得ず苦し、午後六時よりMelle Gaon来る、Argentinの写眞など持ち来り説明せり可憐なる児なり
明日より　M.Yean、旅行に出発するとの事　故シヤンパンを馳走して其の出発を祝す

二月三日　金　晴

午前　馬術、地理は教官病気のため取り止め　相馬君の依頼により軍団及帰団司令部の偏制を書き取りて送る

午後　通信の図演、夕方　Melle Botの学科、疲労甚しく晩強し得す　十一時床につく

二月四日　土　晴

歩兵戦術作業に対する講評あり
午前新に貰ひたる一般戦術作業をなし多忙に送る
特に小地名を見付けるに非常に苦労と時間を要し、馬鹿らしき程なり　土曜と云ふに外出もせす夜、十二時迄勉強す、誰か此の苦しきを知らんや
Melle Yvonne病気故見舞に行き母と会ひて暫く話して帰る
Melle Gaon及Bot来る、Botに命令を護写せしめたるも頗る◯優なり

二月五日　日　曇

午前　入浴休養す
午後　Comídi Fransaiseにて観劇、Gaon親子を招待す、Phidre及Le malale Miregi naiseを演す、M.Pínchonを見たるときより良き感しを持ちたり　但し話を聞き取り得ざるは驚くの外なし

予の佛語の貧弱さを痛切に知る、
一時下宿に帰り命令の読み合せをなし後両人を日本人倶楽部に伴ひ夕食を馳走し十時に別れて帰る

二月六日　月　晴

午前　騎兵戦術
終日戦術の宿題をなし疲労を感す
Madame de Laval Melle Yvonne の交りに来り Yvonne は相変らす病気なり　気の毒に思ふ 花の鉢を持ち来り予に贈れり西洋人にしては珍らしき義理堅き人なり
宝蔵孝少佐、朝鮮より賀状を送りて曰く
北鮮新春、
羅南城下芳辰　咸北楼莞瑞気新
鶏林報春花未発　朝山白雪暁無庵
初日孔出　国旗昭百○鮮家○○

二月七日　火　晴

朝、馬に乗りしのみにて他は終日戦術の宿題をなす
午後五時半より Melle Gaon 来り戦術の作業を訂正せしめ　原大尉の送別会に列するため彼れを伴ひて家迄送り後　日本人倶楽部に行く、西原兄弟、十川少佐、下村少佐、大島大尉、長岡大尉、寺（か）田少佐、諫山大尉等来り賑かなりき、午後十一時迄遊び帰る、斯くして仏国在勤の友人は次第に少くなり○き淋し
本日 Melle Gaon がチヨコラーテ予に贈れり可憐なり

二月八日　水　曇

教官病気の爲め外交の講義中止、終日戦術作業をなし午後四時完了す、四時半より佛語の学科 Melle Gaon、夕食後　Opéra Comique に行き席を予約せんとせしも時刻遅くして不可能　散歩して帰る
夜　新聞を読み　十一時半床につく

二月九日　木　晴

朝、馬術、宿題五問題提出して更に五問題を課せ

るも、問題に追はれて勉強の閑もなし
アルデシタ地方の戦史あり後、Opéra Comique に行き　日曜日の入場券を三枚取り　Melle Yvonne を訪ね招待せんとせしに彼は風邪のため転地して居らす　故に彼の両親に宛二枚置きて帰る
午後二時より Melle Gaon 来り　佛語、後戦術の宿題をなす　十二時床につく

二月十日　金　荒天

午前　西部アフリカの地誌
午後　Melle Jeanne の来訪を受け二時間を空費せる外　終日宿題にて忙しく暮す　疲労を感す

二月十一日　土　荒天

朝七時より馬術あり、大分日か長くなりしため電燈を要せずして乗馬し得たり
十時　騎戦術作業の個人講評あり、大した事もなし　午後六時迄戦術宿題をなし其の間一時間 Melle Gaon 来り学科
六時半　下村少佐の招待にて Villa flou の私宅に○り、見出すに大分骨折りたり、引越そばの馳走を受け、西原、原、十川、柛、諫山の諸氏同席、新築にて中々奇麗の宅なり、小生目下の状態に比較し羨望に不堪（たえず）
午後七時半より Restaurant Italién に行き夕食を馳走になる　後散歩して十二時頃帰宅

二月十二日　日　曇

午前　戦術の宿題をなす
午後一時半　Opèra Comique にて観劇
明日出発帰朝すへき原大尉及其の相伴として下村少佐を招待す、Madame Buterfly を演す主人公か日本娘たげ（ママ）に感しか深刻なり
Madame Andrée 之れを演じたるが上出来なりき、終りてダンス十数番ありたるも Moullin rouge 辺の舞踏と変りなく Opéra Comique の堕落にあらさるやの感を深からしむ
戦術の作業ある故　午後二時に帰宅直ちに取りかゝり七時半完了す、久し振りに机上より地図を取り去り得て心地よし　日々新聞を読み　十二時床に

つく　稍風邪気味あり

二月十三日　月　降雨

朝　馬術、後、経理、午後　Val de grâce の陸軍病院見学、午後三時集合を二時と誤り失敗す

夕方　Melle Yvonne の学科を久し振りに取り後　招待せらるまゝに彼れと共に彼の家に行き夕食の馳走になり面白く話して午後十一時半帰る、原大尉本夜出発せるも見送り得さりしは残念なり

二月十四日　火　曇雨

朝より戦術の宿題をなし多忙なり

午後　Hassler 少佐の講話を翻訳す

夕方　Melle Gaon 来る

諫山大尉の来訪を受け　Hassler 少佐の講話を与ふ手紙などを書き十二時床につく　疲労を感す

二月十五日　水　曇

朝　馬術及外交

午後　Melle Yvonne を訪ね活動の打合せ及招待の御礼を述べており　買物及 Opéra Comique 及 Paramunt（ママ）の切符を取りて帰る　明日の戦術の準備す

Melle Gaon 来り　佛語、

夜九時より Paramunt にて活動を見る　中々見事なり

Yvonne 親子の招待せるなり　十二半帰る

二月十六日　木　曇

歩兵戦術の陸地戦術　Giro 大佐統裁面白く Chuntilli 南方地区にて実施す　彼れが全員の名前を記憶しあるには驚く

午後六時帰宅、Melle Gaon の学科、

夜　新聞を読み　十一時半床につく

二月十七日　金　晴　曇　空クラス

午前七時より馬術、十時より軍事界の書籍につき紹介あり　午後　図上戦術、七時頃一寸 Melle Gaon を訪ね　次て黒板博士の招宴のため日本人会に参集、武見大佐、下村少佐、大島少佐、西原忠等、

と予と計七名十二時頃迄会談す、博士の佛語、伊語、ペルシヤ等の話に花咲く

二月十八日　土　晴　曇

午前中家に在りて自習　午後　戦術

下宿の婆（ババ）不在、故外にて夕食を喫し　午後十時北停車場に行き安達新任大使を迎ふ　十二時帰宿、新聞などを読み　一時頃床につく

二月十九日　日　晴

午前　休養　十一時よりMelle Gaonの学科、

午後　手紙を書き　Cdt Hasslerの講話の翻訳解をなす

午後六時半より外出　Rófisserie de la Reine Pidanqueに行き　La Toscaを見る　Toscaは過日下村○氏と共に見たるMome Butterflyを演したるMem Andríeにより演せられ見事なり、午後（?）十一時半終り　Melle Yvonneを送り帰宿す　十二時半なり

（オペラ、トスカを見る）

二月二十日　月　晴

午前　学校に行き　師団命令を教官に返し後銀行に行き金を受領、1磅124fなり、ホテルアンテルに山室砲兵大佐、岩松中佐、中富少佐を訪ね

午前中色々話し後　新聞社に行きDactyloを募集する広告を出し　帰宿す

午後　偕行社記事に出すへきHassler少佐の実戦談を翻訳しつゝありしに中村昭人少佐及甘粕氏の来訪を受く　久し振りに快談す

午後六時よりYvonne来る予定なりしも本日より仕事を初めたる由にて母代りて来り一時間半余学科

夕食はM.Rogerの誕生日にてMelle Nicoreも来り賑かにシャンパンを抜きて祝ふ

十二時迄勉強　床につく

二月二十一日　火　晴

Mardigrasにて一日休暇なり　午前中　自習をなし十一時よりHotel Interに行き中村少佐及諫山君と共にMaison Drunierに行き昼食　午後二時迄話

し別れて帰宅、Melle Gaon 既に来り　予を待て居たり一時間会話をなし後偕行社記事に出すへき郵便訳物を午後九時迄かゝりて完了す、駐在期間延期願を書き　午後十一時床につく

二月二十二日　水　晴

早朝より Dactylo の来訪を受く又 Pnoumatique を受領す来るもの数十名　手紙亦之れに準す応接に暇なく遂に Concierge をして断らしめたり中には一時間 5f にて働かんとするあり　或者は家庭の窮状を訴ふるものあり　共に非惨同情に価す社会相を痛切に感し得たり

午前　外交の講義、終りて Burean に行きタイプライター一台を借用して帰る

午後　オペラ及コメジフランセイズに行き切符を取り双眼鏡を購ひ帰る、タイピストの来訪多く勉強し得す、Melle Gaon と一時間話す

戦術の準備にて多忙なる一夜を送る

二月二十三日　木　晴

午前七時より馬術、地誌、騎兵戦術等連続忙しき一日を送る　Dactylo の志願者に手紙を書き十二時床につく

二月二十四日　金　晴

退却戦斗の講義は極めて明瞭に聴取し得たり　之れ教官の説明の明瞭なる爲めか　予の語学の進歩せるためか、午後　Melle Gaon 及 Bott　二名来る話したるのみ

二月二十五日　土　晴

午前八時より工兵戦術の講義　午前中読書す

午後二時半、細川少佐及諌山大尉の来訪を受く細川少佐とは六ヶ月振りにて会見す

午後四時半 Melle Gaon 来り　一同 Sallon にて話す

午後六時半より両氏と共に日本人会に行き夕食予は本日より日本人会に入会　300f を会費として出す後　Melle Yvonne を訪ね　共に Comiedie fransaise に行き　Sapho の劇を見る非常なる人気

なりしも予はさまで感心せず、一時に帰宅し床につく

二月二十六日　日　晴

午前中読書す
午後一時半より Melle Gaon を招きて Opira（ママ）にて Faust を見る　世界一の名にそむかず実に見事なり
六時に帰宅、Dactylo の候補者数名を接見す
中に去月殉職せし corbu 中尉の妹あり気の毒に思へり

二月二十七日　月　晴

午前　馬術ありしのみ終日自習をなす、午後四時半より Melle Gaon の学科、数名 Dactylo の候補者を見る
夜　佛語の作文を作り　十二時床につく

二月二十八日　火　降雨　午後黒（か）霜（降）る

午前九時四十分　学校に行きしに午前九時より学科開始に予定変更せられあり遅刻せるもの頗る多し
午前十一時半終り後　外国将校一同仏国将校を Men に招待し歓迎（カ）
Andrie は肺病となり入院すること、なりし由見舞金 100f を送る、午後　Melle Gaon と学科、後 Melle Bandran を招致し試験せる結果　相当の技倆を有するを以て Secretarin として傭ふ事とす　一回 8f　週二回　夜砲兵戦術を勉強す
戦術作業を受験す　日本式に答解したるに何れも不可なり、佛軍か開戦当時の元気を失ひ型にはまりたる　慎重なる戦法のみなしあるは同軍の爲め遺憾とする所なり
（Antrée　肺病入院する　100F 見舞金）

二月二十九日　水　曇

午前七時より馬術　欠席者多し
外交の講演ありしも充分聴取し得す　午後自習
Melle Gaon 来る　午後六時なり　稍遅し居りしを以て会話せるのみ

夜　自習して　十一時　床につく

三月一日　木　曇雨

午前中　自習、午後二時よりMelle Gaon の学科　三時半　時事新報の堀川氏の来訪を受け　寿府会議以来の再会にて午後五時迄愉快に話す　午後六時よりMmd Tissore の学科　夕食の時一同にシャンパンを馳走し　午後九時よりタイピスト来リ仕事を与ふ

（マダム Tissor　初めての名?・）

三月二日　金　午前　雨　午後　晴

午前　燈なしにて障得飛越貧弱なる馬にて閉口す

歩兵戦術退却、殆んと聞き取り得す

午後　一般戦術作業の個人講評あり　予は佛軍戦術の過度に型に捕はれ慎重に過き羹に懲りて膾を吹くの様あるを以て　大胆なる作業をなし　本日大いに意見を戦はしたるに戦術科長Meulli des Yardins大佐は大いに予の意見を尊重せるも　少佐教官は殆んと語るに足らず

Bot 来り　一時間ばかり話す　夜　Dactylo 来る

諫山君来り　俸給二千円を受け取る

三月三日　土　晴

午前　自習、午後　散歩、諫山氏を訪ねたるも不在、午後三時半より又読書　Melle Gaon 来りたるも彼の弟か学校を退校せしめたれたるとかにて頗る不気嫌なり気の毒に不堪

夜　活動を見　散歩して帰る

三月四日　日　快晴

朝　頭痛を感ず八時半入浴して後体操をなしたるに唾吐を催し眩暈を感ず

朝食後　自習をなし　午後　Boss de Bonroge に行き湖畔に休しつゝ、新聞を読む　人出頗る多し　梅花既に盛を過ぐも尚美し

夕陽　西に傾く頃　競馬を見て帰る、午後五時四十五分　Melle Gaon 来る　桃の節句の御祝に最后に残し置きたる扇を与ふ、日本人会に行き夕食を取

り　Chanys élysées を散歩して十時帰宿、自習して床につく
（シャンゼリゼー散歩）

三月五日　月　晴

午前中　自習　午後　Canps de mass にて日向ぼっこしなから新聞を読む　午後四時より又自習
夕方　Melle Danielle Carbu 来る本を与へ其の要釈を求む、昨年十二月　其兄　飛行機より落惨死せし気の毒なる家庭の人なり
夜　手紙を書き　十一時床につく
（Danielle　兄が飛行機で落惨死せし　気の毒なる家庭の人）

三月六日　火　降雨

午前七時よりの馬術眠し
退却　戦斗に於ける砲兵の用法は極めて明瞭に説明せられたり、午後自習、午後四時より Melle Gaon の学科、書取にて二十五の fauter をなす
昨朝　甘粕の所に女児分娩せりとの報を得　逆児にて難産なりし由　本朝電報にて安否を問ひ合す
（甘粕　女児　分娩せる）

三月七日　水　曇

午前十時半迄自習、十一時二十五分の列車にて Versailles に行き　自動車にて St Cile 西北方地区に到り
歩兵現地戦術、太陽は時々見たるのみなるも久し振りにて野外に出て心地よし
午後六時帰宿、Melle Gaon 来る　予の作文を示す　何故にか　泣きたり　可愛想に思ふ
夕食後　Melle Yvonne の所に行き学科、性質は極めて可なるも能力充分ならす　但し学科後　家族及友人等と話すのが実に有益であり且つ面白し

三月八日　木　曇

朝の馬術は馬が悪い爲　中々苦心す
午前中自習、十一時より Melle Gaon　午後六時より Mme Tisvoire　夕食後 Melle Boudran 来る
日本の新聞を読む等　忙しく午前一時床につく　本

朝、久子内親王殿下薨去（御）の報佛紙にあり悲憤惜く所を知らず

三月九日　金　曇

午前　社会学の講義、

午後　阿南中佐殿の来訪を受く

Medemoiselles Gaon、Bot、et Danielle 来る、応接に多忙なり　十一時床につく

三月十日　土　曇　降雪

久し振りに降雪を見る、陸軍記念日なるも久子内親王の薨去につき祝賀なし

午前　馬術及航空戦術の講評、日本の雑誌及経済外交の講話あり、

正午　Attaché の Burean に行き安井少佐の猶太に関する講話を聞き久しの馳走ありて愉快に話し後約一時間半　内山少佐の質問に応し帰宅、Melle Gaon の学科、後砲兵戦術の宿題をなし午前一時過く、

Melle Vio 来巴、久し振りに手紙を貰ひたるも面会の機を失す

三月十一日　日　午前晴　午後曇

午前十時の列車にて　Rouen に行く　停車場にて甘粕氏と行き違いになる、久し振りにて Mme Legrand 一家の人々及甘粕氏夫婦に合し　又　長女方子の丈夫なるを見て安心す　昼食後ブリッジをなして遊び　午後六時十六分の列車にて帰途につく、一同の見送りを受け恐縮す

Melle Gaon を訪ね　午後十時半迄面白く話す

家内一団楽の様子を見て羨望に不堪

甘粕氏　其の獄中の手記を予に贈る

（ルーアン行き　甘粕夫婦を見舞う　アンドレーを見舞う記述なし）

三月十二日　月　午前晴　午後曇　頗る寒し

午前七時よりの馬術　中々苦し

砲兵戦術作業に就て説明あり

午後一時四十分出発　Jssy-les-Moulincan にて Le service Technique de l'aéronantique を訪ね次て Villaconblay にて飛行機の試験場を見学す

午後五時帰巴直ちにMelle Gaonを訪ね学科を受け　シャンパンを抜きて記念日を祝し七時半帰宿
十時床につく　稍　疲労す

三月十三日　火　曇　寒し

騎兵戦術の学科、Melle及Danielleの来訪を受けたる外　終日砲兵戦術の問題に忙殺せらる、想定明瞭を欠き頗（すこぶ）る苦心す　誰か予の苦衷（くちゅう）を知る、噫（ああ）

三月十四日　水　曇　寒し

朝、馬術ありたるのみ　終日戦術作業をなす
夕方Gaon来る
午後八時よりCaffé de Parsに於て　武田武官の招宴あり　参謀本部関係者大名（ノ）（ト）ではないか仏国將校と武田大佐、阿南中佐、下村少佐、西原少佐、諫山大尉と予の六名　相伴
（この招宴の美しいメニュー（少女が花園に立つ姿うが日記にはさまれている）再現のこと4P
午後十一時迄読書　中にBallon少佐あり　日本に三年間暮したりと　日本語は中々上手なり　近く渡日する由、
一人前400f（フラン）余の馳走なるも値段程ではなし
諫山、西原に兄と共にMaximeに行き手前に時過迄話し且つ踊る

三月十五日　木　Mi Carime　晴

昨夜の疲労にて苦し　終日戦術作業にて忙しく暮す　Melle Gaon、Mme Jisoire　Mell Bandran来る

三月十六日　金　晴

朝、馬術の外終日戦術の作業をなす　Melle Gaon及Bot来る、疲労を感ず

三月十七日　土　晴

午前　支那地誌　Melle Gaon来る
戦術の作業　午前一時迄に完了す
本日又新に一般戦術の問題を課せられたり
月曜朝星出せさるへからず　土・日も全く遊ぶ暇

もなし誰か此の苦をしる、

M.z.z. 予に手伝せんと申込みし故　地図上に想定を描写すへく信頼せしも全く出来す　予備将校の能力　知るへし

一時半床につく

三月十八日　日　曇

午前八時より戦術宿題をなし忙しく暮す

午後二時半　Melle Gaon　四時　下村少佐の来訪を受け後　M.démogé に招待され茶に列席す

訪問客　数十名あり　六ヶ月振りにて会す　相変らす gentil なり　夜十一時迄勉強　床につく

三月十九日　月　晴曇

午前　社会学　午後　一般戦術退却、午後六時迄 Melle Gaon 及 Baudran 来る

三月二十日　火　晴

午前　馬術及戦史、午後戦術にて多忙なる一日を送る、Melle Gaon 及 Daniel 来る、夜新聞を読み午前一時床につく

三月二十一日　水　降雨

午前中新聞を読む、午後服の注文をなし　Melle Gaon の学科の後　阿南中佐を訪ね　夕食を共に快談の後　十二時帰宿、何処にか杉山少将より貰ひしカウスボタンを落し　好個の記念品を失ひ落胆す

（杉山の配慮）

三月二十二日　木　晴雨定まらす

午前　馬術終りてより新聞を読み　Melle Gaon の学科　正午頃　阿南中佐急（か）に予のカウスボタンを拾得し持ち来られたり　其の好意に対し感謝の辞なし

午後　オペラに行き　明日の爲め席を予約せんとせしも良席は全部占領せられあり　杉山夫人を招待し得ず遺憾なりしも阿南中佐と行くことにして二席を予約して後　Melle Vio と rendy vous を約しあ

り し故　Hotel d'Lena に行きしも不在なり　彼女の不信に驚く許す能はず空しく一時間を費し午後四時帰宿、

Mme Tissoir 及 Melle Bandran 来る

新聞を読み　十二時半床につく

三月二十三日　金　曇雨

終日家に在りて新聞を読む　午前　Melle Gaon 来る

明日の Surprise Partie は取り止めとなる　遺憾なり

午後六時半外出　阿南中佐を案内して夕食オペラヒトラビアタを見る　一昨年　此の劇を見たるときと別に憂ふたることもなし　劇場内にて逓信（ていしん）省の藤川氏及仙台の十七期生　語学研究に来れす　管原中尉に会ふ　十二時半帰宿

三月二十四日　土　曇

午前七時より馬術　十時半より極東の外交面白く聞き得たり、午後二時より Melle Gaon 来る　一寸散歩し　五時半 Melle Danielle を迎へ　七時半迄話す　可愛想に涙を流し居たり　夜活動を見　新聞を読み　一時半床につく

三月二十五日　日　午前　曇　午後　降雨

午前　新聞を読み休養

午後二時の電車にて Melle Gaon 母子及其の友人と共に Versoiilh に散歩に行く　相愽の雨にて宮殿を見たるのみにて帰る、Gaon の家にて御茶の馳走になり七時頃帰宅、夕食は M.Braillet 及其 anie と共にす　気の毒故全部予か支払ひたり

後　現地戦術の作業をなし　十二時床につく

三月二十六日　月　曇

朝　馬術に行きしのみにて終日休み家にありて勉強す　午後四時半より Melle Gaon 来る、来るへき休暇を利用して　Royen に行く件を話す

午後七時半より常磐にて山室大佐、岩根中佐、中富少佐よりの招宴に列席　愉快に話して十一時に帰宿

三月二十七日　火　午前　晴　午後　曇　寒し

午前　十一時発　Versaillu 附近にて歩兵現地戦術　Giro 大佐指導面白し

午後六時帰宿　六時半 Melle Gaon 来り旅行の件は取り止めとなる、終日淋しく感ず

七時十分　諌山君に迎へられ共に下村中佐に招かれ　同中佐の佛大同 groupe の宴会に列席

Chef　Plunier
Ct　Bounet de le Zour
monseiur　Valette
Ct　Jouffrault
Cne　Lsembart
do　Chardon du Ranquet
do　Farge
do　Delmotte

十一時四十五分　Gare de Lyon に諌山君と共に行き秋山大尉　大幸大尉を迎ふ　両氏は英国駐在の途にて西原一策氏一人迎へに来り居れり寂寥（せきりよう）を感ず　十二時半帰宿　床につきしも終夜眠る能はす苦しむ

三月二十八日　水　曇　午後雨

午前　馬術及 Arderme 附近の戦史ありしも昨夜眠らさりし爲め了解し得ず

午後　Versailles　工兵第五連隊（鉄色連隊）作業場に行き◯進作業見学、（大隊は二け◯◯中隊一け運転　中隊一け特務作業中隊よりなる）午後五時帰宿、六時半より Melle Gaon を訪ね（夕食に招かれ）後　共に Paramaunt に行く、十二時帰宿

三月二十九日　木　午前　快晴　午後　雨、寒し

午前　Melle Gaon　夕食前　Melle Jrisoire　夕食後　Melle Bandrar を迎へたる外家に在りて談書す　Melle Gaon は光子の爲めに　Paudre を贈れり貧しき彼れが貴重なる金を費して贈る心根可隣なり

三月三十日　金　曇雨

午前十一時　Melle Gaon 来る　午後一般戦術後方勤務を研究せるも疲労の結果殆んど全時間仮眠す夕方 Melle Bot 来るも　阿南中佐の送別会に列席するため早く外出す　原原兄弟、諫山君、馬術競技会に来れる　城戸少佐来会　面白く愉快に夕食を取り後　Champs Elysérs を散歩して一時半帰宿す

三月三十一日　土　曇雨

午前　トルコの地誌、午後二時より　Melle Gaon 来る　母と共に少時話し後外出、服屋に行く、午後五時半　Melle Danielle 来り共に Paramaunt に行きしも明の席を予約するを得ず別れて杉山少将の招宴に列席　西原策氏、十川氏、柳氏と予のみ稍寂し　夕食後麻雀（マージャン）をなし午前一時半帰宿す

旧友 Démogi 氏の妹来る　四月十七日結婚式を挙けるにつき式後披露宴に招待されたるも恰も（折リシモ）演習と合致し列席し得ざる情況に在り残念なり

四月一日　日　曇晴

午前　家に在りて自習　午後　Melle Danielle と Parmaunt に活動を見　後 Bois を散歩す

午後六時より　Melle Gaon の学科　極めて厳、冷にして不快を感ず

午後七時半より　日本人会にて杉山少将、西院大佐の送別会あり　来会者約三十名に近く頗る盛大なり　午後十一時半帰宿、

四月二日　月　晴曇

午前、Trs-les-moulinaux に行き　重タンクを見学す　仏国製のものは 70t、250 馬力　二基 75mm 砲一門、MG 四、装甲頗る厳にして　正面は厚さ 60mm、砲塔 35mm、歩兵及軽タンクのため道を開くの外、敵砲兵を攻撃す

英国製のものは 32ton　火砲に門　MG10.

将校一　兵十三名乗り込む、装甲嚴ならす　見学終りてより　外国将校の学級　Cafe に集り第二部

の命令をCoppiす
午後　戦術の宿題をなし忙しく過す
六時にMelle Gaon来る、夜Melle Baudran来り予の作業を手伝ふ
十時終る

四月三日　火　快晴

午前七時五分の列車にてMoulmelonに行く
才四十九期生及教官の大部同行中々賑かなり　久し振りにてReinsに到り約三十分停車　時間を利用し所々に手紙を出し午前十時半頃Mourmelon着、自動車にてCamp de Chalonに行き昼食、軍樂隊を奏し中々景気良し　中々多くの馳走ありしか食事代7f某なるにて　其の安価なるに驚く　午後二時迄に演習場の中央に集り先つ飛行機に対する　MG射撃に初まり　次で防禦陣地に対する歩兵の攻撃次でMGの間接射撃をなして終る
天気晴朗　広野を馳駆し心地よし　午後七時迄Moulmelonを散歩す、演習終り後の広野に月出て、寂寥（せきりょう）大戦の当時も偲ばれて古戦場を弔う、午後八時Reinsに到り夕食、同班の学生にシヤンパンを馳走す　車中奇談百出頗る賑かなりしも予は腹痛を感ず　午後十一時半苦しみを忍びて帰宿　夜中服痛になやむ

四月四日　水　降雨

腹痛のため馬術を休む　社会学の講義に列席す
昨日の昼食に食中毒せるものと見え全員腹痛せり
午後　Melle Gaon及Danielleを迎へたる外新聞など読みて静養せるも風邪の方中々頑固にて苦し
腹痛は大部分癒り　朝昼の二食をはぶきたるのみにて夕食を軽く取りたり

四月五日　木　本日より休暇　曇天

終日家に在りて新聞を読む、Melle Gaon、Mme Tissoù Melle Bauduon来る

四月六日　金　曇　晴

朝　Melle Gaon来る　午後一時　阿南中佐及加藤大佐出発との事故　St Yozar駅に見送りに行く

一時二十五分に出発されたるため　一時間駅に待つ、未だ病全く恢復せず　且つ昼食を取り居らざりしため頗る疲労を感ず　帰宅して休む
夜　Melle Danielle 来る　十時半迄話す
三四会誌を受領す、記事僅少なるも久し振りに旧友に会ふの思ひす

四月七日　土　晴天　夕方より降雨

午前　手紙を書き新聞などを読み居りしに Melle Gaon 来る　一時話して別る　久し振りにて一週間別れる事となる　午後 Garre diffsay に行き　Le Baule 行きの切符を取り散歩して帰る稍暑気を感ず、出発準備にて多忙を極めたるも午后十時　西浜大佐出発せらる丶ため　北停車場に見送りに行く　予想に反し見送り人寥々たり　予の馬鹿正直に自ら驚く
陸大関係者は一名も見えず、柳大尉と共に帰る
準備終りて　十二時床につく

四月八日　日　午前　曇　午後　晴

午前　八時二十六分発の列車にて Gare d'Orsay 出発　旅行者にて汽車は中々混雑しありしも Toun 附近よりは乗客淋し　午前中新聞など読み居りしも眼力甚た　疲労せる故中止す　Loile 河畔各所の城砦中々見るへきものあるも一々下車して訪ぬるの暇なき故車中より遠望せるのみ　Nantes は中々慇懃なる町なり、同市より下流は舟運の便あるも上流は殆んど航行し得ず徒らに浮乱を見るのみ
午後六時　La Baule 着　直ちにホテルを訪ねたるも　海岸通りのホテル　Royale、Splendid、L'Hermitage 等一流のホテルは殆んど満員しからすれば　海と反対側に室を有するのみ而も一晩室代150f なるには驚く、海岸に来て海を見さる室に入るの愚をなさす Pension de famille Le Val D.OR に入る安価にて且つ住み易く、且つ明日より開放せらるへき室は眺望も亦可なり故に投宿するに決す、全部にて一晩 50f（四十 f よりあり）夜、Casino に行く　結構可なるも　活動はつまらぬ、且つ観客中野次多く渡佛以来初めて此の如き人々を見たり　十二時床につくも稍寒くして安眠し得さりき（qavene Heurteun la Baule Loire-zuf)

四月九日　月　晴、

午前八時起床、晴天なるも風強く寒し

午前中　手紙を書き読書をなす

午後　海浜を散歩す　心地よし　夕方又読書す

pâgnes の休しも大部分の人のためには本日を以て終りなるため遊客の大部は帰り頗る閑散なり　夕方　最良の室と交換す頗る心地よし　入浴し　夕食後町を散歩寂し

夜　新聞を読み　十二時床につく

四月十日　火　午前曇　午後快晴

午前中　読書す　午後　海浜を散歩す

寒気強く煖炉の辺寒し　早く床につく

四月十一日　水　降雨　午後　時々晴

午前中勉強す　午後　太陽出てしを利し自転車にて Ste-Marguerite に散歩を試む、行きには海岸の砂浜伝へに行きしを以て頗る心地よし

Pornichet の車湯　Bonne source 附近にて写眞なと写し後起伏多き道を Sto morgurite に行く　此地方は la baule と全く趣きを異にし海岸に岩石多く且つ海岸著しく高起し眺望頗る佳なり Hotel de la Plage に少憩、少女あり待懇なり、春残くして浴客なく寂寞（せきばく）たり、夕陽西に傾く頃帰路につく　満潮にて砂浜を走る能はず　自動車に妁けられて且つ凸凹多く振動のため走行頗る困難を感しつゝ午後七時帰宿、汗衣を露す（往復三時間半を費す）輸快なる散歩なりき、

夜　三四会へ通信及回覧文など書き　十二時床につく

四月十二日　木　午前　快晴　午後　曇時々降雨

何故か昨夜安眠し得ざりしも朝天気快晴なりし故早く床を離れ日向ぼっこしつゝ午前中読書す　心地よし、午後天気変りたるも余日なき故　Le Croisic 行きを企図す　午後二時十六分発の列車にて約二十分にして Le Croisic に到着　直ちに太西洋岸 Port Lin に行く町は頗る淋しきも奇岩海に迫り　大西洋

の怒濤岩に砕けて風光絶佳なり　Hotel de ócean に小憩し後　半島の西端迄行き岩頭に立ちて小雨に煙る太平洋の雄大なる景色に見とる自然の大に直面してゆふに云はれぬ心地す雨を犯し陸路徒歩して帰路につく、海岸変化に富み面白し

Batz は大半町にて頗る淋しきも Le Pouliguen は美しき町なり雨に霜しつゝ十数キロ（メートル）を突破し午後六時帰宿す、夜半手紙なと書き十一時床につく

（仏国の西海岸）

（風景描写実にすばらしい）

四月十三日　金　曇　時々太陽を見る

午前中勉強す初めて Melle Louisette より来信あり　午後二時二十分発の列車にて Guérande を訪ね十分にして到着、五百年前に建築せられたる城砦今尚残りあるも規模頗る小にして見るに足らず一時間にして帰宿す　Le Ponssin Rouge のアイスクリームは頗る美味なり名物の名にそむかす　夜　Casino に行きしも迎客少し　賭博は相変らす賑ひ居たり Cinéma は avec la Aourise を演じたるも面白からず、十一時半　帰宿して床につく

四月十四日　土　降雨

午前中　自習す　午後　荒天のため蟄居、最後の日なるに散歩もなし得ず残念なり　夕方僅かに海岸を散歩して帰る　思出多き多幸なりし la Bank の海岸ゑ、さらす（ママ）

夜出発の準備をなし　十一時床につく

四月十五日　月（ママ）日　雨

朝靄（モヤ）時　太陽を見たるのみにして後　曇り又々雨寒し　七時起床出発の準備、九時 la Banle＝Adrèn にて九時三十分の列車にて出発す　途中特記すへきこともなく　午後七時半帰宅

手紙十数通あり　之れか整理に多忙を極む

Melle Danielle 来り一時間半話す　手紙を書き　十二時床につく

四月十六日　月　降雨

午前九時出発するM.GaonをSt Lagal駅に見送り　後　Gare de l'Estに行き　切符を取り、出発準備の爲めの買物などして昼過きに帰宅、午後は新聞を読みMelleを迎へ話し等して送る
午後十時発の列車にて大学の学友一同と共に出発す

四月十七日　火　午前降雨　及雪　午後寒し

午前七時半　Strasbouy（ママ）着　一時間待ち会す間に朝食　所々に手紙なと書く　本日はMelle Dómogéの結婚式故祝電を発す
午前十一時半　Camp de Bitcheに到着、Vosges山中の野営地寒気強し雪さへ降る　夜会は独逸軍の建設にかゝり頗る見事なるものなるも其の後　手入不足分にて既に汚し居れり　各人に一室つゝ配当、実体頗る殺風景、但し幸にて◯燈あり　昼後教室の整理をなし自習　四時より演習に関する説明あり後手紙など書き　夕食後間もなく床につく

四月十八日　水　時々降雪

午前八時よりMessに於て射撃準備に関する説明あり　午前十時よりBitche北方Le G. Otten-Bird山に登り射撃準備及準備射撃を見学、夜再ひBitcheに行き夜間地上標◯を見学し十時帰る

四月十九日　木　時々降雨　寒気　甚し

午前七時　G. Hohe Kerbel山に登り　砲兵陣の射撃を見る　時々降雪、寒気　身に徹す
午後　弾薬廠（しょう）、音響測定班　G.P.Fの陣地占領等を見学す

四月二十日　金　午前曇　午後晴

午前八時より前日及前々日の射撃に関する講演（カ）あり、十時よりタンクに対する射撃を見る
午後一時より　準備射撃の見学、流石は仏国砲兵中々上出来なり、六時帰廠、夕食の際班長よりシャンパンの馳走あり　彼は二回馳走せり　又　中尉Gésséも亦一回馳走せるに外国将校一同として僅に一回葡萄酒を馳走せし　予かReûinsにてシャンパンを馳走せる際　外国将校は行動を共にする様申出

ら（レ）し故　予個人として馳走し得ず　馳走せし仏国将校に対し気の毒なり、他班は殆んと毎夜、シャンパンを抜き居る様なるも第三班は頗る景気悪し
（佛軍の対戦車攻撃見学）

四月二十一日　土　曇　時々雪を見又太陽を見る

午前七時より射撃見学、突撃路の開設及◯◯射撃、目つぶし射撃等
午後一時半より講評あり、四時十五分の列車にて帰路につき　六時半 Strasbuurg 着オ三班一同夕食を共にし名物の Pâtio を購ひ　十時十五分の列車にて帰巴の途につく　車中眠り得ず

四月二十二日　曇　朝太陽を見る寒し

午前七時　巴里着　直ちに帰宿入浴、整理に忙殺せらる　午後六時より Melle Gaon　夜 Melle Danielle 来る　十二時迄新聞を読み　床につく

四月二十三日　月　曇

午前　学校に行きしも教官病気のため Sociologie は取り止め、智利修六大尉の夫人病死は異境にて妻を失ひし我等の学友気の毒なり
騎兵戦術の課題作業を受領し　午後より着手す、四時半　Melle Gaon 来るも不愉快なり彼は頗る豪慢なり　午後六時　莆少尉を見舞ふ　殆んと全快しあり
夜　Melle Bandran 来る　愉快に話す
新聞を読み　十二時床につく

四月二十四日　火　快晴

午前十時 St Pùne 寺に於て Capitaine Carmona 氏の夫人の葬儀に参列す　列度将校二十名　内外流石米国人は同洲人たちに全部見えたり、校長の参列せられしには敬服す
午後　砲兵戦術作業の講評あり後　戦術作業及 Melle Gaon の学科　夜も亦作業をなし　十一時床につく

四月二十五日　水　晴

午前七時半より　Bois を騎乗す　愉快なり　将軍連を初め Amagones も少からす乗馬趣味を有する人々の多きを感す
十時より　校長の永久築城に関する講話あり
午後　戦術作業をなす
四時　St yazau に長岡大尉夫妻を見送る
六時過　Melle Gaon 来る　相変らす不愉快なり
夜十二時半迄戦術作業をなす
（陸大校長の永久築城の講話あり）

四月二十六日　木　晴　暖し

終日戦術作業をなす
午後六時より Mme Tessoirl　夜 Melle Bandron 来る

四月二十七日　金　曇

朝　Bois の乗馬にて散歩す　天気良好ならざるも森林中の散歩　心地よし
午後　甘粕氏の来訪を受く　午後　戦術作業にて多忙

夜　下村中佐と夕食を共にする約束なりしも武田大佐より急に招待され　下村中佐との約束は同大佐より断られたるを以て　七時半　武田大佐を訪ね、夕食、酒井中佐夫妻と予とのみ日本食を馳走になる
十一時帰宅　戦術作業をなし　午前三時に至る

四月二十八日　土　晴

午前　学校に行き宿題を提出　新に問題を受領して帰宅、午後　手紙を書き Melle Danielle の訪問を受け　夜は久し振りに諫山君の来訪を受け　十時半迄遊ふ
新聞を読み　十二時床につく

四月二十九日　日　曇雨

天長節、午前十一時半　大使邸に参集　御眞影を拝し　盃を受けて　万歳を三唱す　宿題をなし忙しく　一日を送る　午後七時半より再び大使邸に参集
立食の宴あり　後　ピアノの奏楽活動等あり　十一時半帰宿　再ひ宿題をなし　午前一時床につく

四月三十日　月　降雨

戦術実施の予定　故ベルサイユに行きしも二名来るのみにて他は来らず　故に取り止めと思ひ帰宅す　局○に行き　其の取り止めなるを知る　午後読書す

夜　Melle Danielle 来る　新聞を読み　十二時床につく

五月一日　火　曇

馬術を馬場内にて実施、トルコの地誌　午後 Melle Gaon 来る後　新聞雑誌なとを読みて送る

夕食後　Melle Baudran 来り　作業を打つ　Melle Baudran 及 Melle Danielle　鈴蘭の花を送り来る本日は春の祭にて愛人に鈴蘭の花を送るは仏国の習慣なる由、Dorte bonheur の爲めに、其の心根優し

本日 Comministes（ママ）の策動あるため巴里市中の警戒極めて嚴重なりき

五月二日　水　曇

午前　戦術作業提出後　国境会議の戦史　午後室に在りて読書せるも眠気を催し二時間はかり床につく、夜日本人会に行き　来る九日　仏国将校招宴につき打合せをなし　散歩して帰る　夜　招待状を書き　十二時床につく、安眠し得す

五月三日　木　曇　午後太陽を見る　夜雷鳴あり

午前　馬にて Bois、散歩す　濃霧あり　稍　暑さを感するも心地よし

午後　軍団砲兵用法に関する図演あり、仏国将校及同班の外国将校・計十七名に招待状を出す

午後六時より Mmm Teissoire の学科、夜 Melle Bandran と会話、十一時より　Cerble Intérallié に行く正装、時恰も　M Corte の旅行談中なり　極めて明瞭に東京より巴里迄の旅行談をなし　次て Le Blix 氏巴里より東京迄の旅行談をなす　極めて有益なり　次て陸軍大臣の祝辞其の他数名の賛辞ありて

午前一時頃終り後　Bal を開始す　予は一時半帰宅す、赤十字婦人会長 Contesse 某の主宰なるも婦人側よりの弁士なかりしは聊（いささ）か物足らす

思ふ

五月四日　金　午前曇　午後晴　夜雷雨

午前十時迄床にあり、後　新聞を読み　午後散歩す　夕食後 Melle Danielle 来り　遊ふ

五月五日　土　曇　時々雷雨あり

Versailles 附近にて歩兵陣地戦術

Dasseler 少佐指導、　雷雨あり　近くに落雷するを見る　早く止めて五時頃帰宿す

夜　Paramaount に行く、La grande Epreu（？）の題の下に欧洲大戦の初めより休戦に到る光景を一家庭を運命に織り入れて巧みに優国心と平和愛とを教へあり　流涕（りゅうてい）するもの少なからす予も亦眼の霜ふるを覚えたり、一時半迄新聞を読み床につく

（第一次世界大戦　パラマウント映画　優国と平和愛）

五月六日　日　晴　雲

午前中　日々新聞を読む　午後 Champs de mars を散歩し　午後五時より活動を見　夕食を喫して帰宅　十時半床につく、折角の日曜日もあっけなく終る

五月七日　月　晴

午前　Bois の乗馬にて散歩　心地よし、後戦史

午後新聞なとを読み紫田少佐に依頼せられし地図等を準備し夕食後 Melle Danielle の訪問を受け話し居りしに　午後十時半突然諌山大尉より電話あり（武田さんがなくなった）と其の声や極めて絶望的なり　予は武田大佐なるかを問ひ返す　去る木曜日 Cercle Intérralié に行かれしを知り　去る天長節に共に談したるを　武田大佐の死は信じ得られさりしを以てなり、然れとも事実は事実　如何ともすること能はす直ちに武田大佐の私宅にかけつけ取り敢ず必要の仕事に着手し且つ通夜信をなす　金曜より床につき本日重態に陥つ尿毒症を起して午後九時二十五分逝去せられたるなり

五月八日　火　曇

全く一睡もせす而も又朝より色々と仕事あり　稍苦し　午前十一時帰宅して Melle Gaon を迎へたるも事情を話して直ちに帰宅を請ひ床につく、昼食も取らす約三時間眠りたるも　充分安眠し得ず　夕方再び　武田大佐宅に行き　次て　Hoche 将軍に送るへき武田大佐の略歴を調整するため外務省の仏国傭入を訪ひ之れを作製せしむ　十二時迄仕事して帰宅　床につく

五月九日　水　晴

午前七時半より Bois を馬にて散歩し学科を休みて武田大佐の宅に行く　蒲少将より臨時 Attashi に代りて其の業務に服すへきを命ぜられし故 Burean に行き新聞に目を通し次て日本人会に行以下11行読めない（別紙あり）

五月十日　木　晴

午前九時　甘粕氏と共に Crinetiere pêre la Chaise に行く　応接掛の任務に服す　Hoche 元師、Niessel 大将を初め　仏国将校大使館多く見えたり、

午前十時　式開始　委員長　蒲少将、安達大使Hoche 元師代理　Niesell 大将、大公使館附武官代表の悼詞あり、終りて礼拝午前十一時終る、晋佛戦争後の Conmun の銃殺場を訪ね居りし時　故武田大佐の柩は高き煙突より煙となりて消え行くを見愛惜の情禁じ能はす

午後零時頃帰宅　Melle Danielle より電話あり昨夜予と約束の Randey-vous に行きしとの事、予は全く忘れ居たり、気の毒に思へり

午後　学校に行きしも戦術の講評なし　直ちに武田大佐宅、国際航空事務所、大使館　Atlache、Burean 等転々として仕事をなし午後六時半帰宅甘粕氏は予を待ち居たり　直ちに荷物を持ちて St Lazar に行き　次て Lyon 駅に行き　杉山夫妻及武田少将未亡人を見送り（午後七時五十分）　八時五十分　甘粕を見送りて帰宅す、稍　疲労を感す

五月十一日　金　晴　寒シ

午前九時　学校に行き騎兵戦術の個人講義ありし

も本研教官居らずして馬術教官代理に来りし故講論するの張合なし

後　Mehiloz に行き次て○○事務所に行きて暗号電報の郵訳をなす　午後再び行きて Attaché の業務を手伝ひ　午後六時半帰宅

新聞を読み　十一時半床につく

五月十二日　土　晴

午前　事務所に行き電報を整理して帰る

午後　読書す　四時半より七時頃迄 Danielle と話す

夕食後我等の学生長 De Yattro 少佐を訪ね会合者十数名　Yorraine に就ての講話あり後　茶菓及ダンスあり　十二時迄話して帰る

五月十三日　日　曇

午前中　家に在りて読書す　午後 Danielle と活動見に行き午後七時迄遊ぶ、夕食後近く　ルーアンの市場に建設せらるへき　ジャンヌ　ダルクの彫刻を Concorde に見に行く　本日は　ジャンヌ　ダルクの祭日にて彫像に幾多の花環を飾りあり　後 dwar（カ）odes の広場の Hoile を見て　十二時頃帰る　昨年の今月此日頃　Metz にても同様の事ありたり

（ジャンヌダルク祭）

五月十四日　月　晴曇　寒し

午前及午後　共に読書す

夕食より Champs de mars を散歩す　Danielle 来る　夜　Commandant de Lattre 氏の家に集合 Areas の講話あり　十二時帰宅　新聞を読み　午前一時半床につく

五月十五日　火　曇　夕方　晴

午前　新聞を読み　午後読書す　五時より Capitain Chaniche に茶に招待せられ彼れのホテルに行く　中々敖沢の生活をなしあり　但し彼れ等の私的生活の敖沢なる割に他に対する交際は極めて節約主義なるは驚く程なり

夜 Danielle 来る　十一時迄話す

五月十六日　水　降雨

夜　Commandant de Lattre 氏を訪ね、独仏国境附近の講話を聞きて帰り新聞を読み　午前二時床につく、其他特記すへきものなし

五月十七日　木　降雨、後曇　午後時々太陽を見る

終日家に在りて読書す、下村少佐より電話あり夕食に誘はれたるも Danielle と夕食を共にする約束ありし故断る、七時　Danielle 来る　常磐に行きて夕食後　活動を見んとしたるも時間遅れて席を見出し得さりし故　散歩して帰る

五月十八日　金　降雨　雷雨あり

午前　Melle Gaon　午後　Mme Jissoil 来る　終日読書す、夜　Commandant de tassini 氏宅の講話に参列す、毎度馳走するに驚く　佛人には誠に珍しき事なり

五月十九日　土　曇　時々太陽を見　又雨降る

午前　学校に行き書類を受領し後　武官事務所に行き武田少将への弔慰金を出し同少將の写眞なとを買ひ　十一時帰宅、Gaon を迎へ会話す　午後二時より Melle Danielle 来り話す　五時　校長 Hareng 少将の招きにより列席す、茶及ダンスあり頗る賑ひ居れり　二時間ばかり楽しく過して帰る　夜は新聞を読む少將夫人は特に　予を歓待せり　光子より十坊の風邪を通知し来る　心痛なり

五月二十日　日　晴雨定まらす

午前　家に在りて読書、午後　Foirede Paris を見物に行く　電気館には見るべきもの多し天候不良なるも見物人頗る多く雑踏す但し博覧会としては日本のものも決して劣らさるものあり意を強くするに足る　夜活動を見たるも面白からず

五月二十一日　月　曇雨

午前中　新聞を読む　正午 Lyon 駅に行き　寺田、

佐々木　管波三大尉、桑名少佐　斉藤　石井（四郎）両軍医を迎へ　Hôtel sprendiiche に案内　常磐にて昼食後　銀行其の他　所々に案内　夕食後 Casino de Paris に案内、十二時帰宿す

五月二十二日　火　雲

午前一寸学校に行きしのみにて家に在り　Melle Gaon 来る、午後　佐々木一行を案内して国際連盟に行き　蒲少将に挨拶後エッフェル塔に登る　六時頃より　服屋商店等を案内して散歩後　宿屋にて夕食を共にし九時半帰る、留守中　甘粕氏の来訪あり気の毒の思す

五月二十三日　水　曇

朝　Madame Racine より来信、Andrée の訃を伝ふ、彼れは母を失ひてより再ひ病に羅り入院手当の効なく一昨二十一日午後十一時 Delnétal 病院にて死せりと。噫悲い哉、彼の歴史を知り彼の性格を知り　仏国に於て　第一番目に知りし女性　而も十有八ヶ月親交を続けし彼れ来る Pentecôte の休暇に再会せんことを願ひ来りし彼れは其の日を待たずして逝けり　死に先だつ十日　彼は既に其の死期の迫れるを予知し　予の手紙及写眞を其の柩中に入れられんことを希ひたりと。近時　予との間頗る難しき関係あり　予は一時の怒により殆んと手紙をも与へず放棄せるが如き状態にありしも拘らす少しも予を恨む事なく最後迄予を愛し予を慕ひて逝けり　可憐なる Andrée　特に彼か生前悲惨なる境遇にありし事を思ひ憫憐の情禁ずる能はず　万感交々到り断腸の思す　彼か残せし手紙なとを取り出したるも徒らに我か心をかき乱し悲しみを増すのみ　再読に忍びず、M. Racine を通じて香華料及予の最後の手紙を送る　噫々

午前九時　甘粕氏来る　十時の列車にて帰 R（ルーアン）せり　予は駅迄見送る

Mme Jissoir 及 Danielle 来る

五月二十四日　木　曇　時々降雨

午前　七時より一行六名を案内して Versaille を見物に行く　午前中庭を馬車にて逍遙　大小トリア

ノ（ハ？）して見物、Hotel noilleにて昼食　後宮殿を案内、午後五時半帰巴　Invarides前のFôireを見物、宿に帰り一同夕食、後　Paramountに活動Grande Epreuveを見　散歩して一時半帰宅二時床につく

本日午前十時にAndríeの埋葬式ある時なり　遥にルーアンの空を眺め其の冥福を祈り感無量なり

（ヴェルサイユ見学）

五月二十五日　金　晴

午前中読書す　Danielleより来信、Andréeの埋葬の時刻を書きしものにして予をして再ひ断腸の思あらしむ　夜　駐在員の一行及西原大尉と共にMoulin Roujeに通ひ帰宅せるは　一時半手紙など読みて　二時床につく

五月二十六日　土　晴

久し振りに快晴なり、

朝　Mme RacineよりAndríeか死の二日前床中にて断末魔の苦しみの中に書きし手紙を送り来れり

曰く、

（断末魔の手紙）

を枕下にありしをMme Racineより来れり

原文　字薄くて読めない、以下遠藤による写し

19　Mai

Chéri

Ye vous remercie de la lettre
qui vous m'aveg envoyée aussi
aveoq（カ）
qui des 100 graues pour acheter des
fleurs pour mamre maman.
Ye suis tombér malade à
la suite de l'enterrement
j'ai pris froid. je souffre
hori blement je ne pense pas
pouvoir Survivre je souffre
trop, je suis in con　ciente
des chores qui m'entausnent

je vous dis adieu
votre petite amie qui
se meurt,
adieu, ji nai plus de
force, cette lettre m'a
épuilée　Andrée.

死に瀕し總ての物に對する意識を失ひつゝもなほ予を忘れず而も些々たる心尽しに對する礼を云ふの義務を忘れず　其の全力を傾注して書きし彼れか手紙　断腸の思して讃める

可憐なるAndríeよ　汝は遠く天に去れりと雖も汝の精神は常に予の身辺にあるの思す　予も汝を永へに愛せん、神よ彼れの爲めに冥福を授けられたし

（遠藤の名句　名文　天にとどく）

（戦後　1957.10.11.　後記　別紙あり）

午前九時四十五分　Val de Graceに行き術の際　Condamynes大尉の葬式に参列す　大尉は一昨日馬術の際　落馬して死せるものなりと、校長初め参列者頗る多く盛大なる儀式行はれ後　一行Austerritz駅迄見送る、死は同しく悲しきも人に惜しまれ華やかに式をせられて逝ける人は冥し得べし　之に反し、Andríu（ママ）の如く愛人に捨てられ両親に捨てられ頼る人もなく幼児を残して寂しく逝ける人は更に一層悲しく哀れなり、之れを思ひ断腸の思す　十二時半帰宅す　午後三時　Danielle来る

五時より佐々木一行を案内して　服屋　写眞屋等に行き後　酒井中佐に招待せられ細見、寺田、菅野君等と共に夕食の馳走になり後散歩して帰り　一時半床につく

（アンドレーの死　悲しく断腸の思い）

五月二十七日　日　晴

午後五時迄家に在りて読書す　後　Hôtel Interに山室大佐を訪ね　細川大佐にも会し両人に砲兵戦術に関する講話をなし　常盤（日本料理屋）に行き西原兄弟及岩根中佐等と会し　夕食を共にして散歩の後　十二時帰宿　床につく

五月二十八日　月　晴　暑し

午前十時の列車にてルーアンに行く　Melle me Racin に一昨日電報し置きたるも来り居らず　自動車を駆して Darnéral 墓地に行き Andríe の墓を訪ねたるも不明　病院に行きて訪ねたるも更に不明　十二時四十六分発の鉄行にて帰巴　空しく一日を費す　然れ（と）も予の精神は必す Andríe に通したるならん　予は之れを以て満足し得たり、午後五時頃突然 Melle Bott 来る　可憐なる児児なり、夕方より Lyon 駅に行き　明日の準備をなし夕食を取り寺田君を訪ねたるも不在なりし故帰宅　十一時床につく

五月二十九日　火　晴　二十八度　頗る暑し

午前七時五十分迄に Hôtel Inter に山室大佐を迎へに行き　共に Lyon 駅に行く　午前八時三十分発の列車にて　Fontainbleau に行く　一時間を要す、予定より早く着きし故迎への車居らす、約十五分間待ちしに副官及　自動車来る　校長は英国に渡り不在なりしも代理　Delonche 大佐教育部長 Déchaux 中佐自動車班教育部長　d'Aborille 中佐副官　Périé 大尉等の好意により非常なる歓待を受け教育の施設各種　大砲　自動車、等見学、昼食には学校より馳走せらる、午後　副官の案内にて Fontain blean の宮殿を見る　其の贅を尽せる驚くの外なし

自動車にて森林中をドライブし午後五時四十五分の列車にて帰路につく　車中釜中にあるの思する程暑し　帰巴後　直ちに Hôtel Sprendide に寺田君等を訪ね　夕食を共にし北停車場に見送る後　下村少佐　諫山等と散歩しつゝ　十二時帰宅す

五月三十日　水　晴曇

昨日より稍暑持し午前中読書し午後散歩す、夜 Melle Danielle 来る

五月三十一日　木　曇

午前読書、午後花の展覧会を見に行く中々見事なり、夕方 meme Jíssoire 来り学科を受く

六月一日　金　曇夕方雷雨

午前読書午後一寸散歩し五時頃より旅行の準備をなす戰史自習し十二時半床につく

六月二日　土　晴

午前中読書、山室大佐及Melle Gaonの来訪を受く午後学校に行く午後三時より又戰史の研究をなす、五時Melle Danielle来り遊ぶ

夕食後山室大佐を案内して北停車場に行き十時見送る、下村中佐岩根中佐相馬大尉等と話し十二時帰宿す

六月三日　日　快晴

午前中戰史の研究午後北停車場に永持大佐を迎へ午後三時半Melle DanielleとBellevueに郊外散歩す天気快晴中の森林、心地良し夕方帰宿夜又Dunielle（ママ）来り面白く遊ふ

（ダニエル遠藤が気に入ったのか？）

六月四日　月　午前晴後雨

午前八時四十分、外国将校（第三第四班）四名と共に東停車場出発Bergiqueに向ふ午後一時過Montmidyに於て仏国将校に会しVirton（駅）に下車（午後一時五十四分）戰場を訪ねんとせしも雷雨に会し取り止め五時半の列車にてLibramontに行きHôtel Duroyに投宿、鉄道の交叉点にして停車場とホテルのみ大なるも他は見るへきものなし教官Larcher少佐の説明あり夕食後散歩し十一時床につく

六月五日　火　快晴

午前七時自動車に分乗してLibramont出発maissin、Anhoy、Ochamp、Forêtde Luchy等に於て第四軍第十一・第十七軍団の戰場を視察転してNeufchateanに行きHôtel Ardenneに投し昼食、午後該地附近の古戰場を弔ふ

（遠藤　毎日の天気を気にする　朝からその日の変化を記す）

六月六日　水　晴夕方より雨

午前七時五十五分発の列車にて Marbéhan に行き更に軽鉄道にて Rossignol に行き布教士 Quré 氏の案内にて該地附近の古戰場及白耳義（ベルギー）人の銃殺せられん所等を見学更に北墓地にて佛植民地軍五千名の墓に詣つ獨軍の死者数百名に過ぎず佛師団の全滅せる所なり教官が流涕せるを見る十数年前の戰場今や牛羊平和を謳ふと雖も（今尚）所々に散在する墓地を見る時今尚感新にして断腸の思ある故なきにあらす同情の念禁し能はざりき

戰史旅行終了せるを以て白耳義（ベルギー）国内を少しく旅行せんとせしも單獨旅行は許可せられさるとの事故止むなく同一経路を取りて帰巴す

ランス附近に於て大雷雨に会す、午後七時着巴、夕食を喫して帰宅す　手紙、新聞等山積しあり

（ロッシニョル古戰場を見学）

（佛殖民地軍五千名の墓）

（北墓地の佛師団全滅の跡）

六月七日　木　晴時々雷雨あり

終日読書す

夕食後 Paramunt に活動見物に行き中村大尉の Amie に会す

（白国貨幣、140f か仏国の 100f に相当し佛語及 Flamand 両語にて書き綴られあり汽車中掲示も亦然り然れとも若年のものは主として佛語を専用しあるか如し

六月八日　金　曇時々雨

家に在りて読書す　Tissoir, 学科ありし外蟄居す

六月九日　土　曇時々太陽を見る

午前岩橋（杉）中佐に仏国軍事に関する件を話す予定なりしも岩杉中佐都合悪しして取り止む我儘な人と思ふ、午後四時より散歩す

夜 Danielle と活動 Eqnipage を見る

六月十日　日　午前雨午後晴

午前中家に在りて新聞を読む。午後 M.yy 及其の Amie と共に Chaton に行き短艇を Seine 河に艀へて遊ぶ、後河畔の Café にて休み夕方帰宅す、夜読

書す

六月十一日　月　午前晴午後曇雨夕方より又晴

終日蟄居して読書す夕方写眞の整理をなしChamp de Mars を散歩す夜 Paramunt に活動を見る

六月十二日　火　快晴

午前中読書及 Gaon の学科、午後 Bois に行き緑陰にて午後晩く迄読書す

夜 Danielle 来る彼の encente は念確実なるもの、如し

六月十三日　水　快晴暑し

午前読書す昼頃は甘粕大尉の来訪を受け共に常盤に行き昼食を取り後共に買物に出懸け三時オペラ前にて Melle Maschele と会合久○の謝し更に Porto Maillot に行き Panel に会し暫く話したる後別れて帰宅す、七時半日本人会に集合小沢少将の招待にて夕食を馳走になる、遇然小沢少将と同行せる和田少佐に会す十年久りの奇遇なり　1日談をなす十時解散和田少佐の宿舎に行きて話し土産なと貰ひて帰宅す十二時床につく

（日本人会にて小沢少将の招待）

六月十四日　木　曇時々雨鬱陶し

午前自習及 Melle Gaon の学科午後 Hôtel Inter に行き舞中佐一行に挨拶し後西原少佐を訪ねたるも不在帰宅す六時より Mme Jissoire の学科、夜日本人会にて小沢少将和田少佐を訪ね暫く話したる後Nouilly にホアールを見たるも何処も大同小異Opera 附近を散歩して十一時半帰る

六月十五日　金　曇

昨年の今日壽府入りせし記念日故杉山閣下及河村大佐に手紙を出す服屋に行き服を注文せる外終日家に在りて読書及写眞の整理をなす

六月十六日　土　午前曇雨午後晴

午前中読書す、Gaon の学科、午後学校に行き午後三時半より Melle Danielle と遊ぶ、本日 Champs de mars にて大統領の講演開場式あり

夜 Paramunt（ママ）に活動を見たるも面白からす Danielle に和田少佐より貰ひし人形を送る

（ダニエルに人形をプレゼント）

六月十七日　日　午前曇雨午後晴

午前中家にて休養午後 Auteuil に競馬を見る午後五時より Palais Royal にて殖民地博覧会を訪ね七時半日本人会に集合永持大佐及松村大佐以下数十人集り盛会なりも十一時帰宅床につく

（日本人会盛会）

六月十八日　月　晴天なるも寒し

午前中読書す午後大島少佐の来訪を受け陸大に案内して靴を作る後一人にて買物なとして五時半帰宅、又読書す

（暇さえあれば自宅で読書）

六月十九日　火　曇雨　時々太陽を見る

午後服屋に行きしのみにて終日家に在りて読書す Melle Gaon 及 Danielle 来る

六月二十日　水　午前曇午後晴

午前九時学校に行き見学の打合せをなし後 Hôtel Inter に行き稲葉、長岡、加納、舞四中佐に陸軍大学校の歴史及現状等を話し十時学校に案内 Loffour 少将に挨拶して校内を見 Sallon des maléchaux にて Soffre 元帥の参謀に紹介見学終りて校長に挨拶十一時半終りて解散す

午後読書し夕方 Champ de mars を散歩す

（小沢少将を訪ね防空に関する講話 6/22 7/2 /715 にも）

（中佐四人を陸大見学に案内）

六月二十一日　木　晴

午前舞中佐の訪問を受く十一時 Gaon 来る

午後四時下村中佐を訪ね散歩して帰宅 Mme Tissoir 来る、読書して夜を送る

六月二十二日　金　晴暑し

午前自習 Gaon 来る午後本屋にて遇然内山少佐に会す暫く話しをし後小沢少将を訪ね防空に関する講和をなし帰宅せんとせしに途中 Valluy 中尉に会し来る九月上旬共に旅行する約束をなす夜 Danieelle 来り遊ぶ

（小沢少将を訪ね防空に関する講話する）

六月二十三日　土　晴

午前十時内山少佐の来訪を受け十二時迄話し後共に外出 Opera 前にて Madame 及 Danielle と会し共に Restaurant de l'Univers に行き昼食食後内山少佐を Invarides に送り帰宅五時頃 Danielle を迎へ七時迄遊ぶ

夜新聞を読み十二時床につく

六月二十四日　日　晴暑し

午前家にて休養午後 Danielle と共に Longchangs に競馬見に行く Grand Prix にて中々人出なり五時頃より St Clous に行き散歩し夕食を取りて帰宅す

六月二十五日　月　晴　曇　鬱陶しく苦し

午前中読書午後外出下村、内山両氏に依頼せし事は皆駄目人に頼むの何等効果なきを知る

六月二十六日　火　曇

Vlrce le-francods 午前十時迄新聞など読み十二時出発 Danielle と会し旅行中の處置を与へ午後一時第四第三班の学生一同と共に東停車場出発午後三時二十分 chclon-sm-Masne に下車し自動車にて Vitui-le-fransois に到り先つ Hôtel de l Etoil に投宿、午後五時町役場に集合教官 Lestien 中佐の講演あり終りて一同宿舎に集合夕食、散歩して十一時床につく室は田舎式にして安眠し得ず

Vitri は小さな町に過ぎざるも中央の寺院は頗る宏壮にて遠方より眺むるときは町の何物をも認めずして寺院のみの望も得べし

六月二十七日　水　晴午後曇

午前七時半自動車にて寺院前の広場を出発し le mont mort に登り第四軍第二軍団の戦車を研究午後 Camps de Mailly に行き第四軍左翼の戦斗を研究す十五年前の戦場は今や豊穣の麦畑と化し当時を物語るもの残り少なくなりたるも物語る人は当時の勇士、墓地記念碑は到る所に散見し当時を偲ぶに充分なり況んや Camp de Mally に於て殷々たる砲声の轟くに於ておや

午後六時半帰宿、夜散歩して休む

（軍団の戦車を研究）

（第一次大戦の戦場視察）

六月二十八日　木　快晴

Pargny の Etripy 附近に於て第四軍右翼方面の戦場を視察 Sérmaige に於て昼食後 Cheminon 附近にて第三軍右翼の戦史を聞き夕刻帰宿す、Aérudige 附近の村落は悉く兵火にかゝりしため目下全く新しき家のみなく一外国人に過ぎさる予尚ほ感無量なり同胞の災害を見る佛人の感果して如何過日白国（ベルギー）を訪れし際軍服を着ける佛将校を見て泣ける老婦を見たり夜仏国將校等と遊ひ十一時床に就く

（戦場跡になお新しい家なし）

（ベルギーで見た老婦が軍服を着た佛將校に泣するのを思い出す）

六月二十九日　金　快晴

午前六時半出発 Vitry 北佛 Soulanges 附近の高地にて一般戰況及佛軍戰況等を研究朝霧ありしも九時頃より光景芭し然れとも気清く眺望絶佳、気持宜し自動車にて Chalons に到り午前十一時四十分発の列車にて帰巴す午後事務所に行き後○○君を訪す

夜 Danielle 来り遊ふ

六月三十日　土　晴

午前整理をなし Gaon の学科午後服屋に行き四時頃帰宅せしに Danielle 待ちあり 2000f を要すと仏国の社会制度の甚だ不快なるを感すると共に二三週間以来我の決心甚た敏活を欠き徒らに心配と（費用とを：抹消）金来（？）とを費し速断するに劣ること数段なるを知れり

夜Saras Bernareに観劇すLa femmenueを演ず評判の劇なるも筋書気に入らず
（ダニエルの生活苦に同情）

七月一日　日　晴

午前中家に在りて読書す午後Danielleと Viensenne飛行機のmectingを見に行く飛行機の先進国たけに素晴らしきを演じ見せたり

Viensenne附近は労働者及Comministe多く気分悪くCafé等にて頗る不快なり夕食を共にして帰宅すDanielleは本朝手術を受けたり
（コミュニストの集るカフェに不快）

七月二日　月　晴

小沢少将の依頼により案内してGeréral Niesselを訪ね約三十分話し午後面会を期して帰宅、Gaon待ちあり午後小沢少将を再び訪ね午後二時共にNiesslの所にて駆逐飛行機に関する同将軍の講話を通訳す中々苦労を感ず

午前以来腹痛を感ず室に備へたる瓦斯の中毒及土曜日の夕食不良なりしに原因するが如し、夕方大島少佐の来訪を受く

夜新聞を談して過すDanielle病む報を得見舞状を出す
（小沢少将の通訳駆逐飛行機とは戦斗機か？）
（小沢少将と共に飛行機に関するニェッセル将軍の講話を聞く）

七月三日　火　晴

午前中読書午後演習の準備をなす暑さ甚だしく勉強し得す夜Parament（ママ）に行き活動を見帰路大雷雨に会す十二時過き径一糎を過くる大雷降る物凄き光形（ママ）なりき

七月四日　晴　水

午前十時Grand Palaisに集合同班の学生数名教官の案内にて飛行機展覧会を見る頗る有益に感ず、発動機は目下一機にて1,100馬力を以て呈形にして570馬力、戦斗機中には6000m昇るに118強速度280K、水上機中に建設570K出すものさへあり又旅

客用中には食堂迄設備せられあり〇〇なるものあり、午後單獨にて再び参観す夜手紙なと書き十二時床につく

七月五日　木　晴

午前中読書、午後銀行に行き買物などして五時帰宅、Tissoir の学科、夜久し振りに Danielle 来る

七月六日　金　曇雨

Condi 午前中読書午後零時四十五分 Mont Parnas 駅発第五第四班学生及教官と共に Condi-sur-Huisne に向ふ汽車・旅行四時間を費し午後五時四十五分頃到着、Hôtel la Perche に投宿、田舎の事故頗る貧弱殊に予の室及便所の不潔なるは気持悪し午後六時会合明日の演習に関する注意あり夜汽車の通る度に目醒む

七月七日　土　午前曇雨午後晴

午前六時出発 Condi 西南方地方にて接敵運動の演習をなす昼食後午後六時迄休憩

午後六時小学校にて会報ありたる後夕食、町を散歩して十時頃床につく

七月八日　日　快晴

Bretonelle 午前六時 de Gesset 中尉と共に Condi を出発し涼味侵々たる朝の気を浴しつゝ Perche の野道を通りつゝ le Ht plessis,la Gde Forêt 附近を偵察（しつ、：抹消）す

午前十時半より一同集合、防禦陣地占領に関し研究したる後 Bretonnelle に来り昼食、後分宿す予は一民家に泊す七十才位の老夫婦の家なり

午後六時町役場に集合会合の後夕食、町を散歩して眠につく（小さき Foire 開かれ田舎町を味ふ）

（防禦陣地占領に関し研究）

（後の北満地下要塞設計に役立つ）

七月九日　月　曇雨午後晴

午前 Bretoncelle 東北地区に於て防衛に関する研究をなす午後四時会合後数名は明日の休暇を利用して帰巴せるも大部分は依然当村に泊す、夜活動など

を見十一時床につく

七月十日　火　快晴

演習休日午前九時迄休む十時より北方の小山に登り羊飼と暫く話し後樹陰に涼を取りつゝ読書す、午後は友人等と散歩し又樹陰にて新聞を読む、後帰宅Danielle に返事を書き夕食後出発準備をなす

七月十一日　水　晴暑シ

陣地を偵察

la Foupe 午前六時出発單身 St Eliphe 南方地区に於て攻撃の爲め十五〇聯隊の陣地を偵察し九時半La madelaine に集合逐次教官と研究を進めつゝ十二時 La Loupe に入り昼食師団命令の宿題を受領して投宿、15Rue Châtandon Cheg m Georget に泊す、宿題をなし休む暇なし

七時集合夕食、町の東端にあの大柏の木（千年以上と云ふ）を見九時半帰宿新聞を読み十時床につきしも暑さ甚だしく安眠し得ず

七月十二日　晴　暑し

六時より陣地攻撃の研究

Danielle より可憐なる児なり

午後五時半集合、彈薬補充に関する講話あり明日の演習のため騎兵隊長を任命せらる

夜 Restoran にて友人等と遊び十時帰宅暑気甚しく安眠し得す

（騎兵隊長を任命させる）

（陣地にダニエルより来信）

七月十三日　金　晴

午前六時出発追撃の演習をなしつゝ Senonche に至りて演習終り昼食後午後一時四十分の汽車にて帰路につく鈍行にて一時間半位の距離を四時間半を費して着巴す車中暑きこと釜中の如く頗る難渋す夜Danielle 来る共に川の祭を見るべく散歩す大して見るべきものもなし

七月十四日　土　晴暑し日中室内三十二度、夜間尚華氏八十度

朝留守中の整理をなす十時半内山少佐の来訪を受け十一時より Gaon 来る午後新聞を読み後学校（陸軍大学）に行きしも自習室の戸開かす歩兵戦術の想定を受領し得ず空しく数十分を費（契）す国民祭なるも暑気甚しく外出も出来ず家にて読書す

明日より出発する予定なる戦場見学も電話不通のため下村中佐、柳大尉、局へ来た完全なる了解を◯げ得ず閉口す

七月十五日　日　快晴暑さ甚し

朝六時既に八十度を超ゆ柳大尉と連絡本日午前十一時出発する事に決し其の準備をなす

十一時柳大尉の所に集合十一時半出発 Compiigor に向ふ、一行、小沢少將、和田少佐、柳大尉予の四名自動車の走る間…淳風を受け凌き得るも一度停止せんか流汗拭ふへくもあらす Senlis にて昼食 Compiégne にて休戰記念碑を見当時の話をし Soissono を圣て Malmaison に至り

Chemevodes dameo（?.）の高地を横断して Craonne に出て Berry-du-Bac を訪ね午後八時半、Reims に至り Lion d'oz に一泊行程48里（約五十里）

（小沢少將らと四人休戦記念碑見学）

七月十六日　月　晴暑し

午前九時出発 Catidoral'、市役所などを見道を Champagne に取り古戰場を弔ひつゝ大平原を横断、十数年後の今日南鉄條網等の厳存するを見る Ste nienehould より Argonne の森林を通過し Clermont にて昼食、眺望可なり小村落なるに小奇麗なるホテルあり都会人の避暑客多し

ベルダンを一周し、メッツに到着せるは午後八時半 Grand Hotel に泊す行程五十里

ホテルにては支配人変り、Consierge、料理人等昔のまゝなり遇然にも予か居住せる室を再び得て昔を偲ぶ

（メッツグランドホテル泊）

七月十七日　火　晴

朝師団司令部を訪問師団長に敬意を表し飛行機に関する若干の説明を聴取し飛行第十一連隊を訪問飛

行場にて夜間爆撃大隊の同時出発、隊形変換着陸等を見学Sawageにて昼食昨年の事とも偲はるKeimeを訪ねたき所存なりしも汽車の都合にて時間を求め得ず午後二時三十八分の列車にて予一人出発車中仏国の少女なれなれしく話し来りぬ一獨人とも話し会ひ殆んと退屈なく帰巴し得り、Danielle来り遊ぶ、一緒に外に出て涼を取り十一時半帰宅、桂木より写眞を多く送り来る感心な女なり予の健康のために煙草を断ち居る由、何等深き交りもなく單に教団の面識あるに過ぎざるに

佛軍の飛行訓練見学（編者記）

七月十八日　水　晴

午前中手紙を書き新聞など読むGaon来る午後暫く休みたる後学校に行き想定を取り帰宅演習の準備をなす、午後七時半Gaonの家に行き夕食に招待せらる十一時迄話す

七月十九日　木　晴

終日演習出発の準備想定の研究等をなす夕食後Danielleと活動に行きCamps de Marsを散歩す

七月二十日　金　晴

Tellier's午前出発準備及読書などをなす甘粕来り暫く話す十二時十五分Invarides駅出発午後二時半Teilluies着一民家に泊し午後六時会合明日の演習に関しOiro大佐より説明あり夕食後散歩して帰宿床につく

七月二十一日　土　晴

朝霧深し砲兵隊長として防禦陣地偵察午前九時より教官と共に細部の研究に移つる独立しての偵察にあらず歩兵隊長と協同偵察故行動束縛せられ不快なり、Colonel Giroの説明聴取り困難を感す午後五時半より会合、夜早く床につく

七月二十二日　日　晴

Bregolles Teillières出発Feuanvillius附近に於て防禦の研究予は砲兵聯隊長の職を取る正午過ぎBregolles（?・）着昼食後其肉屋に泊す夕食後町を

散歩す夕陽広漠たる地平線に沈む（風）景画よりも美なり九時半床につく

七月二十三日　月　晴　暑サ甚シ

退却の研究予は騎兵隊の自転車中隊長の職を取るStXubin Danrpierre Prndemandu附近を囲りて正午帰宿、夜田舎芝居を見十一時半帰宿

天幕内にて五十人位の席あるのみ日本の田舎と都会との差あり（し）も其の差著しきを見る

七月二十四日　火　晴

休日なく午前八時迄休む、午前約一時間半明日の研究会をなし午後一寸散歩したるのみにて後宿にありて読書す

七月二十五日　水　午前曇午後晴

Neu（?）ancourt午前六時出発追撃の演習（予は歩兵聯隊長）をなしつゝ、正午Neuancourt着Hôtel Grandcerfにて昼食後一民家に泊す

午後五時半会合、夜は家の主人と話し十時頃床につく午後頗る暑し

垓月清し

七月二十六日　木　午前曇後晴頗る暑し

午前師団参謀として攻撃の爲めNonancour東南方地区に於て地形偵察、外国將校の戰術時に戰略的素質の低級なるは驚く程なり、然れとも彼等は語学の達者なるが故に相当する事を返答し居るも極めて幼稚なる問題を返答し得るに過きず予が語学の自由となるに従ひ予の意図を発表する機会度々有するに及び驚異の眼を以て見るもの頗る多く従来日本將校が常に沈黙しありし爲めか我等の眞價を全く知らさりしもの丶如し

午後五時半会合研究、夕食後直ちに帰宿明日の準備をなす

七月二十七日　金　午前曇午後晴

十二時半頃迄暑気甚だしく眠れす、二時頃より腹痛甚だしく終夜安眠せず

六時半より十一時迄陣地攻撃の研究Dreuxに到

り昼食、Dreux は小奇麗なる小都市なり零時十二分発帰巴の途上○く車中頗る暑し、午後二時十五分着直ちに帰宅衣を換えて Bois に Davis Capp 戦を見物に行く世界一のテニス戦、Tirdin 対 Lacoste 一頗る緊張せり、Tirdin は攻撃的にして鋭きも時々Eruur あり Lacoste は頗る堅確なるも老攻の Tirdin の爲め 9.2 にて破られたり

次て Eennine 対 Coché は前者と全く反対なり、Coché 頗る鋭く攻撃的にして Eennine は到底其の敵にあらず第一 set は Eennine 取りたるも後三回共 Coché のものとなる

七時帰宅、入浴整頓をなし休む頗る疲労を感ず

（遠藤テニスも好き）

（帰巴後ディビスカップ）

（ティルディン対ラコステ）

七月二十八日　土　曇雨

午前大使館に行き白蘭（ベルギー）旅行のビザを貰ふ遇然木内氏に会す

十一時より Gaon 来り十一時半下村中佐より会食に誘はれ快諾す雨中を Gaon と共にトロカグル迄行き車にて東停車場前の Drouan に行き下村、内山、諫山の三氏と共に会食す

散歩して午後四時帰宅内山及 Danielle と話す夜手紙の返事を書き十二時床につく

七月二十九日　日　晴時々曇り雨降る

午前九時四十五分 Garre（か）St Lagar にDanielle と待ち合せ十時一分の列車にて Marly-le-Roi に散歩に行く森林内の涼味掬すべきものあり巴里近郊に此の如き遊山場を有する佛人の幸福なり、Hôtel du Roi-Joleil に休み昼食及夕食を取り面白く一日を送り七時半の列車にて帰巴活動を見十二時帰宅す

（ダニエルと午前10時～午後ホテルへ夜映画を見る）

七月三十日　月　晴

午前学校に行き想定受領　Falement 会社に行き Amsterdam 行きの飛行旅行案内を貰ひ帰宅、Gaon

来る飛行機に片道400f往復700f、約四時間を要し汽車は時間は其の二倍なるも價格は半分、何れにすべや未だ判定し得す

午後デビスカップ戦を見る昨日複に破れたる米はカップの運命定まり気合充分ならざるか如く大豪Tildenは三セットCochiに取られ惨敗せり、但しHnmeniの活動目覚ましくLacosteを第一セットに破り其の後は敗れたりと雖も屡々（しばしば）肉迫せり愛すべし

第二第三セット（ママ）を見て帰宅、武持大佐に招待せられ仏国將校二名相馬君と計五名にてRondpointのRestaurantにて夕食をなす冷味○すべきものあり散歩して十二時帰宅す

昨夜m.g.yの誕生故シャンパン及リクールを贈る

（再びデビス・カップ戦を見る）

七月三十一日　火　晴

午前中演習の想定を研究すGaon来る

午後新聞を読み買物に出掛け旅行の準備をなす中岡大佐、竹内大尉明日午後四時十分着の旨電報を受領す

八月一日　水　晴

午前八時八分Gared'orsaiにてMelle Gaonを見送り後Air expresseに行きアムステルダムの往復券700fにて購ふ、危険いきの故責任ある余（ママ）として或いは愼むべき事なるやも知れす又Gaonも汽車にすべきを勧めたり但し汽車にて平凡の旅をなすよりも上空より大戰場の大都を観下するの利と欧洲航空界の現状を見るに好機会なるを以て敢て実行することとせり

午後○時十分中岡大佐及竹内大尉をGare Gyon（リオン）に迎へ竹内大尉を案内し終日を送り十二時帰宅、出発準備をなし一時床につく

永持大佐の許に到着せる決定名簿に依れは予は七十人中の五十三番に位し竹内大尉よりも数番上位に在り二期前の人を追越しては実に気の毒なり而も此の決定名簿を同時に見るに至りては頗る気の毒なり予か士官候補生たりし時竹田大尉は見習士官として予を教育せし人なるに、予の同期は陸大の軍刀組三

名（予と野佐山田）にて八番つゝの差あり予は第一位にありて稍気の毒なり
（欧洲航空界の現状を見たい）

八月二日　木　曇後晴

Amsterdam 午前八時前に Grand Hôtel に行き正八時 K.L.M 会社の自動車にて Bourget に行く三十分を要す体重検査及査証の点検、税関の検査等を終り九時前機上の人となる H.NADO 号にて座上席は單葉、單発動機なり同乗者は米人らしき男四名のみ、九時離陸道を西北に取り五百米位の高度にて進む、過日自動車にて通りし Aenlis Cornpiégne 等またたく間に通過此の頃雲低く休戰記念碑等を望見し得ず目下収護時季にて田畑に働く馬など美しく見ゆ戰創未た癒えさる St Quentin 等を圣、人家稠（周）密、せゝこましき Bergique に入り十時四十五分美しき Bruxelles 北方に着陸す、同地にて女二人男二人乗る十一時稍過出発 Anveru の美しき要塞を見るを得たり白国に入りし頃、霧深く遠望を許さざりしも Bruxelles 出発後は晴れて遠望佳なり Willemstas は町全体が健中に在り蘭領に入り著く水壕と牛の多くなりしを感ず十二時五分前 Rotterdam 着陸 Boskoop 附近の花畑を瞰下しつゝ、十一時半 Amsterdam 南方着陸場着、時に零時三十分なり、家屋の建築等に著しき差異を認む

税関の簡單なる検査を受け自動車にて Amsterdam 市に入る KL.M 会社にて下車、中央停車場に行き Olympique 事務署にて宿舎の Adress を聞き（1 Fro Lent 手数料）Van Brerstraat 33 huis. Chej Lle Heer en Mevromv Middelbergh. Heshusius 方に泊す素人家にて気持可なり、昼食後直ちに Olympique に行く人見嬢の八百米競争より第一回の初め二番にありしか中途急に歩調を卸し五番目となり予は足を痛めしにあらすやと思ふ位なりしも過度に遅れしため最（再）後恢復困難となり消くに等となりしは残念なり

然れとも一番の獨逸婦人は直ちに側れたるに反し嬢か激かに数十歩歩みたる後膝を地に静かに伏せたる態度は流石大和乙女のたしなみを有し涙ぐましき祝嬉し、小なりと雖も初めて日章旗スタンドに掲け

られ同国人として欣喜の情に不堪えず数人の外国人予に祝意を表せり
次にホスジヤンプの結果発表思はさりし十（カ）織田氏が第一位とは、彼は四年前巴里にて第六位貴き一点を勝ち得たるのみなり然るに今や第一位を占めすたんと高く日章旗扁羽秀羽として翻り君か代の吹奏を聞き迫力○かざるものあらん、胸の張り裂くる思す、聞く選手一同感極まって泣けりと
午後十時よりイルミネションを見物すべく家の者と共に散歩す十二時床につく
（オリンピックに行く人見嬢の八百米二位日章旗織田第一位）
（アムステルダムへ）

八月三日　金　晴

午前午後共、Olympique 陸上競技を見る
午前十種競技百米、及四百決勝千五百米決勝（リトラ、ヌルミノ順序）午後十程高飛及四百米等あり、十種は我か時氏及中沢氏あり共に健斗せるも外人に及ばざる事遠きを見同情に不堪

夜、馬術選手の宿舎を訪ねんとせしも遠くして達得ず町を散歩し活動などを見て帰宅す

八月四日　土　降雨

午前水泳を見る　第一第二第三回千五百自由型竹林二等、新井一等高石一等にて各回共優勝園に入り大いに意を強くす、降雨のため濡鼠（ぬれねずみ）となる、午後二時自動車にて同国人三名と共に飛行場に行き三時往路のときと同一飛行機に乗る　日本人四名とは中々優劣なく強風と濃霧と雷とになやまされ頗る難航し、一度は全く海上に出て何処にも着陸することなく午後六時 le Bourget 着　午後七時帰宅す無事旅行を終り安心す　夜 Danielle 来り共に夕食を執る　色々話し整理をなしたる後十二時過床につく

八月五日　日　晴

Maintenon 午後四時迄、手紙を書き新聞を読み演習出発の準備等に忙しく暮す。
午後五時十分、Montparnas 駅より出発六時半

Maintenos着　Ct Chanithiと共に大きな家に泊す
夕食後会報あり　一時帰宅床につく

八月六日　月　晴

快晴の日光を斜に受けつゝ森林の中に馬を進む
涼気身にしむ　朝露の上に又古城の蔦葉の上に早や秋色を見る。Maintenon西南方地区にて前哨の研究をなし、正後帰る

八月七日　火　晴

騎兵師団の接敵運動をle Voise流域にて研究予は航空隊長、午後五時半より研究
（航空隊長として）

八月八日　水　午前晴　午後曇

午前五時半に起床（目醒（時計）鳴らさりし爲め）大急ぎに準備して集合、昨日と同一地点にて攻撃の研究
Général Juffour来る　夜同班の者と愉快に話し十時床につく

八月九日　木　晴

午前六時出発、防禦退却の演習を研究しつゝ、Romvo-nilletに行く途中濃霧に会す、秋色次第に濃かになる
日若く煙りなく午前五時尚薄暗し　十一時昼食十二時半の列車にて帰巴、入浴　手紙の返事なと書き午後七時半Danielleを迎へ共に夕食を取り活動を見て十二時帰る
（遠藤の在巴中）

八月十日　金　晴

建築の雑音にて早く醒む、怠慢極まる女中は八時半に漸く来る空腹を感ず新聞を取らせしに釣銭を返さず甚た不愉快を感ず
新聞を読みてより旅行日誌を調整し午後戸、○ふもいの事務所に行き木村少佐吉田少佐西原少佐等と話し後竹内大尉を訪ねたるも不在　買物をして帰巴、後東駅に行き明日の席を準備し夕食を取りて帰る
Danielle来り十時半迄話す

（ダニエル来り会話）

八月十一日　土　晴　暑し

○地名（カ）（文字読めず）　午前八時三十分東停車場発、旅行者頗る多し車中兵卒一名仏国音楽家一名デンマルク婦人二名、及其の父らしき人あり頗る愉快に Metz 迄時の立つのを知らすに話す

特にデンマルク婦人は二十歳前後の人なるも知識も頗る豊富にて同胞婦人の遠く及ばさるを顧み羨望に不堪。

午後二時二十分 Metz 着　稲葉中佐及 Margnitte に迎へられ直ちに旧下宿に行く歓待を受く

同じ下宿にて同胞稲葉中佐と話すも奇遇なり

Margritte の十六年誕生日故 Sac を送り茶の饗応あり彼の○婦及兄二名来り頗る賑ふ Espranade を散歩し Hôtel Regina に一室を借り再び下宿に行き夕食を馳走になり稲葉中佐と共に外出　十一時半迄話し宿舎に帰る

八月十二日　日　晴　暑し

Verdun 午前九時三十二分、稲葉中佐に送られて Metz 駅を出発　十二時十分前 Verdun 着十二時五分 Paris より来れる友人等を迎ふ。同列車にて来れる日本人八日市町の宮路善久氏、九大助教授岡本勇象氏、京都園部銀行の吉田九一郎氏等の挨拶を受く、駅前にて昼食を取り投宿後 Citadel に行き旅団長の茶の招待を受く

同所に芳名録あり、今上陛下の自筆の御名を拝し同じ芳名録に矛の名をも書く光栄を得たり　後藤新平の名などを見受けたり、茶の饗應後集会所にて Maréchal 中佐の講話あり後 Champan の馳走を受け夕食後 Café de la paix に行き Dans 場にて一同と遊び十時帰宿（Hôtel Beanre-paire）

（日本客と共にベルダンへ）

八月十三日　月　午前降雨　午後曇　夜晴

St Mérehould 午前六時雨を犯して出発　Verdun 北方 Bras 東北方高地より Douanment.Veax 附近にて○を Maréchal　中佐の講話あり　納骨堂に外国将校一同として花環を捧ぐ又一同若干金を寄捨す

午後零時半Verdumに帰り昼食後出発　Meuse左岸地区の戰場視察、le mort Homme附近は今尚彈片、靴等散乱し当時を偲ぶべきもの頗る多し暗雲低迷し秋草徒らに展茂し鬼気のせまるを感ず　Maréchal中佐と別れ道をArgonne山に取りVanquoisに於て獨軍の村落全所を爆破せる跡を見Vareunesにて米軍の記念碑を見le four de Paris附近にて佛軍の掩蔽（えんぺい）部を見つゝ、午後八時St Menehould着、Hôtel St nicoraに投宿す

八月十四日　火　晴

Chalons.A/marne。午前七時St Menchould出発Tanure附近に於て獨軍の砲兵陣地の跡を見（Maison de Champagne北方斜面）Souair東北地区にて外国軍人の墓地に詣てNavarinにて記念碑上にChampagne会戰の講話を聞く　Suippes（Auippesか）にて昼食、401聯隊及15Rの將校にて昨年metzにて知己となりし人々に会し親しく話す

午後Perthes-les、HurlusのHurlus附近にて荒廃せる寺院の跡を訪ねBeausjour附近にて佛軍掩蔽部の跡を見る　Massijes北方の髙地に登り激戰（掌形髙地）の跡を訪ねtourbe河谷を南下しl'Epineを経て午後六時Chalons着。Hôtel de la Haute mère Dieuに投宿、將校集会場にて夕食、後散歩し十一時床につく。

本日訪ねたる戰場は十数年後の今日尚歴然として当時の跡を止む之れ此の地方は石灰質の地にて耕作せられざればなり。

（第一次大戰外国軍人墓地とナバアリンにて記念碑上にシャンパーニュ会戰の講話を聞く）

八月十五日　水　午前晴　暑し　午後降雨

Reinss午前八時出発　Prosnesを圣て其の北方髙地に登りシャンパーニュ会戰の跡を訪ね正午Reimsに着しHôtel Degermannに投宿　午後五時よりCathido raleを訪ね白髪の老僧戰争当時特に砲撃により火災に罹りし模様を詳細に聞き感概無量なり、砲撃を避くるため佛軍と全く軍用に用ひず（二日間照空燈を置きしことあるのみにて予め設備せられし

無電用アンテナをも取りはづしたりと）負傷兵の収容場として赤十字旗を揚げありしと　市内を散歩して夕食後明日の説明あり九時半解散

八月十六日　木　晴曇、時々小雨降る

午前七時十五分前 Reins 出発 Berry-au-Bac Aorssions、（蘭外） Craonne Vancherc を逐次訪ね Chemain des Dames を経て Malmaison の堡塁に至り正午 Soissons 着、Hôtel Croix d'oz に投宿昼食の後午後二時出発、le Franc Fort に休戦記念の地を訪ね Pierrifonds に城を訪し Villers-Cotterets 東北方 255 高地に Général Mangent の観測所を見、Long Port 附近にて大寺院の廃墟を前にした夕陽を眺めつゝ戦史を究め午後八時 Soissons に帰り夕食雑談後床につく

八月十七日　金　晴　時々曇る

Noyon（蘭外）　午前八時 Soissons 出発　首を北方に取り Chemindes Dames 改撃の戦史を研究しつゝ Coucy-le-chatean に到り戦争の爲め全く破壊せられたる封建時代の城跡を見 Oise 河（小なるも運河あり水量豊富）を渡り Chauny を Noyon に到り其の西南方 Mt Kers の廃墟を見たる後 Noyon, Hôtel du Nord に投宿　昼食、此の際食卓演説母国の歌など歌ひ賑かなり、午後四時出発　Plessis de Roys の廃城其の東南方高地等を訪ね獨軍の攻撃佛軍の反撃等を研究し七時帰宿、夕食はシャンパンを抜き賑かに過す　教官 Capitan Mousset に対する感謝の意味に於て

（チェミンデス　ダメス　攻撃の戦史研究）

八月十八日　土　晴

午前八時より宿舎にて Zomme 会戰の話あり　八時四十五分出発　Roye を経て Chilly に到り戰場を訪ね Peronne にて昼食（可なり復興せられあり）午後 Mont St Quentin を経て Yongneval に到り英軍の墓地に詣て Amiens に到る。Cutidoral を一年半振りに訪れ後 Dommartin に行く予定なりしも自動車の故障のため途中より引き返し停車場にて夕食八時四十五分の列車にて帰巴　入浴、整頓等をな

し午前一時過床につく
（英軍の墓地に詣でる）

八月十九日　日　晴

午前新聞を読み手紙の返事を書き昼食のため外出　午後新聞など読む　七時Danielleを迎へ夕食を共にしChamps de marsを散歩し十二時帰宿。

八月二十日　月　晴

午前十時迄読書、後事務所に行き中岡少将に挨拶　木村中佐の進級を祝し午後帰宅　六時半竹内大尉を訪ね常盤にて夕食　Paramunteに活動を見る　西原少佐も同行、後散歩して午前一時帰宅す

八月二十一日　火　降雨　午後霧

朝中岡少将の来訪を受け陸大に案内し靴屋及服屋を紹介　後竹内大尉を案内して靴（を）買ひに行く、昼食後Daniellの爲めに帽子を買ひて帰宅　新聞を読む

午後六時より中岡少将に招待せられありし故行かんとせしに下村中佐及加納中佐に会し暫く話し明日の会合を約し中岡少将宅に行く、八月移動に関し○○報を得、杉山（元）閣下の軍務局長、畑少將の第一部長等、吉報多し○○中岡少將の知人の医学博士夫婦も来り四人にて夕食、十一時迄話し帰宅す
（人事移動　杉山元　畑少將昇格）

八月二十二日　水　晴

午前講話の準備をなし十一時迄に下村少佐の私宅を訪ね加納中佐に佛陸大の戰術教育に就て話し下村少佐より昼食の馳走になり四時迄話し帰宅、夕方よりDanielle来りて話す

八月二十三日　木　晴　暑シ

午前甘粕（正彦）来り　十一時半迄話す昼食後散歩し二時半帰宅、甘粕氏再び来る　午後三時大島少佐の来訪を受け陸大に行き靴を受け取りし○て帰る　同氏の自動車10.000fにて買ふ事に関し相談す　同氏五時に帰り六時に甘粕氏三度来りて話す
（甘粕三回来る）

八月二十四日　金　晴　暑し　夕方雷雨

朝より手紙を書き新聞を読み等して家にありて日を送る　午後（六時半に抹消）　下村大佐を訪ね自動車の件を話したるも同意を得ず止むなく中止す

六時半竹内大尉来る共に夕食を取り Olympia に行き後の（ママ）下の Dancing にて一寸遊びて十二時半帰宅す

八月二十五日　土　晴

朝から八月移動にて進級及栄転せられん人々に祝詞を書く、午後三時 Danielle 来り本夕よりの遠足を約し四時半事務所に集合、○佐　中佐の Olympique の馬術に関する報告あり　次て予は Amsterdame 旅行談をなし次で中岡少将より日本社会主義運動につき講話あり、後日本人会に集合会食、午後九時十五分 Danielle と共に Bougival に行く、Seine 河の畔にて景色可なり

（ダニエルと休暇の旅を約束）

八月二十六日　日　曇

諸將軍、其の他の軍人文官、婦人等約一吉（キロ）米に亘る、遠くあるサスローレン又より代表の婦人国の服装にて来れるは特に目を引きたり　○たる勲章將軍の偉勲を物語るも葬儀は極めて質素なり

午前旅行準備をなし午後二時中岡少將を案内して靴屋に行く　後 Meme Gaon を訪ねたるも不在、夕食後スイスより帰巴せる甘粕氏を Hôtel de la Boundonnarts に訪ね十二時迄話す

（甘粕スイスより帰巴）

八月二十七日　月　晴

終日家に在りて読書す　夕方より散歩に出て Férari にて伊太利料理を食し後 Paramunt に活動見に行く　本日午後五時四十分時計の間にて Signature を実行せし不戦條約の philme を見せし迅速振りに一驚す

（不戦條約実行のフイルムを見る）

八月二十八日　火　晴

午前中新聞を読む　午後小沢少將出発の報を聞き北停車場に見送りに行く、御滞在間随分御世話致したるも何等〇〇もなく出発せらるゝは稍不満なき能はさるも礼儀を解せざる人々の爲めには礼儀を篤くするの却て有益なるを知り特に停車場迄行く、到着せるとき汽車は出発せり、夜 Danielle 来る十一時半迄話す

（小沢少將出発）

八月二十九日　水　晴　夕方降雨

午前中読書午後 Mont Parnas に行き Daruíe 行きの切符を取り後事務所に行き、西原、大島氏等と会し共に買物に出掛く　Moisan（ママ）blanche にて〇〇を買ふ、後西原少佐と北駅に行き夕食後中井中佐を迎ふ、帰宅後 Danielle の来訪を受け遅く迄話す

八月三十日　木　晴

午前九時より Marichal Faydulle の国葬ありせい又河畔に於て同將軍に敬意を表し其の葬列を見る約六十名の軍楽隊を先頭に喪の曲を奏しつゝ前進し来り次で聯隊長の指揮する約一ケ中隊の儀仗兵花環に飾られたる霊柩車次でホッシュ元帥以下八名の將軍に守られて柩砲車上に裁せられて静かに来る、愛馬之れに次ぎ各国代表参列

一寸散歩し後読書す　Danielle 来る　昼食後 Danielle 家族と St malo に遊ぶ、潜水艦を見学（獨逸より捕穫したるものにして稍旧式なり）後 Chateau briand の墓に詣ず　St malo は頗る堅固なる城砦に取り囲まれ畳壁上の風光可なり、七時帰宿再ひ泳ぐ心地よし、夕食後暫く散歩後新聞を読み十二時床につく

（ダニエルの家族と一緒に遊ぶ）

（ドイツ軍の旧式潜水艦を見学）

八月三十一日　金　晴　暑し

Paramé（蘭外）午前出発準備をなし十一時五十分発にて Paramé に向ふ　汽車は急行なるも頗る不潔にて不快なり且つ終始太陽の直射を受け暑気甚し

Le mans, Rennes を圣て午後五時五十分 St Malo 着　馬車を駆して三吉（キロ）の道を走り Bristol-Plage Hôtel に投宿、風呂附 70f なり稍高き適当なる室見当らさる故之れに決定す
食堂は頗るハイカラにて多くはスモーキンクを着しあり　大部分英人にて佛語を聞かず不快なり、夜町を散歩す淋し

九月一日　土　晴

涼気室に満ち爽快なり　早く目醒めマンシュ海の美景を眺めつゝ朝食、満潮にてホテルの直下にて泳ぐ者多し、広大なる堤防上を散歩し後操典を読む
十一時半 Danielle の来訪を受け其の家族に紹介せられ十二時半迄話す
午後四時迄宿にあり後干潮にて遠く数百米に亘る砂原の海岸 Danielle の家族一同と散歩し茶などを取り七時過ぎ帰宿、夕食後又堤防上を散歩す人出多し　新聞を読み十一時半床につく

九月二日　日　快晴

朝七時久し振りに泳ぐ、海水頗る冷かなり　朝食後終日 Seine 河畔を散歩し夜帰宅す稍疲労す

九月三日　日　快晴

午前七時例によりて水泳、及読書に費し午後 Danielle と Corncale に遊ぶ　電車にて約二十分、蠣の産地にて有名なり、附近の美景を称し蠣を食して帰る
夜 St malo のカジノにて行はれたる Rijion d'houmeur の集会に参列、演奏会及劇などを見十二時過ぎに帰る（Hoche 元帥主宰なり）
（ホッシュ元帥主宰演奏会劇を見る）

九月四日　火　快晴　暑気甚シ

Danielle の家族と共に Dinard より舟にて Dincm 迄 La Rance を遡る月景佳なり
（九時十五分前出発十一時着）昼食後 Dinan の城、寺等を見学、夕方帰る、夜海岸を散歩し十一時床につく

九月五日　水　晴

午前読書午後海岸にて遊ぶ夜堤防散歩
十二時頃より天候急変　大暴風雨となる、予も亦胃痛を感し安眠し得ず

九月六日　木　晴

天候恢復せるも予の胃痛未た癒えず不愉快なり
予は常々胃を気遣ひ養生を怠らざるに何故此の如く弱きか不可解なり人生快楽の一つ奪はれあるのみならず予の生命の長からざるを思はしむ　噫
午前読書、午後 Danielle と Mt St Mechel を訪ね約四十吉米（カ）、午後一時半発の自動車、乗客の否〇紀のため約三十分遅れ二時出発三時着、八世紀以来逐次最上に建築せられたる大寺院を見前世紀の宗教に対する献身的努力の偉大なるを感ぜしむ江の島宮島に似たるものあり、五時出発　Dol にて catidral を見七時半 St serevon、St malo を圣て帰宿、夜散歩して休む
（ダニエルとモンシャンミシェルを訪ねる）

九月七日　金　晴

午前中読書　午後海岸に遊ぶ
夜 Danielle と散歩す　Fraise の上に星を戴きて海の景色を眺む絶佳なり

九月八日　土　晴

午前読書　午後海浜に遊ぶ夜 Casino に行き観劇十二時帰宅床につく、Danielle 姪を御守りするため来得さりしは気の毒なり

九月九日　日　曇雨

午前 Danielle 誘ひに来りし故海岸に出て読書す
午後二時より Rothéneuf に遊ぶ　昔一僧侶か此の地に在りて自然石の上に彫刻せる幾多の像今尚厳存しあり奇異なる像多し　帰路降雨に会し困難して帰宿す　出発準備をなし最後の一夜を送る

九月十日　月　晴天

午前七時半宿を出て八時三十分 Dirard 着、予想以上旅行者多く三台のオートカー満員なり　午前九

時五分出発 Saint-Cast、Cap Fréhel、Sables-d'Or-les、pins、Val-andré 等を圣て Saint-Brieuc に着く

Hôtel d'Augletesre 泊、Cap Fréhel 奇岩、絶壁碧海に迫り風光最も佳なり Bretagre の特性を最も良く表はすものなりと、Sables-A'oz は新開地にして見るへきものなし但し比較的土地広く松林を有するを以て將来発展せるか Hôtel de Diane にて昼食三時間休憩、Val-andri は特記すべきものなし平凡の海水浴場なり、Saint-Brieuc は人口の割に繁華なる町なり 大陸橋、Catídoral、旧き家屋等見るべきもの少なからさるも Hôtel の室頗る貧弱にして神士を待遇するの造にあらず印象甚た不可なり、

夕食後新聞など読み散歩して床につく

（ブルターニュ海岸の絶壁）

九月十一日　晴

朝秋冷を覚え山に紅葉を見るも日中は尚暑し

午前九時 Saint Briene 出発 Saint Quay, Pointe de l'Arconest, Painepol, Tréguien Penos-guires, Trégustel, Iannion Saint-Efflam 等を圣て午後七時 Morlains 着 Hôtel d'Europe に投宿、昨夜よりは少し上等なり、Saint-Quay に美しき海水浴場なるも取り当て、云ふ程の事もなし之れ奇巌絶壁の海に迫るものは吾人日本人は本国に於て到る所見得べく之れを珍とせざればなり、欧米人の如く之れをまれに見るものは賞讃置かざるも吾人の目を以てすれは寧国日本に於て之れを見ざる仏国の田園の広大にして軟き曲線を以て画く大波状地の景色を好む、Pointe de lárconest にて舟れ乗り Bréhat 島附近を周遊す島の景色可なり Pain Pol は Pierre Losi の小説にて有名なるも特に見るべきものなし grand Hôtel にて昼食す Perrons-Guirec, Plomma-nach 及其の隣接地 Trégastel の海岸は奇異なる花崗岩累積し美景を極め本日の行程中隋一なり深き印象を止む

Lannion, Catidoral は古くして名高きも古き壁に青銹ひつきし色の美しきを称するの外記すべきものを認めず Scrint-Efflam 海岸も亦同断なり

九月十二日　水　晴

午前八時より Marlaix の大陸橋を見る 高さ60 m

寺院等を見物せるも大して記すべき程のものにあらず

午前九時出発　Aonint-Ehigonnec, Guimclian Le Faon, Pont-de-Eereng, Mergat Locronan 等を圣て午後五時半 Quimper 着 Hôtel d'Epée に投宿す

前者は著名の寺院を有し甚の彫刻見るべきものあり　Le Faon は特記すべき何物もなし、Pont、de-Zerng は仏国第一の大吊橋にして髙さ 30F 長さ 272m 風光可なり　Morgat は洞窟多く Hôtel de la Plage にて昼食後再〇〇〇べて見物す奇勝の一なり　Locronan は古き町にして古色掬すべき寺と人家（共に十六世紀のもの）とを見るを得べし　Quimper は Cathédrale にて有名なり　投宿後写真を写すへく出掛け服を破り閉口す

九月十三日　木　晴

午前九時より陶器工場見学、年若き女供が彩色に加工に色々と働き居る見て奇異に感ず　十時半出発 Audierne に到り Hôtel de la France にて昼食、一漁村なるも中々繁盛なり、余中 Plozévet にて戰死者の記念碑に詣づ数千の住民中二百名の戰死者を出せり、特に其の中の一家は五人の死者を出せりと（Bretagne の戰死者は二十八万なりと）　午後二時出発 Pointe du Rag に行き案内人の案内にて岬を一巡す、高さ七十二米の断崖、下には太西洋の怒濤吼ゆ物凄く肌に粟を生ず　二時間を要して岩を攀ぢつゝ一巡す本旅行中の最大奇勝たり　午後四時半出発 Donarenez にて殷盛を極むる　漁市の状況を見七時帰宿（Quimper）手紙を書き十二時床につく　Pointe du Rag 附近には白亜の家を多く見たり此の地に於ては苔を燃料に使用す頗る貧弱の地なり（ブルターニュの戰死者は二十八万人）

九月十四日　金　晴

午前八時半出発（出発前からドクルを見る）Concarnean Pont-Avan, Quin perlé, Lorient, Hennebout Carnac, Sainte-dnne-d'auray 等を圣て Vannes 着（午後七時）Hôtel d'anphin に投宿。

Conearnean は古き城壁を有し景色妙なり写生に来たる画家を多く見る　市場は中々殷盛なり

Pont-avan は山村にして水車多く画家に喧伝せられあるも日本の山村に比し遥かに劣等なり　Quimperll の寺院は一種特別なり　地下室の如きものを有す　Lorient は旧軍港にて殷盛なるもの見るべきもの何物もなし　回転橋は妙なり　普佛戦後第一回の首相 Simon 及海軍の將、Bisson の生地、Hôtel Bretagne にて昼食、Carnac には無数の石の記念碑あり　子供等群集して金を求めんとす不快の感を生ず　Sainte-anne-d'auray は寺院にて名高く且つ目下 Dretague 出身戰死者二十四万人のため記念碑建設中なり、同伴のポーラント女無遠慮にも予に写眞を写すべく依頼し来りしは驚くの外なし

（ドレタギュー出身の戰死者24万人）

九月十五日　土　晴稍寒し

午前中 Vanne 見物頗る古き町にして有史以前に逆り得へく考古学上見るへきもの少なからす特に博物館には見るへきものあり、町の古きに似ず市庁は頗る新式なり　午後十一時半出発 Josselin にて Rohan 侯夫人の広大なる城を見ブルターニュの野を横断して Dinan に到り三十分休憩の後午後七時十五分前 Dinard 着　六日間の旅行全く終り Parané に帰り旧のホテルに一泊す　Danielle 来り散歩す　最良の室を予に提供し頗る心地よきに本夜一夜にて帰巴せざるへからざるは甚た苦痛なり

（六日間の旅終る）

九月十六日　日　晴

壮快なる濤声に目醒め名残りの Emerarde の海を眺めつゝ朝食、手紙など書き九時四十五分出発十時三十八分の列車なき故十一時十分の列車にて出発す　Danielle も亦同乗す　車中暑苦しかりしも新聞を読み話などして退屈なしに過すを得たり　午後七時到着駅前に投（Labenne）宿す　夜町を散歩す

（ダニエルも一泊　夕方パリ駅到着）

九月十七日　月　晴

午前八時半停車場にて荷物を受領し帰宅、整理したる後事務所に行き八月の異動を見十二時半帰宅、午後手紙を書きたる後書物の代を支拂ひに行き買物

などをなし西原少佐を訪ね七時帰宅　旅行の準備をなし床につく

九月十八日　火　晴

午前九時の急行に乗る　二等車に乗りたるも本汽車は一等と見做すとかにて20~fの割増を取らる八時四十分の汽車に充分間に合ひつゝ本汽車を取りしは手落なり、車中黒人一行と同行、つくづく下等民族なりと云ふ感を深くす、日本の新聞を読み午後四時過き迄少しも退屈せず、四時半Valluy大尉に迎へられ直ちにHôtel Deanx artsに投宿、後同中尉と町を散歩し夕食を取りDansingなどを見たるも面白からず又予は此の如き希望なきも彼は何かれと心配しMaison Croseに迄乗り込む頗る不快なり而もブス共四人も呼び十数分会話したるのみにて各人20fづゝ与へ目つ室代として80f取られしは其の不法なるに驚く　十二時帰宿、つまらぬ一日を送る之れも御義理と思ひ諦む、蚊に攻撃せられ終夜一睡もせす頗る苦し

リヨンへ（黒人差別用語）

九月十九日　水　晴

午前Valluy中尉とN.D.の山に登り小鉄塔上よりLyon市を見物す　美しき町なり　古代の家なとを見て帰宿、午後は予一人にて織物博物館美術博物館などを見る、約束の自動車旅行次第に延期（自動車故障のため）荏苒宿舎にて日を送るは頗る遺憾なり。午後六時半Valluy来り共に夕食を取り一寸散歩して帰宿　新聞を読み十二時半床につく

九月二十日　木　晴

午前九時半Valluy中尉と自転車を駆してEîte d'oz公園を散歩し後約二十五吉米東方にあるpérongesを訪ね古き城跡にて見るべきもの少なからす、午後新聞など読みて時間を送る　午後六時再びEîte d'ozを散歩しValluy中尉の家に招待せられ夕食を馳走になり十一時帰宅　手紙を書き十二時半床につく

九月二十一日　金　晴

Orange（蘭外）午前七時三十分 Valluy 中尉に迎へられて宿舎を出発す　道を Rhône 河の左岸に取りて Vienne に到りローマ時代の社及寺などの見物次て右岸に亘る、朝霧立ち込めて Rhône 河谷の風光昭媚なり　Touinon を圣て Valence にて再び河を渡り昼食、当地は嘗て、Napolion（ママ）が砲兵学校学生時代に時局を送りし地にて其の下宿の跡を訪ぬるを得たり　Montilimar にて名物 Nouga を求め午後四時半 Orange 着、Hôtel de la posti et des princes に投ず後凱旋門及 Roma 時代の劇場の広壮なるを見る、Rhone 河は Roma 時代佛の Rima の国境たりし所にして東岸には Roma 軍の西岸には佛軍の城砦頗る多し従て当地方の人民は Roma 人と佛人の混血なり　夕食後又町を散歩し一時帰宿新聞を読み床につく

（ヴァレンスにて若きナポレオンの下宿の跡を訪ねる）

九月二十二日　土　晴　暴風

Valance（蘭外）午前八時出発 Avignon に到り昔法王の宮城を見る　広大なるものなるも再度兵営として使用せりと再度の革命にて荒廃せるとにより中に見るへきものなきを遺憾とするの石造なるも Lyon 以南 Rhône 河谷の石は日本の切石より更に脱○にて風化土となる石なるを以て砂塵甚しく曽てえじぷとに廃墟を見たる時の如き感あり、昼食後道を河の右岸に取り Pont-St-Espris にて昔の家屋寺院等を見物し午後六時 Valance 着、Hôtel d'Angleterre（ママ）に宿泊す　行程 170km

（アヴィニオンの昔の宮城）

九月二十三日　月　晴

昨日以来気温激変し頗る寒し　朝市内見物せる時の如き手の凍ゆるを覚ゆ　午前九時 Valluy と別れ九時四十分に出発すへき汽車遅れて十時半出発　帰巴の途につく　午后七時二十分着巴　何等かの行き違いにて Danielle を見付け得ず　夕食後其の家を訪ねたるも不在故帰らんとして途中家前にて遭遇す奇蹟なり彼の努力に感謝す　Aplandid Hôtel に一泊す

（パリ着後ようやくダニエルと会う）

九月二十四日　月　細雨

寒気稍強し　午前八時半帰宿　整理をなし新聞など読みて終日送る　夜 Danielle 来る　愈々秋深く淋し、室は色々と改良せられありて気持よし　昨夜の Hôtel 頗る居心地良かりし故 Pansion 式に一ケ月分の價を問ひしに 9,700f なりと、法外の値故一顧もせずに断る

九月二十五日　火　曇時々降雨

冬の如き寒さなり、風邪の爲めか稍頭痛を感ず終日読書す　午後五時頃太陽を見外を散歩せるに再ひ降雨六時半帰宅す　夜 Danielle 来る

九月二十六日　水　曇

午前中読書　午後先つ下村中佐を大使館に訪ね後外国旅行のため査証を貰ひ四時半 Gaon を訪ね六時帰宅、七時甘粕氏来る　胃、及痔悪しくて閉口なりと何故か金十磅（ポンド）を借りて行けり

（甘粕氏来る）（甘粕の人間性）
（胃と痔悪く閉口なりと）

九月二十七日　木　晴、寒し

午前十時迄読書後外出旅行の準備をなし後西原少佐を訪ね共に Homeel に行きて昼食後事務所に行く予は九月二日附にて一等給となれり砲兵の筆頭にあり今迄約一年間二等級の筆頭を占め居りしは甚た○難迷惑の話なり、ライン撤兵問題、航空省問題、等に関し伊太利人の話を聞き五時半帰宅す　夜 Danielle 来る

（砲兵・筆頭給与となる）

九月二十八日　金　降雨、時々曇る

午前旅行の準備、甘粕氏二度来る　何故か又 1000f を借りて行く、午後旅行の爲の船の予約及買物に外出、七時半 Cabaré にて西原少佐の送別会あり　下村中佐、十川両、西原、柳四少佐諫山の諸氏集合後柳小佐の家にて話し十二時半帰宿。

（甘粕又二度来る）

（1000fを借りる）

九月二十九日　土　午前晴後雨及曇

午前甘粕の来るを待ちしに漸く十時半頃来る　競馬にて失敗し、旅費不足のため旅行に行き得ずとの事なりしも十一時半頃漸く同行する事に決心せり、之れかた（め）に船賃を二人前支払ひ殆んと残金なくなり心細し

十一時五分Melle Gaonをドルセイの駅に迎ふ

午後出発準備をなし三時東駅に到り荷物をEuredistrainせんとせしに60fを要し更に三千円の保険に27fを支拂ひたり、席を予約せんとせしもZurich迄行く行かぬに関し行き違ひあり頗る不快なり、白色人種が吾人有色人種を軽蔑しあるの事実は明瞭なり吾人大いに努力し彼等をして尊敬せしむるの域に達せさるべからす

旅行の計画を持ち Attaché の所に行きしも不在故手紙を書きて置き六時帰宿、夜Danielle来り十一時迄話す

（不可解な話）

九月三十日　日　降雨午後晴

Luzern（蘭外）六時に起きる予定なりしも目醒めず　六時四十分Madamに起され大急ぎに準備し顔も洗はず飛び出す　旅行第一日の朝はあまりに慌しく初めてれたるも東駅に自動車の到着せるは出発二十分前なり七時三十分出発　巴里を離るゝのが何となく寂しさを感ず

車中旅客寂寥々加うるに暗雲低く垂れ込めて遠望を許さずTroye, Bulfort, Mulhanzeを経て午後一時十分スイス国境に入り間もなくBâleに下車、旅券荷物等の検査ありしも極めて簡單に終り、二時四十五分発の電気列車に乗るゝ仏国の不潔なる列車にひきかえ殊に気持良き程清潔なり　加ふるに太陽の暖かなる光を受け青空を仰き、美しき虹、一点の汚れなきスイスの山々（半紅葉しあるも野原の草はすかすがしき程青く春の色にも劣らす）遠くには巍峩たるアルプスの連山白々たるあり仙境に遊ぶの思す、殊に昨年遊びし事など偲はれて異国にあるの感なく第二の故郷に帰るが如き感あり、午後五時Luzern

着、Hôtel du Nord に投宿、直ちに（Yardin）de Grades glaciers を見物す　氷河時代の遺跡にして見るへきもの頗る多し湖水の風光亦頗る美なり之れのみにても本旅行の目的の大部を達し得たるか如き感あり

地中海の旅に出発

十月一日　月　雨雪後晴

七時起床雨が降って居る朝食後外出、昨夕見た様な巉峨たるアルプスの連山は霞の様に低くスイスイと飛ぶ白雲に遮れて見えたが雨に烟る湖水の風情は又秋の気候に相応はしく何とも云へぬ美しさだ、ふと霞の切れ目から後の山を見ると昨夜来の雨がいつしか雪となったと見えてサラリと薄化粧をして居る何と云ふ美しさだろう、小春日和に萌え立つ緑滴る様な草原、それは春夏の景色を思はせる、雨に烟る湖水半紅葉した山々それは秋景色てはないか近くの山の木々の○に白華○き　アルプスの連山は暟々の雪に閉さる　それは冬の景色である　僅か一日の滞在で春夏秋冬の景色を見得たのであるが之れのみにても十分本旅行の目的を達し得た様に思はれる何と幸運でありたるか。

十時十一分出発、カートルカレトンの湖水絵に之はれた美しい景色を眺めつゝ、イタリアへと向ふた十時半頃美しい太陽を見たが十一時頃又曇ったが所謂（いわゆる）高山地帯に於ける曇り方で白雲が山の頂きをかすめて飛ぶ美しさは昨日仏国に見た陰惨な曇り方とは全く異ふ、我が墨絵の名画を見る様で美しい

〜冬から夏へ〜

（イタリーサンゴタールに入る）

幾回か蝸牛状に回転しなから攀ぢ登った汽車は正午頃名にし負ふサンゴタール峠の入口に達した　降雪既に一二寸、寒気肌をさす全くの冬だ、高さ1154m。往年奈翁が伊太利に進入せる時其の部将も一将軍が此の天嶮を越えし当時も偲ばれて感無量である長さ十五吉のトンネルを十五分要して崎の南側に出づれは雪の影すら見えぬ　快晴振り秋の色も見えず全くの夏だ、草木が青々と茂って居る谷川に係ひ滝壺つせなどを見畿○○蝸牛状に回転して南へ南

へと進む、二時十五分リュグン着。湖の風光頗る佳。三時みらの車中にてイタリア税関の検査を受け三十分後出発伊太利に入る

（法王の国ミラノ着）

電気機関車は茲に残し貧弱なる機関車之れにいかる（ママ）景色は一変し六時には桑の木が多い五時頃ミラノ着、Hôtel nord に投宿　Cathé dral 見物に行く　法王の国だけに其の結構の美予は初めて見たり

（スリの被害）

六時半帰宿、途中財布をスラれたるに気つく1000f 以上の金と汽車の切符及護符写真等あり、伊太利は乞食とスリの本場故予の用心して英貨と舟の切符及荷物の受領証とを別に（し）ありしは大成功なり　Hôtel の客待ちが警察に連れて行く、予は其の○労なしを云ひしも金がほしき爲めか予を案内せり、警察の連中の融通のきかざる驚くの外なし、空しく一時間と 50f の金とを徒費す　伊太利の第一の印象頗る不可なり、予が初め Hôtel de lu Porte に行き一室を見ながら Hôtel の小なる故を以て之れに投宿せざりしが本あやまりの因なり、然れどもスリの本場にてスラる　イタリア情緒を味ふ税金として納むるを要せるか、呵々。

（アルプス連山の風景を見る　見事なスケッチ四季の山脈風景）

十月二日　火　晴

Venise（蘭外）午前汽車会社に行き汽車の切符の件を話したるにも取り戻し不可能の事故全部損害と諦らめ　カテドラルに詣で九時三十五分発の列車にて Venise に向ひ出発す　昨日の災難にて愈々貧乏旅行と定め三等に乗る　乗客は親しみあり二等一等より気持よし　往年奈翁（ナポレオン）が予備軍を率ひて前進せる道に添ひて東進す　一帯、広漠たるポー河谷にして桑木多く見る　北方数里の所に起伏なせあるも高からず　遥かにアルプスの連山屏風の如く幾立しあるのみ Garda 湖の風光は可なり其の東方起伏地は奈翁の墺軍と闘ひし古戦場又

1917年佛軍が攻勢を取りし戰場なり　午後三時Venise着　Hôtel Maninに投宿、後見物す、町は人口約十五万、百五十の壕にあり約百二十の島に区分せられ三百八十の橋にて連絡しあるも橋は太鼓橋にて車を通ぜず　Gondraは車代○なり　予も亦之れに乘る、大寺院は全部モザイク見事なり、モザイク工場を見る

午後六時十五分甘粕氏を駅に迎へ夕食後町を散歩す

（三等列車にてベニスへ向う）

（ベニスにてゴンドラに乗る）

（甘粕と合流）

十月三日　水　晴

午前六時起床出発準備をなし月昭宿スカナールへゴンドラ浮べ停車場に行く　八時三十分着の列車にてTristeに向ふ　途中欧州戰争にて名高きPiavé, Tagriamente, Jsmgoの諸川を通過す　Piavé河は幅三四十米に過ぎさるも水量最も多くTagriamnto河は河幅最も大なるも水量大ならず両河の辺既に戦跡を止めず之れに反しTsonzo河西岸殊に其東方丘陵地帯には岩石を掘開して作りたる陣地歴然たるもののあり本旅行の目的を十分に達するを得たり、Tsonzo河西方は一大平原にして北方Alpes（ママ）の連峯屏風の如く立する以外高地なく海岸に到る数十里の間は亘々たる平地にして桑樹及楊椏等を見るも大なる陰○地と云ふ程にあらす寧国平坦開闊地と云ふを適せるか、Tsozo以東は汽車海岸に亘り約百米の絶壁上を走り風光可なり　午後十二時半Trssèto着、幸にして予の荷物無事到着しあり、直ちに乘船（Atella d'Italia号11,500tonnes 17ノット、長450OR幅60OR　三百人を収容す）逐次乗客集合し先年横浜出帆の際の雑沓を彷彿たり　154号の室を配当せられ甘粕氏と共に入りしも我が郵船のキャビンに比し○隆なく乗客は獨墺、其の他小協商国の人多く英米佛人少し、午後三時出帆　アドリアチック海をセルビアの海岸に近く南航す○○なり

（軍人の目にもどる兵要地誌）

十月四日　木　曇雨

平凡なる航海を続行す、本日空室を見つけ之れに予か入るべく事務員に相談し賄賂を与へて同意を得たり伊太利人の金にきたなきは驚く外なく賄賂、チップを貰ふは当然の事と考へ得るが如し　東南部の突出部を見たる外陸影を見ず、終日読書し又は遊戯等をなして時間を送る

十月五日　金　晴

アドリアチック海の南航を続行する、大分暑くなった水泳を初めた人も多い、時々甘粕と遊技したり外国人と話した外は本を読んで時を送った、夕方伊太利の最南端を通過する、不毛の地の様に見えた日没後二年前に通過したメッシーナ海峡を通る相変らず両岸の長い長いイルミネーションは美しい　初めて水泳をする　夕食後甘粕と話をして十二時稍過床についたり暑くて寝苦しい先年印度洋紅海を通過するときの事も偲ばれる

（アドレア海を南航）

十月六日　土　曇時々雨、

眠って居る内に船はシシリー島の西北端に近いPalermo 港に着いた　雨が降って居るので九時過迄上陸を待ったが晴れそうもないので上陸する、馬車で名誉領事を訪ねる、案内人がうるさくつきまとう領事は Bar. Alfneda Folline と云ふ五十位の男。日本に数年間居ったと云ふがあまり日本語が出来ぬ故佛語で話す、本島の歴史及び地誌に関し話を聞いた、室の中に日本の人形や風鈴などがある三十分ばかり話してから電車で Monréale に行く

モザイクて飾られた御寺がある外見るべきものもなく。人間は頗る貧弱に見えた、人家もまづい、数千年の歴史を有しながら、常に強国の領地として転々曇った政府に統治せられた関係、気候が暑いため等てより住民があまり働かぬ様に見える従って貧弱なんだらう、十二時半に帰船昼食後又外出、Cattédoral　王宮等を見る、Cathédral は紀元九百年にアラビア人によりて建てられたるもので非常に古い。但し中は其の後修築せられモザイクになったので古色を見る事が出来又、イタリア人の趣味は高尚でない様に見える　どこもか（し）こもべたべた

と濃厚の色彩で染めさへすれば美しい様に思って居るらしく切角の Cathidral もモザイクで大なしにしてしまって居る

五時頃帰船六時出航、愈アルゼリアに向ふて航海を続行する

十一時半迄甲板で読書する、相変らず毛唐共はダンスをして居るやかましい。

Palermo で珍なのは白人が、シンガポールの黒人の様に客人の投げる銇を水にもぐって拾ふことだ

旅行記事の詳しい事は甘粕が何れ本にして出す筈で一生懸命書いて居るから日記には省略する　唯予は其の材料を提供して居る何れ其の本か出来たら予のもとにも一部来る事確実だらう

（パレルモ港着シシリー島に上陸）

十月七日　日　晴

地中海を西航して居る甲板上は涼しい少しも暑とは思わんが運動すると汗ばむ位のものだ気持がよい

午前中甘粕とゴルフをやった外読書、午後は友人知己に手紙を書く四十通も書いたらう、アフリカの山が遠くに見える、夜十一時半迄読書する、本日半時間時間を遅らした

（甘粕旅行記を本にする約束）

十月八日　月　晴

午前中読書す　アフリカ北岸は漸く近く見ゆ、イタリア東南岸に比し山々は青く色取られ豊穣の地を思はしむ　十時頃アルゼールの港を見る　一見欧州の都会と変る所なし　正午頃入港、例によって餗（くづ）拾ひ多し。午後一時より三台のオート・カーに分乗して市内見物、旧市街は不潔鼻を覆ひて漸く通過す、南国気分しながら土人は頗る怠惰なるが如し、アラビア人は依然として其の旧慣を守り婦人は白布にて全身を覆ひ居る中に色里風の女点々、風俗の雑多なる他に多く其の比を見ず、人口二十餘万、白人16万土人4万5千、古来畿度か其の元首を換へたる所、仏国の統治は百年前なるも切手は此の国のものを用ふ

予は知らずして仏国切手にて手紙を出し他人に多くの迷惑をかけしを恥づ。六時頃帰船、市の歴史な

ど研究し十一時床につく
（アルゼーの港に上陸）

十月九日　火　晴

昨夜土人の言に依れは日本の汽船入港しあれ共故日本国旗を見るのなつかしさと又外人に対し我か国旗の威風堂々たるを示すため其の汽船の大なりし事を祈りつゝ午前五時半甲板に出てしも其の影見えず多分土人の空言なりしと思ふ　明けいかんとする空海の色、アフリカの景色頗る佳なり　朝食後六時集合オートカーにてアフリカの奥地に向ふ、標高二三百米の山脈を過きしは広大なる高原に出づ松林等多し、高原は概ね耕され豊穣なり然れとも人口稀薄道は中途迄アスファルト道にて坦々たり約六十吉米にて Bilda に到る　二三万の人口を有する部落町更に数吉、Chiffa の湊谷に沿ひ Aoureer des Ainges に到る、猿多し、ホテルに入らば必す何物かを注文すべき規則を設け其の價頗る高し不快なり　此の地方 Blebel 人アラビア人多し、アラビア婦人は片目を出すのみにて他は白布にて蓋ふ、十二時稍前に帰船正午出帆西航を初む、午後読書す夜ダンス会ありしも我等はおどらず九時半迄列席す

十月十日　水　晴

朝水泳稍涼気を感ず終日西航を続行す　午前九時頃よりイスパニアの南岸を見る山高く樹木粗なり、山頂に到る迄人家の建設せられあるを見る○山にあらざるもアルゼリアの山に比し肥沃ならざるを思はしむ　本夜十一時半頃ジブラルタル海峡を通過予定なり　佛書、大本営と云ふを読む
（イスパニアの南岸を航行）

十月十一日　木　晴

夜半ジブラルタル海峡を通過せるも既に霞に（て）よく見得ざりしは残念なり、朝がたキビル河口に着く　水深浅く爲めに午前十一時の満潮時迄仮泊す十一時半出発河を遡航す河口附近は幅 500 米位なるも上流は五十米位に過ぎず、河水混濁、両岸平地頗る広く所々に牧場を見る　河口附近には小松林ありて我が海岸に彷彿たり

水深約四尋（ひろ）に過ぎず船は最少限の積荷をなして航行せり、午後五時セビル着、上陸して市内を見物す　着港の際飛行機に歓迎せられたり、おりしも経験不足の感あり、ミラノにて盗まれたる傷は癒する能はず

（ジブラルタル海峡）

十月十二日　金　晴

国民祭なるもSevilleの町には国旗を見ず　午前九時より馬車に分乗してアラビア人によって建てられたる王宮世界第二の称ある寺院（第十二世紀アラビア人によりて建てられたる回教の寺なりしも目下はカトリックなり、其の塔の高さ約百米、中途迄約五分の一の傾斜の斜坂にして馬も亦登り得ると云ふ寺院内にコロンブスの墓あり　ワシントンが当地に滞在せし中の宿舎あり、暑気甚だしく欧州と云はんよりは寧口アフリカと云ふに近く熱帯植物多し、午後斗牛を見る約一万二千人を入るべき広大なるものなり　三時半二人の司会者乗馬にて来り一礼して開会を報じたる後本日演ずべき斗士の面々整列して一礼　次で斗牛開始先つ場に入り来るtoureanを赤色マント様のものにて数分間あしらひ次で乗馬の斗士鉾にて斗ひ後一斗士鏟様のものを二本づゝ背にさし込む　牛は次第にどう猛となるも疲労も亦著しきを見る　十数分の後刀を以て背につきさし之れを○○○勇敢にして且つ華かなりと云へども其の残忍なる見るに不堪ざるものあり　特に馬（牛でないのか?）は無惨にも角につきさゝれて死する状態か　殊に憫れを催す、六回演じて終了（入場料邦貨八円）市内を散歩して帰る　Sevilleの婦人は嫌に美し

（セビルの町）

（斗牛場を見る）

十月十三日　土　晴

昨日より清療（静養）し午前九時より市内見物美術博物館にてMorillo及Villigasの絵を見る　時代を異にすと雖も共に名画たるを失はず　古城壁等を見公園に遊びて十二時帰船、午後は船中にて読書す　五時頃出港準備して船○○下流に向けたり　之れがため約二時間を要し其の間乗船上陸不可能ため

に予定の行動を阻止せられたるもの頗る多し、此の如き事は予め乗客に通告するを要せし、夜町の踊子を招きてダンス会あり食卓に之れ等いかがわしき踊子共に列せしめたるは不快の感を催す、如何に平等を尊ぶと雖も我々の服装さへ嚴なる夕食時に吾人の許可なく卓につけしむるが如きは甚だ不体際なり、踊は南洋又はアフリカの踊りに似たるものなり黒人よりも撰劣なるは云わぬでもなし　十一時半中途より帰り床につく

（西洋美術館へ絵画の観賞知識深し）

十月十四日　日　晴

午前五時出港の予定なりしも何故か午後二時に延期す　朝食後甘粕氏と市内に散歩に行く十時半帰船読書す　午後二時潮満ちたるも出港頗る困難　機構を破壊し午後四時過ぎ漸く出港するを得たり、三日前見たる平野をなつかしく眺めつゝ河口に向ふ　午後八時過ぎ河口に到着せしものゝ如く何故か停止せり　本日外出の際日に当る所は暑きも日陰は涼し船室内にあるも暑さを感ぜす、数日前とは大なる○異なり

旅は道連れと云ふ、然れとも之れ気の合うことを前提とす此の度の旅は全く甘粕に同情し之れを世話してやらんがために同伴せるものなり　彼は人の同情を受くるを当然と心得居るか如く過度に我儘なり又物を解釋するに常に悪意にのみ解し不快なること多し　彼の毎日記し居る日誌等もあまりに自己宣伝に急にして不快の念なき能はざるも気の毒の人間故我慢して世話しつゝあり、但し無知にして剛頑度し難きこ屢々なり折角の休暇も稍台なしに過ぎんとせるも之れも人の爲め又自己の修養と思ひ心を冷静に保ちつゝ旅行を継続せんとす

（甘粕と市内散歩甘粕に不満）

十月十五日　月　晴

午前七時朝○に輝くトラハルガルの燈台をながめつゝ往年ネルソンの偉業スペイン艦隊の没落等を偲びつゝ東南航し午前八時半タンゼールに着す　船は沖かゝりて棧幅区一百米以上もあり上陸特に乗船に困難を感じ濡鼠となる、案内者の準備不充分にて空

しく数十分を費し漸く自動車を得て市内見物　市は国際市にして佛兵四名西兵五名を以て守備し伊の警察官あり、町は Alzér に比し頗る清潔且つ土民中遊民少く頭髪を短く切るもの多し　午後二時十五分前出港四時十五分ジブラルタル着

四十リラの車賃にて僅にエリオットの半身像を見たるのみ、伊人の準備不充分不親切言語に絶す

○にて世話する　ミルキラシオンには参加するの極めて不利なるを知る、不快なり、道徳を守りて予は写眞を撮さゝりしも外人中には写眞をとるもの少からず　七時半帰船夕食は九時、十二時床につく

不愉快なる一日を送る（甘粕氏外人の利己を口を極めて罵倒するも彼れも亦同類のそれを受くするなきや、本日もモロッコ銭を若干受け取りしに彼れは全部自己のものとせり、又行動を律するとき必ず自分の都合のみを考へ他の迷惑等顧みず、同類も亦わらい哉）

（ジブラルタル着）

（甘粕同類　ワライ哉）

十月十六日　翌日天気（欠）

未明マラガ入港、港は大ならさるも桟橋は模霧となる

本日は本○航中の第一ミルキュラション、グラナダ行の日なり　然し共其の経費340リラにて目下の情況之れを許さず又予の本来の任務は之れか見物を要求せさるを以て中止する事に決心しありしも昨夜ドイツ人来り特別自動車を傭ふときは更に安値にて見物し得る故協同せずやと申込み来れり　予は初志を貫き夜中意図ならんも甘粕氏は恋々の情禁じ難きものゝ如く逆に之れに賛同し本朝早くより起きて準備せしも席の関係上参加し得ず、金のために初志をまげ見苦しき風にて他人の出発を見送りしは誠に遺憾なり、決心の寧固なるを要する良好の教訓を得たり、柳○並木の公園に遊び次て町の東側にあり城山に登る既に廃墟となりあるも往時を偲ぶに充分にして且つ山上よりの眺望極めて佳なり

連を知らねばた（ママ）・他力山の重み山の色朝霧にぼかされて特に美し　山の羊飼ふ人乳をしぼる者小鳥を網にて取らんとする群等画中にあるの思す

十時半帰船読書す昼食は二十名位　午後又読書、夕食後カテドラルを見物す　構造頗る壮大優美なり、マラガ酒を購ひ帰船す、当市の人口十数万と云ふも山上から見る所七八万位の如し　婦人はSevilleの如く操（か）をさすものなり又男子は高き帽子を用ひず、色異黄にして單重　瞼（まぶた）のもの多し日本人に似たる感あり。

午後九時半出港　東航を開始す

（甘粕と別れ一人見物）

十月十七日　水　晴　午後驟雨（しゅうう）あり

天気晴朗なるも波高く風強し、樹木なきイスパニア南岸の山を眺めつゝ東航す　午前九時頃より船の動揺甚しく次第に船酔者増加し甲板を散歩するものなし

殊に一夜は荒天に会し山猿兵の〇〇（文字かすれ）たるを見たしと豪語せし甘粕氏先頭に倒れキャビンに入りて出でず　食事にも出らす、予は二三度見舞ひしも頗る不機嫌自分の体の弱きを棚に上げ予か本朝運動の相手にならざりしため船酔せりとなし予を恨む事甚だし其の自分勝手な面を我武者羅にて敗〇ひなる言語に絶す　共に旅行するの不愉快なること屡々なるも予の修養に好資料を呈せり、彼が大正十二年大震災後法廷に立ちて流悌宗一を殺したるは彼れにあらずと告白せる際其の部下にして手を下したるひとの同法廷にありながら自白せさりし原因今に到て了解し得たり、彼（甘粕）は部下を持ち得る男にあらず　部下に尊敬せらるの將にあらざるなり、冷酷にして人の過誤を許し得ず人のなすことに満足するを得ず而も自己の意志は否と知りつゝも通したき將校として最も忌むべき性質を多分に所有せり、予は彼れによりて修養する所大なるを悦ぶ、荒天は終日続き食堂にて食事するものを二十名を起えず予は幸にして何等苦痛なく平素の通り読書するを得たり

海軍と今部参謀として海に慣れし賜か、然れとも夜十時故手紙を書き居りしに気持悪かりき

（イスパニア南岸の山を眺めつゝ東航）

十月十八日　木　晴　暑し

Palema（蘭外）午前七時稍過ぎ予定の如くパルマ着　山に遮護せられて風波なし　マニヨルカ島の風光美なり、港外に碇泊す、町は八万位なるもマラガに比し頗る大、左に砲台、及松樹の山頂に城砦の完全に残存するあり　右には宏大なるカテドラルゴシック式の姿を表はす

午前九時上陸町を散歩す、西牙◯（スペイン）内地に比し人間は大且つ白色なり、風俗にアラビアの遺風少く欧洲と何等異るなし、昼食に帰り午後又上陸　城に登る十三世紀に西王力、アラビア人を駆逐して建てたるものとか大ならさるも眺望佳なり　◯てBelune の城と云ふ、六時帰船水泳をなす

十月十九日　金　晴　暑し

Barcérona（蘭外）午前六時頃 Barocérona 着　船は桟橋に横づけとなる希望者不足のため会社にて見物の世話をせすとの事故　甘粕氏と共に七時半外出　市の西北チビダオ岡に登り四囲の風光を◯す標高五百米余遠くピレネーを眺め得べし。Agoda familia 等凱旋門等を見て帰船

午後公園に行き博物館を訪ねたるも閉（鎖）館せられあり Cathédrale を見 Güell 公園に行きしも人工の小規模の庭に過きず郵船会社の出張所にて名誉領事のアドレスを聞き午後五時訪ぬ Yoige Declgado と云ふ佛人なり親切に色々と話して呉れ且つ外に自家用の自動車にて見物せしむへしと云へり、夜再び散歩しメトロを見て帰る、自主的の散歩にあらす不愉快なり

（甘粕氏と共にバルセロナ着）

十月二十日　土　晴　午後曇

Baroçênona（蘭外）午前九時半約束に従ひ領事を訪ぬ其書記の案内にて公園の市立博物館を見る佛画の極めて古きものを見る後洲議事堂を見物し御礼に酒一壜を呈し十二時稍前帰船、正午出港、午後イタリア旅行の準備をなす

夜仮装行列あり予は敷布を用ひてアラビア婦人を真似たり、夕食後ダンスありたるも新聞を読み十一時床につく

（バルセロナ仮装行列）

十月二十一日　日　曇

東航を継続す正午頃コルシカ、サルジニア両島の間を通過す　サルジニア北端は樹木なく岩石地なり浪稍高し　夕食には送別の宴ありしも船動揺するため出席者少なからす、後音楽会あり最後の夜も荒天の約告なしとなる出発の準備をなし十一時床につく

（コルシカ　サルジニア　両島の中間）

十月二十二日　月　晴

Capri Pompei Napori（蘭外）昨夜来の荒天は跡もなく晴れ　午前七時既にカブリ島に到着す小舟を傭ひて Grotte d'azure を見物す　入口幅二米高さ一米に過ぎさるも内部は高さ十二米幅40m奥行五十米位あり可なり広く入口より眞黒の洞窟内に進入する光線に海水コバルト色に見え洞の壁に反射して頗る美し　十一時出発最後の昼食を取り居る中に船はナポリに入る

ベスビアス山上より白煙盛んに立ち上る一同と送別の辞を交はし午後二時上陸、簡單なる税関の検査を受け、Go Hôtel Sante Lucia に泊す、直ちに自動車を駆してポンペイに行く途中祭りらしく人出多し僅々二十五吉の道に一時間を要し午後三時半到着、千九百年前の遺跡を見る案内人の不当の料金（七十五リラ）と門番が予より百リラの紙幣を取りて五十リラなりと称するが如き頗る不快に思ふ殊に遺跡中に道徳の廃絶見るに不堪もの多くあるに到りては唾棄つせざるら得ず　六時帰宿す

宿のバルコニーより海に頭を巡らす弦月、左にベスビアスの烟火の如く赤に染め眺望頗る佳なり

（カブリ島ナポリ）

（ポンペイへ）

十月二十三日　火　後曇る夜降雨

Moracó Rome（蘭外）午前八時より市内見物、Chatean neuf に行き Aragon 王アルホンス第一世の入城（2/6/1442）を記念すへく1470年に建てられたるものなり今は時に崩れんとし見るへきもの少きも城内数百の憲兵屯しあり其の数の多きに一驚す

〝ナポリを見て死ね〟と云ふ諺あるを以て如何に美しき所なるかを見んと馬車を駆して S.martins 岡に登らんとせしも時間を要し中途にて引き返す、眺望不可ならざるも驚く程のものにあらず、午前十時稍前 Musé National に行く　十時開館との事なり、其の間を利用し銀行にて最後の両換をなしローマに電報す、郵便局の事務員（二十五六才の女）初対面にして既に度を越せる猥談を云ふに驚かされたり、博物館は主としてポンペイの遺物を藏す特に猥褻（わいせつ）なるものは特別室に藏し管理者の許可を得て入場すること丶なり居れり、内容は大したものにあらず

午後零時十五分発ローマに向ふ山容日本に似たるものあり午後四時頃ローマ着、東に近く旧水道の廃虚、城壁の如く、いかにも数千年来の歴史を物語るに似たり、有末大尉の出迎を受け Hotel Quirinale に泊す、此の夜新旧大使交代のため宴会あり、大使館の連中を客となす、予も亦之れに列するの光栄を得、新旧大使、岡田新大使夫妻、松田大使家族、井上通訳官等と会談す特に木内氏及井上海軍中佐と会ひしは全くの奇遇にて嬉し、親しく話す此の夜十二時過ぎ迄面白く話したり、木内氏は一週間前に転任せりと

（ローマ市へ）

十月二十四日　水　晴

Rome（蘭外）　午前九時半、有末君の来るを待ち大使館の事務所に行き挨拶し案内記を貰ひて見物に出懸（ママ）ける　ローマ七宮の一 Pincio 公園に上りて市を俯瞰し次て白大理石ありなる美麗なる統一記念塔に到りヴィクトール、エレマエル二世の金色像の下に眠る欧州大戦戦没者七十五万人の墓に詣づ、更に道を転してヴァチカンの美術館に入る　法王宮に属す広大美麗見るべきもの多し今より三百年前の地球儀に日本の記入しあるは嬉し、バイブル外装の翼を尽せる驚くの外なし、ラオーコン及ミケアンジェロ（ママ）等の傑作は特に目を引く、又伊達正宗の親書を見て当時我が祖先の雄図を偲ぶ　法王宮の守兵スイス人の服装異様なる寧ロ滑稽なり

世界第一の大伽藍サンピエトロ寺に詣ずキリスト

旧教の大本山にて奥行百八十七米あり、900年頃成りたるものにて結構頗る佳なるも外觀は周囲の大建築のため害せられて大に見えす（二百五十年にて成る）寺内サンピトルの銅像の足は信徒の手と舌にて磨滅しつゝあり　寺前の小レストランにて昼食　マカロニは甘からしも地酒はまづし

午後 Cayacalla 浴場の跡を訪ね千七百年の昔によくも斯く迄文明的に設備せられたるもの哉と感心せざるを得ざりき、風雨に千載今尚に当時の豪華を偲ぶべき巨骸コロッセオ演劇場を見旧ローマの廃虚を吊ひ買物などして宿に帰る、途中森川騎兵大尉に会す、ローマ市の電車及乗合自動車には時間制のものありぬ猫捨場を設けありしは良き思ひつきなり

夜、木内氏と某レストランに行く、旧ローマ時代建物にて地中より掘り出したる所なり牢屋の如し、地下室のバーは又特別の風致を有し音楽も亦好なり、客にして唱ふものさへあり　伊人の声楽に長ずる証差ならん、十時半帰宿。

（バチカンサンピエトロ見学）

十月廿五日　木　晴

Florence Pisa Gêne.（蘭外）

午前七時十五分ローマ発道をアペニン山脈と海岸山脈との中間に取り北上す湖水、山容美なり、山上に城跡　小部落等を見、此の国も亦侵略収奪の行はれも事を知る　車中にて昼食を終る　食堂内にて船中の同行者獨人に会すマリラタ佛語にて我等に親しく話かけしは苦し、午後零時半 Florence 着　直ちに自動車を馳して Palazzo Pitti を訪ね芸術の粋を集めあり特にミケアンジュロ（ママ）の作は目を引く唯時間のなきを恨む、白青大理石にてなる Cathédral、ダンテのさゝやかなる家等を訪ね午後二時十五分発の列車にてピザに向ふ。

車中親切なる伊人あり斜塔を見物するため非常に努力し呉れしも時間の都合にて中止し車中より之れを眺めたり、彼れ曰く塔は最初眞直に建てしも中途にて土台傾きし故建築を中止しありしも其後何等変化なき故更に工事を続け完成せるなりと但し其の後も少し傾斜するを知り目下保強工事中なりと高さ五十六米、傾斜四米、美しき海岸の景色も日没のため

充分に眺め得ずして午後八時頃Genova着、旅人の勧めによりHôtel isottaに投宿、入浴後町を散歩す舗道をモザイクより成るを見其の贅沢なるに驚く、港町らしく賑かなり、夜南京虫に襲はれ安眠し得す（パラッツオ　ピッティ訪問　ピザに向う　斜塔の由来）

十月二十六日　金　曇

Aix-les-Bains（蘭外）
午前八時より市内見物、先つ有名なる墓地に詣て其の広大美麗なるに驚きColombeの家及其の孫など見午前十時の列車にて帰途につく、車混雑しParis行きに入るを得ず　Alessandriaにて Marengoの戦史を偲びTorinoにて乗り換へおるにびすにて国境に向ふ、車中、ブラジルの女学生二人と話し面白かりき
山は既に紅葉し山頂は雲を頂きしもSt Gattardに比すへきもあらす、Msdaneに着きしは午後四時寒風肌をつくものあり、此辺にて時間を一時間遅くす旅行を続けAix-les-Bainsに到り次の急行を待つこと一時間半雨上りの月野を踏みつゝ町を散歩す遊覧地だけに頗る美しきも既に季節さりて町は○てぷらたれぬの落葉に埋もれ頗るさびし　一泊したきもあまりに旅行延びて心○しき故十時の列車にて帰巴の途につく、幸に車中旅人少く横臥し得たり

十月二十七日　土　曇

Paris（蘭外）二年前昨日初めて巴里に入り本年亦季節を一にして巴里に入る時に午前六時半、直ちに帰宅、整頓し入浴後Attachiを訪ねて旅行の報告をなす、管少佐に合ひしも御互に顔を忘れ大笑ひせり　銀行にて金を受領し岡田中佐より借りし二十ポントを送り帰宅、手紙など書き午後四時頃Danielle来り親しく話す、夜二時迄新聞を読む。

十月二十八日　日　降雨

南方の快晴になれし予は巴里の陰築か特に気をくさらす、頭痛甚しく十一時半迄床にあり、午後三時半又Danielle来り七時頃迄話す可憐なり
（以下十月二十四日ムッソリーニとファッショに

ついて追記と思われる）
ファッショの話とムッソリーニ略伝（井上通訳官から取材）
十月二十四日午後ローマ大使館に井上通訳官を訪ねファッショの話を聞く其の大要。
ムッソリニ、フォルリー、ブレダッピオの産、鍛治屋の子に生れ師範学校を了へて小学校師たりしが社会主義を唱へて放歴せられLuzerneに放浪し壽府に於ける伊人社会主義者に救はる　二十六才のとき再びスイスより放逐せられ伊太利に帰りアンコーナ社会党第二回大会にフリーメーゾンの社会党と相容れさるを高唱して頭角を表はす
1913、アバンチ紙の主筆となり主戦論を唱ふ
1914年五月除名せられ　ミラノに逃れプーブルイタリアにて発行（ママ）ス
1915年五月二十三日参戦、志願兵として従軍、髯を剃らず腕を組みて沈思黙考、今に見ろと口癖に云ひ居れりと
1918年、ヒューメ問題、露国赤化運動、ヂヨイツチノ死（86才）工場占領等続出。
1919、三月二十三日、réactionのさけびを利用し其頭目となりfascisto combattantを作る武器を取りて赤化に対抗す　暴力を以て社会党を破壊す　武器を準備し1922年迄ローマ占領を企図す（混乱状態）
（蘭外）1919年ミランにて立候補し落選
21年代議士となる最高点、当時党員代議士31人南方に注意す
1922年10月24日ナポリ大会に三万の党員を率ひて列席サボイア王に忠勤なるものなるを言明し成功裡にミランに帰る
27/10/22年党員を動員しローマを包囲す
ファクタ内閣（松田源治訪問）緊急閣議を開き戒厳令を布かんとせしを皇帝許さず総辞職す
十月三十一日ファッショ入場、軍隊及警察傍観す
王帰還しサランダに内閣組織下命サランダ、ムッソリユー（ママ）に内務大臣たらんことを慫慂せる

もムッソリーニは拒絶す
王ムッソリーニ下命、黒シャツ内閣出現、
シシリーより来る怪僧ドンステウルソオーに亘り
をつけ三大臣四次官を与へ十一月二日成立
（ドンスチルソハ〇〇レニテファッショを援助せ
ざることを決議し失脚せり、英に亡命）
24年総選挙、（年期五年）375人当選　120反対党
選挙法改正、400人とす
全国を組合に分つ、上に総同盟あり代表議会に
900人の候補者を出ざし其の中より四百人を選びて
人民に示し有権者に不否を一選挙せしむ　有権者
1200万（組合員たる21才以上の男子）目下の勢力、
政党員100万　黒シャツ隊30万、志願制度中五万は
現役、一万五千の将校あり、ローマ時代の名称を附
す　兵の〇〇と一般兵と同様なるも将校は他より可
なり　二億リラ内務省より受領す、職務、青少年訓
練の教官、国境守備、鉄道、森林、税関の監守（は）
王に忠勤なるを宣言せるも正規軍隊と相反目しあり。
司法警察は憲兵の手にあり、探偵頗る密なり。
特別裁判は一審制（軍法会議の如し）
空軍はハッショ（ファッショ）の手にあり．
予はファッショの天下にも既に秋訪れあるを思へ
り
（ファッショ政党員百万人　黒シャツ隊三〇万人）

十月二十九日　月　曇時々太陽を見る

午前読書し午後外出、木内夫人を訪ぬ。夫人は既
に断髪しあり後Gaonを訪ね久し振りに面白く話す
六時頃帰宅又読書す、船中の（にか）比し疲労を
感ずること甚だし、本日学校の教官数名に会す何れ
も予の手紙に対し謝意を述べられたり新学期の気分
を味ふ

パリに戻る

十月三十日　火　曇　雨

終日読書す、本日よりMelle Gaonの学科を再開す、
自由平等博愛の説明をほめしに年少にも拘らす概ね
適当に答へたり　日本の女子学生の程度に比し頗る
進歩しあるを感ず　夜M.J.の許嫁来り夕食を共に
し其の機会に祝として扇を送る

（ガオンと自由平等博愛について会話）

十月三十一日　水　午前晴　午後曇

午前九時よりM. JJと共にGranol Palaisに自動車及ラジオの博覧会を見に行く、今より六十年前と全く子供の玩具に等しき自動車を使用せさりしに其の長足の進歩に驚く、ラジオにては写眞現出に成功しあり、

久し振りにて小春日和なりし故Gaonと Champ de marsにて会話の後学校に行き手紙なと受領し帰宅、午後読書す、夜Danielle来り読書せしむ

十一月一日　木　曇雨

La Joussinにて休み、朝Gaonを迎へたる外終日家に在りて読書す、夜オリンピック管見を起草す偕行社記事に投書する爲め。

Madam不在のため夕食せず外出するも厄介故空腹よしのびて読書す　昨夜よりスチームに蒸汽通る

十一月二日　金　曇

日中尚燈火の下に読書す　陰鬱にて不快なり、午前Gaon夜Danielle来る　月謝を増加す

十一月三日　土　明治節　曇

遥かに東天を拝して明治節を祝す

午前Gaon来る午後二時学校に行き、予定表を見て帰宅　三時Danielle来り七時迄遊ぶ、夜Paramauntに活動を見に行く　久し振りに見たるも読書するよりもつまらなく思ふ、散歩して十二時帰宅

十一月四日　日　晴

久し振りの快晴にて室内に蟄居するに忍びず朝Champ de massに行きて読書す　外套を着ても少し寒さを感ず、午後Gaonを訪ね明日の時間変更を傳へ約三十分ばかり話し菊展覧会を見に行く　第三回目なり之れか最後にて来年の菊は恐らく日本にて見ること丶ならん思出多き此展覧会に無限の名残りを惜みて五時帰宅読書す

◎軍隊の志願制

ローマの日本大使館参事官が眞面目に「強制され

ることをきらうのは人間の自由制なるか故に徴兵制をやめて志願制にしてはどうか」と云って居った村上海軍中佐は金次第て出来たことはなかろう（の）と返事した、なるほど出来しこともなからう、海軍では一部やつて居る家族手当の有無が志願者の数に大なる影響を与へたと云ふことも聞いて居る、然し井上中佐の眞意は勿論、参事館に賛成したものとは思はぬ予は大不賛成だ、崇高なる国民の義務を果すは一の名誉である其の名誉を捨てゝ軍隊を職業化することは一の精神的堕落である　軍隊の現制（ママ）を全く破壊するものである

海軍の一部志願は原則が国民の義務と云ふにあるので其の義務を志願して果たすと云ふ名誉心が自己弁護の口実となるから現制がなりたつのである、これが全部志願制とし国民の義務でないと云ふことになったら全く意味が異って来る。

おかしいこと（蘭外）　西洋では帽子を取っておじぎすると頭か寒いからおかぶりなさいと云ふ、初めは変なことゝ思ふた、日本に居て丸ぼうすにしても頭か寒いとは思はなかったが此の頃西洋人にそう云はれて見るとなるほど頭が寒い様な気もする（来年の菊は日本で見たい）

十一月五日　月　晴、

午前中請書す　午後入校式あるものと思ひ学校に行きしも本日にあらず明日なるを知り僅かに書類を受領して帰る　後 Attaché を訪ね大使館にまわり下村、堀又幸両中佐と話し五時頃帰宅　Gaon 来る佛文学につき Sozleoune にて学ひしことの説明を受く、夜 Danielle 来る　芝居の事にき話し不快なる一夜を送る

十一月六日　火　晴

午前中読書す　午後二時入校式二ケ月半振りに教官と会し愉快なり、他の外国將校は我々同国の將校迎へ親しげに話し居るも予は依然として一人きりにてさびしさを感ず。但し幹事初め教官特に予を歓待する様子他国軍將校に気の毒なる位なり

更に十二十三日列車砲射撃に参加するため休暇を申出て許可せられたり、夕方 Gaon 来る、学科の予

習にて頗る多忙なり、夜新聞及皇族畫報等を見静かに且つ面白く時間を送る

十一月七日　水　晴　夜雨

朝九時より馬術　昨年より馬の旅行良好にて心地良し　軍団編制の学科、午後歩兵戦術の学科あり、甘粕氏の来訪を受く、Poincali 内閣総辞職にて新聞を賑はせつゝあり　Gaon 及 Danielle を迎ふ　十一時半床につく

（軍国編制の学科　歩兵戦術）

十一月八日　木　曇雨

午前、通信の学科あり、後銀行に行き金を受領す内閣総辞職せるもフランの相場に変化なし、午後 Gaon 来る　後外出して散髪、夜 Danielle 来る。

（通信の学科）

十一月九日　金　曇

午前八時より馬術、外乗の予定なりしも天候の都合にて馬場内にて実施、後参謀要務軍団の行軍、午後明日の歩兵戦術の準備をなし四時半武官事務所に集合　蔵少将の国際連盟に関する講話　内山、細川少佐の隊附報告あり　午後八時 Attaché 私宅に招待　下村、練山両氏と共に佛人客の相手　午後十二時帰宅一時半頃床につきし酒のためか殆んと睡眠し得ず苦しき一夜を過す

十一月十日　土　晴　御大礼当日

午前十一時大使館邸に集合　御大礼を奉祝すべきにあり　正装の儘学校に行く　外国友人等より御世辞をあびせられ閉口す、大使館邸にて御眞影を拜し遥かに陛下の万歳を三唱して帰る、午後二時より六時迄連続歩兵戦隊の即起作業、恰も陸軍大学校の再審戦術試験の如し、終りてより服を整へ再び大使館邸に行き晩餐に列す、参列者数百名頗る盛会なり、午後十時半頃より竹内大尉の希望により Langer に行く、吉田少佐酩酊しあり醜態云ふべからず誰も世話する人なき故予は Danse をなすことなり直ちに吉田少佐を其の自宅に送り届けたるも車中嘔吐し殆んと意識なく苦心の末漸く家迄送り得たる、酒飲み

の世話には全く閉口
（後大礼を奉祝）

十一月十一日　日　曇　**休戦第十週年記念日**

午前八時五十分 Etoile に集合　九時学校職員学生一同より花環を捧げ戦没者の霊を弔ふ　Yorient（蘭外）午後零時 Gare d'Orsé より Luient に向ふ

本春 La bou に行くとき通りし Loire 河谷を西進す　樹木悉く紅葉し風光佳なり　午後八時半 Lorien（ママ）着　Hôtel terninus に投宿　竹内、管、相馬の諸氏に会し其の夜竹内氏と Dansing に行き其の amie と踊る　竹内氏の宇頂天になつて話し居るに裏切り頗る醜女なり　午後一時過ぎ床につく

十一月十二日　月　曇

午前八時過き宿舎を出発、要港係官に挨拶し汽船及馬車等を利用して Gabre 戦場に行く約二時間を要せり、射場の設備概ね（おーむね）可なり　最近完成せる二十四ミリ列車砲の試験射撃を実施せらる。Creuzean にて製作せられたるものにして日本陸軍にて六十万円にて買ひたるものなり、初速千六百米最大射程五万二千数百総重量百三十屯構造機能概ね可なり

午後七時帰り Hôtel de la Bnetogne にて会食、予は再び此の Hôtel に来りなつかしき思す　夜又竹内吉田両氏と共に Dansing に行く、おつきあいも中々大変なり
（二十四ミリ列車砲の射撃）

十一月十三日　火　曇　**時々大陽を見る**

七時五十分発再び戦場に行く最大射程の試験射撃を見て夕方帰宿、七時半中岡少将下村中佐を迎へ予は一人夕食をなし八時五十五分の列車にて帰途につく横臥し得ず能を頗る窮屈、安眠し得ずして疲労す

十一月十四日　水　曇

午前七時十五分着巴　直ちに帰宿入浴後雑務の整理をなす　午前中手紙など書き午後疲労の余り約三時間眠る、午後六時より Gaon 午後八時半 Danielle 来る

十一月十五日　木　荒天

午前工兵戦術の準備をなし午後二時より学校に行き工兵戦術に列席す

午後六時 Gaon 午後八時半 Danielle 来る

（工兵戦術）

十一月十六日　金　曇

午前中戦術の準備をなす　十一時 Gaon 来る午後二時より工兵戦術、午後六時半日本人会主宰の御大礼奉祝会に参列、安達大使以下数百名集合頗る盛会なり茂（しげる）少將の開会の辞に続いて安達大使の挨拶あり三十六年前の日本国かの貧弱さを話され今昔の感に不堪、終りて十時より復興始まる予定、Gaon 親子を招待しありし故迎へに行きしに Gaon 病気にて来る能はず枕辺にて十時半迄話し再ひ日本人会に行く　佐藤秀郎氏のハーモニカ特に雨田鼓之氏の翏は嬉し十二時帰宅す

（在巴日本の少将級から招待）

十一月一七日　土　晴時々曇り且つ降雨

午前八時より二時間 Bois を馬にて散歩す　泥濘のため閉口せるも久し振り外乗心気壮快なり

午前十時 Colonel Cambuzat を訪ね中岡少將の招待の件を話し帰宅、〇時半木内氏の招待にて田中誠氏夫婦と共に昼食　巴里に於ける御別れの宴なり午後三時半迄面白く話し後買物に外出す　80・Rue la Fayette の J.Bergongnun（ママ）にシャツ二着注文六時帰宅

十一月十八日　月　晴、午後曇

朝より午後三時迄戦術の作業をなす

午後三時 Danielle 来る暫くして Paramunt に行き活動を見る　Etona の溶岩場凄き程なり、スペインのダンスを見 Sevile に見たる当時を追想す夜自由にて十一時床につく

十一月十九日　月　晴

午前九時より馬術、後戦術の準備をなし午後図演に列席、軍団の行軍、軍団長が過度に師団の部署に

干渉する極めて拙劣なる行軍法を唯機械的に研究しあるは不本意なり、初め予の意見を軽視しありしか後説明して納得せしむ

副一行（武田塾田中新一）本日正午着巴せる由夕方連絡取りしも予め通知なかりしため迎へに出ずGaon 来る、夜自習して十一時半床につく

十一月二十日　火　晴

午前戦術の自習午後一般戦術（行軍）夜 Odíon に行く　Les ratís と題する下層社会の生活難を表はせる現代劇を見る

十一月二十一日　水　快晴夜降雨

午前軍の後方勤務に関する講和あり午後戦術の宿題をなし多忙なる一日を送る　Gaon、Danielle 来れるも不愉快なり多忙のためか

甘粕氏より来信、十日前に送りし写眞届き居りながら何等礼状をも出すことなく予より問い合はされ、一言のことわりもなく、確かに受け取ったとの返事愈々彼れには愛想が尽きたり

十一月二十二日　木　曇

午前後方勤務、先日ロリアレより帰巴せる当日馬術に出席せざりしに、其理由を書いて提出せゐとの手紙来る　本日其の返事を出したるも頗る不快に感したり　午後五時二十分リオン駅に木内氏夫妻を見送り後ホテルに行き田中武田田副氏等と会ひ常磐にて柳、十川、練山氏等と合し夕食を共にして帰るDanielle 来る　早く床につく

十一月二十三日　金　降雨

午前八時より雨を犯してボアに外乗濡鼠になって帰る　永年勤務の講義は極めて明瞭に説明せられたり　午後 Gaon 来る、後戦術の宿題をなし Danielle に（タイプライターを筆者）打たせ十二時床につく（ゐ生勤務の講義）

十一月二十四日　土　曇雨

参謀要務第二部の勤務、明瞭を欠く、正午Attachi に招待せられ仏国砲兵將校三名内山、細川

及謙山と共に会食　午後四時内山細川両氏来りて砲兵操典の研究をなす、午後六時半両氏帰り Gaon 来り話す、夜 Opéra に行き La Valleirri を見る了解頗る困難なりき

（砲兵操典の研究）

十一月二十五日　日　降雨

午前中戦術の宿題をなす

午後三時半 Danielle 来る共に Paramaunt に行き Les ailes を見る　見事なる写眞なり

（ダニエルとパラマウントへ）

十一月二十六日　月　午前晴　午後曇

午前、「第十七等」とす世紀の戦術、午後軍団後方勤務の図上演習、午後五時帰宅内山少佐の来訪を受く、Gaon 来る　夜手紙を書き自習して十一時床につく

十一月二十七日　火　寒し

午前馬術、午後一般戦術、常になき寒さなり夕方 Gaon 来る

夜 Danielle 来る 100f 与へ其の以内にて切符を取るへく命しに 120f にて取り来る彼は貧乏の癖に極めて贅沢なり彼の性質は全く不愉快なり

（ダニエルの性質に不満）

十一月二十八日　水　曇雨

午前歩兵戦術作業の講評、午後歩兵戦術の作業をなす、Gaon 来りてより疲労を感じ二時間床につく

十一月二十九日　木　曇雨

馬術及経理の学科あり、午後 Gaon 来る、後戦術の作業をなす中々進捗せず、夜 Danielle と芝居に行く　約束なりし故多忙なりしも夜九時頃行く、下宿の婆留守にて夕食する時間もなく夕食を取らず且つ風邪の気味あり頭痛して芝居も頗る不愉快なり

（馬術及経理の学科）

gimunas にて Scret と題する新劇を演ぜり十二時帰宿床につく、午後五時頃甘粕氏来訪

（甘粕来訪）

十一月三十日　金　曇雨

午前第二部の講話、午後 Gaon 来る戦術の作業をなす　夜 Danielle 来る戦術作業を口述し記述せしむ頗る便宜を得たり

十二月一日　土　曇雨

午前ボアに外来す後交通演習の想定分配　家にて戦術宿題をなす　夕方より下村少佐の所に行く　準備をなし六時半出発、田副、細川、析　氏来り居れり　日本料理にて舌鼓す　十時半帰宿又作業をなす

（戦術宿題）

十二月二日　日　曇

午前中戦術宿題をなす　正午 Y.Y・氏の結婚披露式に招待せられ Lonrger に行く集るもの二十名餘

昼食後 danse 初（ママ）まり六七十名参集し頗る賑かなり　予は極めて厚遇せられ気持よし、食卓にて日本語の祝辞をなす　午後七時半帰宿又作業をなす　十二時半頃床につく

（戦術宿題）

十二月三日　月　雨

午前馬術及軍団の攻撃防禦に関し講話あり　午後歩兵戦術の個人講評あり後戦術作業をなし忙しく一日を送る　夜 Danielle と十一時半迄仕事す約半分終り得たり

（ダニエルの協力）

十二月四日　火　曇

革命戦史あり有益なりしも全部を了解するに至らず　戦術宿題にて多忙なる一日を送り夕食後 Odion に行き Les boffons と題する芝居を見る　十九世紀末の傑作、美し、十二時帰り又宿題を続行し一時半過ぎ床につく

（革命戦史を学ぶ）

十二月五日　水　曇

朝馬術後終日宿題をなす夜 Danielle 来りて写字

し完成し漸く重荷を卸す時に午後十時なり十一時半迄話す
(Danielle はいつも夜来リ遅く迄遠藤に協力、戦術の宿題)

十二月六日　木　曇

戦術の宿題を持ちて学校に行きしも何故か一日日延べ、日本将校には見得さる現象

午後田副を訪ね後 Attaché の事務所に行き佛人の話を聞き年末の旅行につき話し合ひて帰る Gaon 一時間も門の所に待ち居たり。

夜日本の新聞を読む恰度御大典の記事なり何故か読む度毎に熱涙降る　風邪の気味、気分勝れす

十二月七日　金　曇

午前午後共に軍団後方の補充演習、六時過漸く終る　風邪益々悪し

十二月八日　土　曇

午前歩兵戦術、午後月曜日の歩兵戦術の準備をなす　Danielle 来る明日其の兄の一周忌故花料として50f を与ふ、学校の軍医より日本雑誌の医学発表の釋を依頼せられ多忙中に閉口す

風邪快方に向かず苦し
(ダニエルの兄の一周忌)

十二月九日　日　曇　霜深く寒し

午前中休養しつゝ、明日の歩兵戦術を準備す　午後 Athéné に行き Romanse と題する劇を Gaon と共に見る頗る見事に演ぜられ近来まれに見る傑作なり終りて Gaon の家にて茶を馳走になり七時帰宅　風邪益々悪しく早く床につく　Danielle 来る

十二月十日　月　曇　霜深し

早朝、軍医に狂犬種の治療に関する説明をなすべく学校に行きしも約二十分間寒き室に待たされ甚だ不快に感ず

午後二時より歩兵戦術の室内作業あり忙しき四時間風邪のため苦しき体を押して努力す。
帰宅後直ちに床につく食慾なし

（歩兵戦術の室内作業）

十二月十一日　火　降雨

風邪癒へず九時半迄床にあり、馬術を休む、戦術の宿題山積頗る多忙、午後三時より内山少佐の来訪を受け更に六時より Gaon 来る　夜 Danielle 来りて作業を手伝へり、本日は Danielle の祝日故記念に藤（か）の扇を与へたり、十二時迄勉強し床につく苦し

（戦術の宿題ダニエルの協力）

十二月十二日　水　曇　寒シ

風邪未だ癒えず咽喉と頭に痛みを感ず　終日学校にて授業、疲労甚し、帰宅せるは六時、病気を押して明日提出すべき情報計画を作興す十二時に漸く終る

（情報計画作成）

十二月十三日　木　曇　寒し

午前戦術宿題を提出に登校せるのみ他に何等仕事なく徒らに寒風に曝らし午後自宅にて戦術風邪爲めに悪化す、午後帰宅後狂犬病の記事を訳し十一時床につく

十二月十四日　金　晴

午前海軍戦術、後暇なりし故下剤を取る昼食せずして下したる故中々疲労す、六時頃竹内甘粕両氏来る　其の間 Gaon も来り中々賑ひしも予は疲労して閉口す、夜 Danielle 来りて狂犬病の翻訳を印（刷）す

（狂犬病の記事を佛文に訳す）

十二月十五日　土　晴

馬術を休み終日家にて静養しつゝ、狂犬病の記事を訳す、午後三時頃 Danielle 来る四時半 Attaché の Bureau に行き講演会に列席す、四十宮軍医の高空医学西原少佐の隊附の話等あり後忘年会を（ママ）初む、蔵及中岡両少尉の馳走のすし、うどん、そばにて気炎を上げつゝ、十二時迄遊び帰宅す、風邪ために悪し

十二月十六日　日　曇

午前中戦術作業をなす午後四時 Danielle と内山少佐を訪ね、内山少佐の誕生日にて御祝に招待せられたるなり、風邪癒へず苦しかりしもおして行く、九時半迄話し帰る、苦し

十二月十七日　月　曇

午前中家にて戦術作業をなす
午後第三部の演習午後六時迄連続、帰宅して再び戦術作業を続行し十二時床につく

十二月十八日　火　晴曇

午前八時半より第二部の演習、室内作業にて多忙なる時間を送り十二時半に終了す
午後明日の戦術の準備をなし疲労せる体益（々）疲労す　夜 Danielle 来り命令を印刷す

十二月十九日　水　晴曇

朝九時馬に乗る久し振りではあり且つ病気全く癒えず稍苦し、戦術の講話、午後図演にて六時過ぎ迄、七時に永持大佐の宅に行き内山竹内両氏も同席夕食を共にし砲兵問題に関し研究をなし十二時半帰宅、

以下20日～25日欠

十二月二十六日　水　曇

午前十時半山下中佐を訪ね色々と話を承り昼食を馳走になり午後四時より町を散歩す
夜又ハンガリー料理を馳走になり夜の町を散歩す
比較的暖かにて小雨降るも道路は氷結して歩行頗る困難なり、尾根、広場等に少し雪あるも、Munich より少し、Autriche の金、340Silling は 10Lions Sterling に相当す

十二月二十七日　木　快晴

朝九時より外出、名物の帽子（65 Silling）及革細工等を購ひ後代々皇帝の墓地を見る　寺は極めて質素にして地下室に数百の柩を安置し置けり頗る簡單なり、一僧あり獨逸語にて説明せるも解する能はず

後皇宮の宝物殿を見る之れ亦王冠を除く外見るべきものなく却てローマ法王宮の贅なるを見たるに比すべくもあらず

自然科学博物館は他に比類なき見事なるものなり美術博物館は内容○くに足らざるも同型の両博物館相対し市の美観の点よりすれば完然なり

昼食後離宮を見る、ベルサイユ宮殿に比すべくもあらざるも恰も太陽薄雲を溶し春の気分ただよひ多くの小児老人等日光浴しつゝ休み居れり　匈国の貨幣1ペングーは約5f50に相当せり

砲兵工廟にナポレオンのエルベ島に逃れしとき用ひたる服及サラエボにて難に遭ひし攫皇儲（?）(三字読めず）の其の当時用ひし車及服を見に行きしも午後一時に閉館せられ見るを得ざりしは残念なり、山下中佐に挨拶に行きしも不在故町を散歩し午後四時五十分の列車に乗るべく停車場に行きしに田中少佐見送りに来られたり、間もなく日没となり満月東天に出で風光明媚なるも遠望し得ずして残念なりき

国境にて税関吏来りたるも日本人なるを見て何等検査することなく好意を示し呉れたるは同車の外人に対し差別待遇の甚しきに気の毒の感を抱かしめたり、午後九時半ダニューブ河を渡り五十分ブタペスト着、暖き町と云ふ感を抱く　Hôtel Hungaria に投宿後町を散歩せるも頗る寂莫なり、但しホテルはダニウブ河に面し堂々たるものなり

（ダニューブ河を渡りブタペスト着）

十二月二十八日　金　曇　霧　深し

午前九時半頃より自動車を駆して市内見物に出縣けるダニウブの橋は三本あり長さ四五百米何れも堂々たる懸橋なり、先つブタに至り王宮を見る謁見場及ダンス場は特に見事なり　トルコ式に装飾せられたる寺を訪ね高台よりペストの町を迎順し道を転じて議事堂を見る二院制なり結構贅を盡せりCafé amieri cain にて昼食、堂々たる大建築にてオペラ内にて食事するの感あり　午後農業博物館を訪ねたるも午後閉門にて見る能はず更にパノラマを見んとしたるも言葉の不通のため運転手との間に齟齬を来し果さずして帰路につく、午後四時二十分再び車中の人となり Vienne に帰る　午後九時到着直ちに

Hotel impérial に入る　Grand Hôter よりも室不潔なりしも三人にて八十シルリングにて同値なり（320f）有名なるオートリッシュの音樂を聞くべくオペラに行かんとせしも午前七時に始め午後十時に終るとの事にて時間なく中止す、山下中佐に電話し町を散歩す佛語を解する Demoiselle あり比較的面白く遊び得たり十一時帰宿。

十二月二十九日　土　晴

午前七時三十五分発の列車にて道を西南方に取り伊国に向ふ　初めの中は平凡なる平地にして見るべきものなかりしも南するに従ひ山地に入り雪次第に増しスキーを遊ぶものを散見す又野生の牡鹿の松樹林中に遊び居るを見たり風光可なり

午後四時半国境なる Earvis 駅に下車す　昔、墺国（オーストリア）なりし故住民多く獨逸語を話す小村落にて僅かにスキー客を泊するものあるのみ、従ってホテルは頗る貧弱にて電燈の如き番見すに足らず薪を以て暖燈を取り夕食後床につく雪深く寒し

十二月三十日　日　曇雨

午前八時十分 Earvis 発、戦争中大本営アリシウジタを経再ひベニス近く迄来り午後二時十川、練山両氏に別れ（Mestre）前より單独の旅行に移る道は去る十月初め通りし所、幸佛語を話す若き夫人（医者の夫人にて砲兵大尉の妹）と同乗し面白く話しつゝ旅行す、煙草、菓子等の響広を受く又スキーより帰れる若者三人来り日本人石井氏の活躍を補し居れり午後七時 Meiern 着再び此の市を訪ね Hôtel llostr Swisse に泊す　去る九月末金入を失ひし不快の印象を消さんとし午後八時オペラ見物に行く、バイオリン特に声楽は感涙惜く能はさるものあり又観客頗る熱心にて楽譜を所持しつゝ研究し居れり良印象を得んとせしも宿舎にて受け取りし五十リラの紙幣は贋造なりし故オペラにて受領せず又毒婦に会して全くまきあ上げられんとすとする等到底ミランにては良印象を得る能はさるを知れり十一時半帰り宿につく

十二月三十一日　月　晴

午前五時五十分起床六時四十五分の列車にてGénova に向ふ大ポー河を渡りたる外は本夏（カ）通りし所と大同小異特に記すべきものもなく午前九時二十五分着本夏の事昨日の如く思はれてなつかし、九時四十五分 Ventimrylia 行に乗り○○風光明媚なる海岸沿ひを西走す天全く晴れて一点の雲もなく紺碧の空紺碧の海得に云はれぬ美しさなり、風無きも波稍高く鉄道の脚下近く岩を嚙みつゝ砕くる波亦美し　午後二時着　当駅は中々宏壮なり稍厳重なる検査を受け P.L.M の列車に乗り換へ昨年旅行せし思出ノ地、マントレ、モンテカルロ、モナコ、ニース等を懐しく眺めつゝ午後四時半（一時間遅らす）Canne 着 Hotel Royal は一日 90f なりしも窓海に面せさざれ故昨年の如く Hôtel Gounet に投宿す宿の者一同予を記憶しあり色々と親切に世話し呉れ心地良し遊客中にも顔なじみ多し、本日汽車中にて印度人、流暢なる日本語にて話しかけたり日本に一年半居たりと印度独立に日本の援助にまつべきもの大なるを話し居れり　宿舎は一日 150f にて昨年よりも高し

（ゼノヴァへ）
（モンテカルロ　ニース、カンヌ）

佛語レッスンを受けた回数一覧

	四月	五月	六月	七月	
Gaon	27回	13回	6回	11回	計46
Bott	4回	3回	4回	3回	〃16
Yvonne	1回				〃1
Tissire	5回	2回			〃7
Daudran	9回	4回	2回		〃15
Danielle	6回	7回	12回	13回	計38

1929年　昭和4年　仏国駐在最終年

表紙
日誌　自　昭和四年一月一日
至　昭和四年十二月三十一日
（在佛第四年）

一月一日　火　降雨　夕方寒し強風

（カンヌ）Hôtel Gonnet 四楷第四十七号室　地中海の濤声に目醒む時に午前七時半昨年の今日の如く朝日顔を拝せんとせしも遺憾ながら降雨にて室の窓から模糊たる地中海を眺むるのみ遥かに東天を拝し陛下の万歳帝国の繁栄家庭の幸福を祈る　昼食後年賀状を書きて午前中を送り午後読書す　夕食後風強かりしも星空現はれし故町を散歩す天候のためか稍人出多く寂寞を感す

（カンヌの元日）

一月二日　水　曇　時々太陽を見る

夜来風強く波高し濤声頗る強く時々安眠を妨害せらる、八時半起床暗雲低し、午前十時頃より時々暖かき太陽の光を浴しつゝ宿の室にて自習す午後外出雨に遭ふ、Paris-Cannes 間の飛行便により帰らんとして時間表を求めたるに左の如し

Cannes	発	7h45'	
Marseilles	着	9h25'	350f
	発	9h45'	
Lyon	着	11h45'	750f
	発	12h	
Paris	着	15h	1,250f

荷物 15kg を超過せるものは支払ふ

上記の價格は Paris Copenhagne（ママ）間の價と略等しく Paris London の約三倍に相当し稍高價なると近日天候不良にて飛行困難なるべきを思ひ稍不謹慎なる此の企図を中止し汽車にて帰巴すべく決し Wagons-Lits に行き二等寝台車を申込みしも来る六日迄満員にて取る能はす寝台料 275.35、切符 321.60 計 596.95f を止むを得す普通の汽車にて平凡に帰巴せんとす　土産物など購入し帰宿後又読書す

本日を以て満三十六才歳月の流れる其の早きに驚く

（満三十六才）

一月三日　木　曇　時々降雨

Cote d'azur にも荒天続き太陽を見ず然れとも空は巴里のそれより高く心地よし午前中出発の準備及

読書し一寸町を散歩す　午後此のホテルにて死せる詩人 Godard の御祭りにて多数の音楽家集合したりしも出発時間の関係上 Discours を聞きしのみにて出発す記念多き Cote d'azur も何日訪れ得るとのあてもなく午後四時五十二分発の列車にて出発す Toulon 附近降雪甚しく二三寸積雪しあるを見る同乗者不差法にて頗る不快なり

午後七時十五分より四十五分の間 Marseille に停り其の間夕食を取る、Valance に下車して休養する予定なりしも一時も早く帰巴したき希望あり、故旅行を続行す

一月四日　金　曇　時々降雪

安眠し得ず苦しき一夜を車中に○して四日を迎ふ汽車は何故か二時間遅延しあり車中にレストランなし、空腹を感ず　Laroche にて六分間停車の予定、朝食を売りに来る　買はんとせしも予の求めしもの（か）は品切れ、汽車は時間表によることなく乗客の食事終るを待ちて発車せり、急行列車にして此の如し其の不規律不組織憤慨すへきものあり

午前十一時到着、駅にて昼食を取り帰舎、入浴して午後四時半まで休む　後手紙の返事を書き夜 Danielle を迎へ十二時床につく

一月五日　土　時々降雪にて寒し

午前八時より久し振りにて馬術、予か発信せし学友より口頭にて礼を受く、然れとも彼れ等は返事を出すことをせす唯学生長 Tassing 少佐のみは必す予の宅に宛て返信を送るを常とせり仏国将校に珍しき義理固き人なり

午前中雑誌新聞などを読み午後服屋に行き背広及外套を注文し後 Printemp に行き買物して帰る Danielle 来り予を待つ六時半迄愉快に時間を送る後 Gaon を訪ね年始、挨拶をなし土産を与へ日本人会に催されたる新年祝賀会に列席す　大使見えざるも其の他は頗る多勢参集殊に久米夫婦など珍らしき顔振れあり、宴終りて佐藤秀郎氏の見事なるハモニカ及海軍の奥中佐の義太夫などの徐共（ママ）中の秀逸なりき　十二時経て十二時半帰宿す

一月六日　日　晴
久し振りに太陽を見る　十一時迄読書し後竹内大尉を見送るべく北駅に行く　十二時十五分出発せられたり、ami が見送りに来り居りしが―悲劇なく、心中同情に不堪、午後十日分の Excelsior を読み夕食後砲兵作業を準備し十一時床につく

一月七日　月　曇
朝馬術、鐙なしにて鍛へられ疲労を感ず
明日迄に軍団の防禦命令を書くべく命ぜられ帰宅後忙しく勉強す、午後三時半内山少佐の来訪を受く一時間ばかり話して帰られたり、夜 Danielle 来り命令を写字す　ために楽に終了し得たり。

一月八日　火　曇
午前英国の外交に就き講話、午後砲兵戦術の自習をなす　夜 Danielle 来る　昨日に比し寒さ暖かなり

一月九日　水　曇　寒気強し
午前馬術、後歩兵戦術校内作業の講評
十時三十分ニコライ大公の爲めに一分間の黙禱をなす　ニコライ大公は去る七日アンチーブに於て死去せるなり　午後○時甘粕氏暇乞ひに来る
二時より砲兵戦術校内作業問題明瞭を欠き苦心す外国將校の時間を厳守せざること甚しきものあり苦々し　五時に終り帰宿　新聞を読み明日の準備し十二時過き床につく
（甘粕暇乞ひに来る）

一月十日　木　曇　寒し雪降る
午前九時より歩兵戦術の個人講評あり、後自宅にて戦術の宿題、攻撃命令を起案し午後服屋に行き以○を合せ後散歩して帰る　Variété にて席を約せんとせしに来々週の日曜日迄なし如何に其の盛んなるやを知り得べし
夜甘粕氏夫婦出発す九時三十五分リオン駅に見送る　餞別金をなくしたと見え子供をかゝへて二等に乗り居れり而も 1000f を借るべく心配し居れり気の毒に思ふ　十川（次郎）、下村（定・後の大将）、両

氏も見えたり
見送りてより駅前のカフェーにて約一時間話し帰宅す
本日旧校長中將 Héreng に記念のため日本より持ち来りたる七宝を送る Dijion の師団長に栄転せり
（甘粕夫妻リオン駅出発見送り）

一月十一日　金　曇
午前八時より馬術　寒気強し　帰宅後入浴後戦術の作業を三題なす午後七時風邪なるにも拘らす Danielle 来る気の毒に思ふ
夕食後新聞を読み十二時過きに床につく
（ダニエル風邪でも来る。気の毒）

一月十二日　土　晴
久し振りに太陽を見たるも寒気は頗る強し
太陽もどんよりして其の光線に熱なし　午前九時半旧校長 Hireng 中將の告別あり　参謀總長の讚辞等あり、Héring 中將より予の贈物に対し礼を受く、
午後二時より五時半迄後方勤務の演習あり　後室にて新聞を読み手紙など書き十二時半床につく
典夫（長男）の写眞送り来る　成長したるに驚く
安子生活難のためか豆腐売りを初めしとか気の毒なり然し再スタート必要と感し早速手紙を書く

一月十三日　日　晴　寒し
終日戦術の作業をなす　問題の作成頗る不親切にて地名を捜すに非常に時間を徒費せり、仏国將校の無能不規律なるに厭きます
午後三時頃より Danielle 来りて数時間遊び行きたり　風邪の様子にて気の毒なり

一月十四日　月　晴曇　寒気稍緩む
午前砲兵家庭作業の講評　午後一般戦術軍団の陣地攻撃、終日学校にて忙しく暮し帰宅後又一般戦術の家庭作業をなし十二時半床につく

一月十五日　火　晴　曇
午前馬術及外交・華府会議に関し講演あり　日本の問題多く現はれり。

午後一般戦術午後五時半迄、夕食後 Odéon に行き Amoure と題する劇を見る　妻と姑の葛斗を表はしたるものにしてゐく演ぜられたり日本の姑共への良教訓なるを以て○を得ず日本に通知すべし

一月十六日　水　晴　時々降雪

終日戦術の宿題をなす　漸く第一期の作業を終りたるも第二期の作業は更に大なり、十二問題あるに二つ閉口す、理髪入浴などをなし Attachi に招待せられて夕食を馳走になる、十川、練山、吉田氏等同席十一時半帰宅床につく

一月十七日　木　晴　時々降雪

午前馬術、永久築城は仏国將校にのみ

戦術作業をなし夕方から外出服屋に行き服を受取り後大礼観兵観航式の活動を見んとせしも時期悪しく見得ざりしは残念なりき、午後三時 Y.Y.Wagner 氏訪ね来る　一年有半振りに遭ふ　なつかしく感ず、午後七時半より下村中佐に招かれ夕食す馳走になる　十川　練山○氏等同席、面白く話し午後十一時半帰宅、宿題して気か揉める

一月十八日　金　晴

昨日の雪は殆んと消えたり　終日忙しく戦術の宿題をなす　午后五時より学校にて砲兵作業の個人講評あり良作業なりとて de la porte 中佐より麗辞を受く

夜十二迄戦術宿題をなす　疲労と焦燥とを感ず

一月十九日　土　晴

昨夜は安眠し得ず　八時より馬術後海戦術、日露戦争に就て多く語れり、午後戦術の宿題にて忙しく暮れ、夕方 Danielle 来りて其の一部を印刷す。

土曜日なるに外出も出来ず午前一時迄作業を継続す

（土日も戦術宿題で多忙）

一月二十日　日　晴

午前八時より又作業に着手す午後三時漸く脱稿し Danielle 来りて午後七時半迄10時間半休憩なしに之

れを打ち其の殆んと全部を完了せり
予の肩漸く軽きを覚ゆ。
其の間予は新聞を読み少しく休憩し得たり
Dactiro（ダニエル）の力亦大なる哉。
夕食後Varietiに行き観劇、此の頃有名なる、Topasを演じあり、此の劇数け月つゞき居るも毎日満員、席を予約するに少くも一週間前に申込むを要す、劇場は古く、美しからざるも劇は上出来、正直なる先生が正直のために学校より追はれ不正なる人のために使用せられ自分の仕事の不正なるに気付き良心にとがめられつゝ苦心し居る様子など面白く上演せられたり、十二時に終り帰宅一時過ぎ床につく
（ダニエルの力に助けらる）

一月二十一日　月　朝晴夕方より降雨、

午前馬術、後戦術作業を整理す　午後注文せしラジオ来る　一揃ひ約2000f（1970）但しY.Yの名にて注文せる故25％à30％値引きせられあり定價は約2500fのものなり、之れをY.Yか整備し七時頃より聴取し得たり、ラジオ其のものは700fなるも聴音拡大器は1000fなり異に感ず
七時十分Danielle来りて聴し合せをなす業完了し欣快に不堪。
（ラジオ約2000fで注文）

一月二十二日　火　曇　寒気薄く

午前十時十五分より学校にて十数名の將校に塾命の傳達式あり終りてよりGéne会議の講話
午後戦術の宿題を初めたるも疲労堪だしく進渉せずラジオを聞きて休む
夜Danielle来る、旧校長Herengより礼状来る
夜早く床に就く

一月二十三日　水　曇　濃霜

午前馬術障碍物越にて危く落馬せんとせり　終日馬術作業をなし疲労を感ず僅かにラジオにて慰安せらる久し振りにGaon来る大変に太りたる様なり会ふて見れは可愛らし

一月二十四日　木　晴

朝より戦術の宿題をなす　午前英国の経済に就き講話あり　午後も亦宿題をなしたるも疲労を感じたる故午後五時より服屋に行き服を受領し後本日Melle Jronneより父病気の報ありし故見舞に行きしも母と会ひしのみJronneは不在なりき見舞に花を送る

夜Danielle来り宿題の訂正をせみむ

（夜ダニエル来り宿題の訂正）

一月二十五日　金　曇一時晴

朝八時に学校に行く　Champs de Makは雪に蓋（？）はれあり、馬術欠席者頗る多し、不軍紀なるも○席すべきものあり　帰宅後終日戦術作業をなす。

午後六時よりGaonの第十六世紀に於ける仏国文学の話を聞く面白し　此の時代にぎりしや、ラテン文明はギリシャより亡命せる学者により伊太利文明に戦争により輸入せられ仏国文明に貢献せりと

（ガオン第16世紀仏国文学の話をする）

一月二十六日　土　晴

終日戦術の作業をなし午後三時頃漸く其の草稿終る　Danielle来りて之れを写字す　予か十川氏に招かれて夕食に行く時尚完了せず残宿して仕事せり土曜日なるに気の毒なり

七時十川氏宅を久し振りに訪ぬ、下村（定）、田口、山根氏同席、手料理のすき焼にて面白く夕食を取る飯は半○なり　十時頃よりMont Parnas附近を一同散歩一時頃帰宅す

（Danielle戦術の草稿写字する）

一月二十七日　日　晴

午前中戦術作業を整理す　一昨日以来の風邪本日は稍不良にて気持悪し連日の勉強或は疲労を来せしにあらざるか

午後久し振り（本年初めて）Parament（ママ）に行き活動を見る　Acluantisのみ面白し

一月二十八日　月　曇

風邪益々増進し苦し　午前Gariporie半島の上陸作戦の戦史面白し中岡少将も来る　午後外出したか

りしも風邪のため蟄居す、夕方 Gaon 来る　二十四日誕生日なりしも多忙にて気づかざりし故本日祝ひくつしたを贈る　夜早く床につく

一月二十九日　火　降雨　曇

風邪益々増進し咳すること芭し止むを得す馬術を休み診断を受くぬ　Grippe なり　ロンドン会議に関する講和を聞きて帰宅蟄居す

夕食後約束あり　Odéon に行き Huonde Bordean を見る　中世紀の劇にして見事なり音楽ありダンスあり　Odion にては稀に見る美しき劇なりき

一月三十日　水　曇

風邪依然たり　ダーダネルの上陸作戦の講義あり後蟄居す、夕方 Gaon 来り予のために夕食の準備をなす可憐なり　久〇宮殿下去る二十七日崩御の報あり感懐に不堪　夜 Danielle 来り親しく話す

（ダーダネルの上陸作戦）

一月三十一日　木　曇

風邪未だ癒えず　午前地理の学科欠席す鞘有益なりしは遺憾に思ふ　午後砲兵の図演に出席鞘苦し四時帰宅床にありて新聞を読む

二月一日　金　曇

風邪未だ癒えず　午前学校に行きタンネンベルヒの戦史　午後久方振りに廿六会三四会に通信をなす

夜下宿の者にシャンパンを馳走す〇も Danielle 来り共に飲むを得たり

（タンネンベルヒの戦史）

二月二日　土　曇

風邪依然たり不愉快なり　午前中新聞を読み午後学校に行き月曜日の作業問題を受領して帰る Gaon 来り色々話す　午後四時半帰れり後手紙などを書き、月曜日の準備をなす

三月三日　日　晴稍寒し

久し振りの快晴なるも風邪のため蟄居す遺憾なり

午後三時 Danielle 来りし故共に Champs de Mars

を散歩し後Parmaunt活動を見て帰る　夜早く床につく　蓄膿症の感あり目下感冒流行し日曜日も薬屋は店を開きあり

二月四日　月　曇　寒気強し

風邪未だ癒えず午前中休養す　午後騎兵戦術の校内作業ありために学校に行き風邪益々悪化す帰宅後直ちに床につく

二月五日　火　晴　寒し

午前5.Rue Morieve（T.Central 31-61）宴の専門医を訪ね治療を受く　金〇、焼きたる如きものにて焼くには少々驚く

午後航空戦術の校内作業あり　出席し二時間にして提（?）出し帰宅す　Gaon及Danielle来りしも風邪のため充分話し得ず、Danielleは欧州美人競争に関し其の見たる所を話し呉れたり夜全く眠り得ず苦し　今回の風邪には全く閉口す

（遠藤第二次大戦前　第三飛行団を指揮する）

（航空戦術の校内作業）

二月六日　水　曇

午前砲兵戦術の校内作業に対する講評あり、帰宅後暖かにして休養す　昨日より稍良嬶なるも未だ恢復に向はず午後六時Gaon来る

（砲兵戦術の校内作業）

二月七日　木　曇

午前医者を訪ね徒らに時間を空費す　軽易なる治療に毎回60fは法外なり毎に一人の助手もなく一人にて働き居り多くの患者を長く待たしたるか如き頗る面白からず　帰路名刺入を落失す　午後室にありて勉強す　夜Danielle来る

二月八日　金　曇

恢復期に向ひたるもなほ疲労甚し、午前九時半学校に行き砲兵戦術個人講評を受く　佛軍将校も大したる事なし予の反論に対し充分なる返答を与へ得ず

地中海の地誌を聞くも風邪のため苦しく充分了解し得ず　同アパルトマンの住居二名死亡、中一名本

日葬式にて家にて定食し得ず　外に出るも風邪中にて憶垢故ぱん及菓子を食し蟄居す　日本新聞と相撲と漢口問題及議会の問題にて賑ひあり面白し

夜砲兵戦術を研究す

午後二時半 Gaon 来りたるも不快なり

「地中海地誌」

二月九日　土　晴　霧多し寒し

午前戦術の自習をなす　風邪未だ癒えず　三十七度位の熱ありしも蟄居するにしのびす散歩す、寒気強なるも淡き日光を受け気持良し　午後二時半より Danielle と共に Grand Palais にて家具展覧会を見る　特に目新しきものもなし永持大佐に会す　四時半より Paramunt に行き活動を見る面白し　七時半帰宅後ラジオを聞き十一時床につく

二月十日　日　降雪

数糎来の積雪、朝食後散髪に行く　後オペラに行く準備をなし午食後直ちに行く一時半開始　Thaïs を演じあり Anator France の作、見事なり

Danielle を招待し且つ指鐶（ママ）（指環）を贈る、四時半終り帰宅劇の話などをなす夜手紙を書き（久しく光子より来信なき故）少時砲兵戦術を勉強して床につく

（オペラ　アナトール　フランス作を見てこの夕方 Danielle に指鐶（ママ）を贈る）

二月十一日　月　紀元節　寒気甚し

紀元節なるも何等式もなく平凡なる日を送る

午前タンネンベルヒの戦斗、

午後二時より砲兵戦術の校内作業あり午後五時半迄の予定なりしも午後六時を過ぐるも提出するものなく作業の獨立もなし不軍紀眞に唾棄（だき）すへきものあり、予の作業恐らく不良ならん但し作業の獨立せる見す時間を厳守せる点に於て何人に対しても恥なし

六時十分帰宅せるに Gaon 来りあり傾日頗る不愉快なり　七時過き其弟来る、諌山君に紹介せられありしも彼ら帰らざるため三十分遅刻して常盤に行く殆んど全青年将校を網羅せる盛会なりきカキのす

き鍋にて夕食を取り雑談の後十一時半帰宅す、零下八度、且つ風強く其の寒きこと言語に絶す

帰路語学将校・安村氏、メトロにて一緒になりしも彼か二等の切符なるを知らす予と共に一等に誘ひ○○者の前にて気まづい思ひなし居たるを見気の毒に思ふ　語学将校になる迄苦しき生活をなし居るや又は其人の性質によるか考慮すべき問題なり

二月十二日　火　晴　零下十二度

寒気強き故外出せず家にて読書す

十二日

十三日も読めず

（文字読めない）

二月十四日　木　晴　零下八度

昨日に比し寒気稍ゆるみたるも尚寒し、教官病気のため講義なし家庭作業を受領して帰る　午後戦術作業をなす　夜 Opéra にて Bal de Couture あり見に行きたかりしも中止す　Danielle 来る　ラジオを聞きて数時間を送る

二月十五日　金　晴　零下六度

午前中家に在りて読書す、午後戦術の宿題をなし六時 Hotel Rovaro に村木氏を訪ね久し振りに会談七時半共に下村中佐を訪ね田副氏既に到着しあり四人にて愉快に食事をなし十一時半迄読書す実に愉快なりき　後村木氏の希望により風呂場に遊びに行きしもあまり面白からす空しく散財して帰る時に一時半なり

二月十六日　土　晴　寒し

午前中家に在りて読書　午後一時半より Faremen 会社及 Nienport 会社見学に行く　前者は大飛行機を製作しあるにも拘らず主として木材を使用し後者は主として駆逐機を製作しあるに金属を使用しあり目下飛行機材料としては金属を使用する傾向にあるは争はれさる事実なるに且つ大飛行機は木材使用　困難なる理由大なるに本日反対の現象を見たるは誠に不可思議なり　タンクを○中に入るゝ方

法を採用しあるも一特色なり　五時半に終り直ちに武官会合に列席するため事務所に行く　下村中佐の歌劇に関する面白き講話を聞く　七時半日本人会に行き夕食を共にす　村木氏歓迎、十川、安村両氏の送別会なりしも列席者十九名に過ぎず

十時半に帰り読書す

（飛行機生産工場見学）

二月十七日　日　晴　稍寒し

午前中新聞を読み戦術の宿題をなし午後一時Opira Cormique に行く　Caremen を見る Danielle と共に遇然下村中佐に会す、

六時帰宅　Danielle と遊び夜戦術の作業をなす明朝七時楠木氏出発との事なるも早き故見送らず本夜電話にて御別れす、巴里に八名残り多きも友人の帰朝を見るときは何となく望郷の念禁じ難き

（オペラコミックでカルメンを見る）

二月十八日　月　濃霧

終日電燈の下に暮す、殆んと夜に等し

九時久し振りに馬術に列席す　日曜十七名の中出席する者七名（佛將校二名）病気か亦作業のためか十時より十二時迄、午後二時半より六時迄一般戦術の中五名（佛二名、蘭波及、予）気持ち良し

夜遅く迄戦術の作業をなす

二月十九日　火　晴　寒気緩む

午前戦術の作業なし　十時半より外交の講和

午後一般戦術の個人講評、帰宅後戦術の作業をなす　作業か山積しあるに他の教官は何等考慮する事なく講話に、演習に時間を取り殆んと構習する時間なし実に苛酷なる学校なり　不快に感す　夜Danielle 来る

二月二十日　水　晴

午前馬術及騎兵戦術　校内作業の講評あり　午後戦術の宿題をなし四時より Paramunte に行き活動を見て帰る　夜十二時迄明日の一般戦術を準備す、疲労を感ず、忙しき学校なり

二月二十一日　木　晴　暖シ

午前航空戦術、校内作業の講評、午後一般戦術、破突、破孔の閉鎖法につき研究、夜戦術作業をなす

Danielle 来る

（航空戦術）

二月二十二日　金　快晴

午前英帝国の地理、午後一般戦術、集中掩護午後六時迄　疲労を感ず帰宅後十二時迄戦術の宿題をなす

二月二十三日　土　快晴　八度を示す　夕方より小雨降る

午前航空図演、午後歩兵戦術の宿題の草稿終りDanielle 来りて写字を約？し約五時間働きたり　夜Paramaunt に行き活動を見る　ダンスは見事なりき後散歩して十川氏に会す　十二時半に帰宅新聞を読み二時床につく

（航空図演）

二月二十四日　日　降雨

午前中新聞を読み六時より十川氏に招待せられ会食に列席す、田副、細川両氏を除き全青年將校集合し頗る愉快なり、近く帰朝せらるゝにつき参謀肩章一個を銭別に贈る十一時帰宅一時床につく

二月二十五日　月　降雨

午前砲兵戦術校内作業の講評　帰宅後本日分配せらるゝ歩兵戦術の家庭作業をなし午後五時完了す期日は廿八日迄なり。

久し振りに Gaon 来る興味なし

夜 Danielle 来り十一時迄働く

（ガオンに興味失う）

二月二十六日　火　降雨

馬術のほか外友の講話。

正午諫山君より電話あり　小生は米国経由にて帰朝すへき命令を領せりす多分杉山閣下の取りはからひなりに同時期に帰朝する細川少佐はシベリア経由との事、気の毒に思ふと同時に優遇せらるゝ身を顧

して努力報恩の必要を痛感す
　午後 Drintémgs 及 Laffaetto に行き買物なとし五時帰宅　戦術宿題をなしたる後、Odéon に行き Madamsuilk Josett の rera femme を見る　笑ふべきのみ何等印象なし
（米国経由にて帰朝の内報）

二月二十七日　降雨　水　午後降雪

午前学校に行きしも予定変更仏国将校のみ航空に関する講話あり　予は早く帰宅して歩兵戦術の宿題をなす、諫山氏より電話あり午後五時半より大使館邸にて御大典の活動あり由故速かに作業を終りて大使館邸に行く　外国にありながら其の様子を拝し得たるは誠に幸福なるも光線弱き爲めか鮮明を欠きたり、六時半に漸く十川氏の出発を見送るべくリオン駅に行く　七時二十五分発せり見送人頗る多し　彼か如何に広く交りしかを熟知し得。
　帰宅せるは八時、寒風◯く冬の雨出り思はれむ路上の水結氷しあり、Danielle 来り十一時迄働き作業を終りたり Montre（懐中時計か）を Cadean として贈る非常に悦び居たり　十二時半床につく

二月二十八日　木　快晴　寒気強し零下六度

朝の馬術は中々寒し、渡河戦斗に関する講話あり午後日光を訪ねて散歩せしも寒風強し　トロカデの劇場に席を予約して帰宅久し振り浴　夜 Danielle 来り十一時迄働く
（ガオンに興味失う）

三月一日　金　寒気　強シ

砲兵校内作業の講評ある予定にて早くより学校に行きしも取り止め　十時半より英国の状態につき講和、午後自習、稍疲労を感ず
　突然中園少将より招待せられたるも断る
　九時日本のヒルム（十字路）を見るべく陸軍集会所下の活動館に行く　ヒルムは見事に作成せられあり少しも外国物に比し、損色なきも観客数十名に過きざりしはさびし
　十二時帰宅、寒気強し

三月二日　土　快晴　寒気強し

午前八時より、馬術、終りて騎兵　飛術校内作業の個人講評ある予定、九時半迄待ちしも教官来（た）らず　予は教官室に行き開始せられんことを講ひしに十時よりの予定なりとて肯ぜす。十時十分漸く来りて質問なけれは帰って可なりと、空しく一時間二分を徒費す　人を馬鹿にするにも程かあると思ふ

月曜日のため分配すへき想定も亦間に合はす午後分配する由、遠方に居住する人の迷惑を考へざるや

昼食後近処に落成せし Pension famille を見に行く

一日 100f 稍高し

学校に行き月曜日のため騎兵戦術想定を受領し帰宅。四時 Théatre Sénina に行き藤原静江嬢、日本舞踊を見る　昨夜のシネマと比較し得さる人気入口に人山を作り入場頗る困難、文字通りの満員なり道常寺、春雨、越後獅子、カッポレ等を踊る、小森氏其の間シュージュー踊、狐踊等をなし盛会裡に終了せるも西洋人が果して満足せりや否や疑問なり、若干名中途退場せるものを見る、音楽は日本楽器を使用せざりしは残念なり　室内にて小さく踊るダンスよりも外にて踊るダンスを更に研究して演ずる方西洋にては可ならさるか例へはカッポレ、布晒、春雨等は道常寺よりは寧口見事なりき。

夕食後 Veiodrime d'hiver に Poids Monche の世界選手拳斗を見物に行く観衆一万五千と註せられ巴里に於ける拳斗の記録を作る、世別選手米人 Ginaro 対佛、欧選手、佛人 Pladner、両人共一米六十の小男なるも拳斗にて鍛へたる体駆は鉄の如し、四十八秒にして米選手は地上に倒され更に十秒にして勝負は決せられたり。十五回（三分つゝ）の戦斗を予期したる仕合が僅々一分に満たすして終りたるも Pldnu の突撃の〇列にして合理的なる世界選手の名に〇し恥じざるものあり彼未た二十二才に過ぎず好護健斗せよ。

三月三日　日　快晴

午前中新聞を読み明の準備等をなして暮す　午後二時よりトロカデに行き Manon 劇を見る　Opera Comique の出演、大衆劇場の名にそむかず宏大なる劇場に立錐の余地なし、舞台装置に欠ける所ある

は遺憾なるも劇は頗る見事に演ぜらる
特に Manon を演せし Gandin は上出来なり Danielle と散歩し帰宅　夕食後 Parumunt に之れも亦近来になき上出来殊に昨夜の Box を Actucriti に出したる迅速さに驚く

三月四日　月　曇

馬術、鈍重にして不愉快
Argamiatrion の講話は明時を欠く
午後二時より六時迄騎兵戦術の校内作業は疲労を感ず　夜 Danielle 来る　Opera Comique の入場券を取らしたるに夜会服着用を強要せらる

三月五日　火　快晴　春の如し

午前外交　午後航空戦術　校内作業、一問題にて三時半に終了す。
夜久し振りに Comidi Francalse に観劇に行く Marchand de Paris を演ず最近の作にて初めて演ぜられ入場者頗る多し良く演ぜられたるも主役が過度に活動し他のものの活動の餘地なきは感服し得ず

十二時帰宅床につく
（航空戦術　校内作業）

三月六日　水　曇

馬術後自動車に関する講話、昨日予が問題呈出後分配せりと云ふ明後日の想定なし、Torinsfshi 少佐が無断予のものを持ち行きたるなりと　彼は本日戦教（か）せず其の不軍紀なる唾棄（だき）すへき奴なり　午後校内作業の準備をなす　夜 Danielle 来る
（自動車に関する講話）

三月七日　木　曇　mi-Calime

朝砲兵校内作業の個人講評及軍需（か）工業講話あり、帰宅後明日の一般戦術の校内作業の準備をなし多忙に日を送る　mi-Calmi にて花車〇十台の行列ある筈なるも多忙にて外出し得ず遺憾なり

三月八日　快晴　金　午後二時十六度を示す

朝 Champ de Mars に霜を見たりしも昼頃は全く

春の気候となり風和かなり

午前八時より午後七時迄一般戦術校内作業疲労を感ず

夜 Danielle 来る

三月九日　土　快晴

昨日の疲労の爲めか知らずして午前九時前に登校す　十時より歩兵戦術家庭作業の講評ありしも退却時期決定に関しては教官の案に対し大いに異論あり

帰宅後一般戦術図演の準備をなし午後 Champ de mass に散歩し日光に浴しつゝ、新聞を読む　理髪して帰宅入浴後大いに休養す

夕食後 Opéra Comique に観劇に行く　Barbur de Siville を演ず滑稽に過ぎ面白からず　Danielle も亦来る散歩して十二時半帰宅

三月十日　日　快晴

午前中一般戦術図演の準備をなす　午後 Champ de mars を散歩す　二時半 Danielle 来り共に Pention を訪ぬ dome に登る　眺望極めて可なるも頂上に登るため汗流る後名士の墓に詣ず案内人僅々五分の案内にて 20f を要求す、名士の墓に詣でし敬虔の念も彼雲助如き案内人のため破壊せらる。

Ruxenbourg 公園に遊び五時半帰宅、七時常盤に集合陸軍記念日を祝ふ

昨日新聞に表はれし小柳海軍大佐の自殺にて色々の話あり、彼生前は論敵なりしも悲惨なる死に直面して感無量なり　十一時半迄話して帰宅す

（陸軍記念日を常盤石に祝う）

三月十一日　月　快晴

午前中一般戦術図演、午後二時より五時四十分迄、図演　疲労を感ず　夕食後 Paramunt に活動を見る

（上闌外　Duffort 少將回り、Viteuse eat de m pas Perdu 蓋し名言なり）

三月十二日　火　晴曇　稍寒し

午前馬術、及ロカルノ條約に関する講話、午後六時過ぎ迄一般戦術図演、翼軍図の戦斗

八時半 Odion に観劇、Yan,fils de la mer を演ず

初めての reprisentation なり過度に悲惨なる劇にて不快を感ず、観客中或は口笛を以て或は罵倒を以て其の不平を漏らすものあり佛人も案外公徳心なし

（ロカルノ條約に関する講話）

三月十三日　水　曇

朝、工業動員に関する講話あり後工兵作業の宿題をなす技術に関する問題にて答解に苦しむ

夜 Danielle 来りしも予は偕行社記事を読む予の投書せるオリンピック管見発表になり居たり予か偕行社記事に投書せる初回なりとす

（偕行社記事に投書「オリンピック管見」）

三月十四日　木　曇

馬術の際予の長きを予に一言の注意を与ふはなり（まま）他将校に之れを見せしめたり其の不親切なる甚た不快なり

北中海に関する講話。

午後工兵作業をなし忙しく送る、牟田口少佐昨日着巴せる報を得電話したるも連絡し得ず

（牟田口中佐は七・七事件の拡大に貢献）

三月十五日　金　晴

午前農業に関する講話　午後航空図上戦術終りて Troi Quartris に買物に行く　当店の百年記念売出しにて安價なりとの事故、国に持帰るべき品物若干八十円ばかり買ふ一寸買物しても直ちに百円近くなるが外国生活中は何とも思はなるも帰朝後は定めし苦しからん

夜工兵戦術作業をなし十一時半床につく

三月十六日　土　晴

久し振りに早朝より Bois を乗馬にて散歩す稍涼冷なるも心地よし。頗る面白き戦史の講義を終りて帰宅せるに諫山氏より電話あり十六日付を以て少佐に進級せる由、八月とのみ思ひしにあまりの早きに驚く　大尉の間は早く昇進したく思ひ居りしも愈々昇進となると未だ同期生の大部分大尉なるを思ひ気の毒でもありぬ大尉時代を名残惜き感もす

午後処々に挨拶状を出し後戦術の作業をなす

Danielle来り夕方迄仕事す
柳田氏来巴の由故六時Hôtel intelに行き久し振りに会談、牟田口少佐にも三年久りに会し　田所、山根氏等と共に支那料理屋に行きて夕食を共にし後蝋細工の人形博物館を見（二年以前に見たるも）一同と別れ帰途可憐なるMidive〇に会し悲惨なる物語りを聞く
（本日少佐に進級）

三月十七日　日　快晴

午前中戦術の宿題をなす　午後三時より春陽に誘惑せられ蟄居するに忍びすChamp de Massを散歩し後Parmemt（ママ）に行き活動を見て帰る　夜軍服の肩章を取り揃ふ愈々少佐の第一歩に入る
（少佐の第一歩）

三月十八日　月　快晴

朝学校に行き校長副官等に進級の挨拶をなす　祝辞を受く。馬術後工業動員の講話。
午後工兵戦術の作業をなす厄介なり　夜Danielle来る

三月十九日　火　快晴

九時より歩兵戦術作業の個人講評ありしも何等聞くべきものなし一時間半を新聞を読みしのみにて空費せるは遺憾なり。
校長より全校に予の昇進を伝達し其の祝詞を述べられたり〇て報礼に行く、特にGénéral des Jardinが祝詞を送られしには感謝の外なし
午後四時半よりBaronne Corvioartに招待せらる
騎兵教官四名及ひ三婦人客ありしのみなるもBaronmeは幼き故父Attachíと共に日本にて九年間暮したる人にて日本を頗る愛するか如く其の母も亦然り一英婦人も亦十三年日本にありしとか日本の名士を友人に持ち面白く日本の話をなしたり
夜下宿の人々及Rogé来り御祝ひの夕食を共にし特にY.Yより御祝ひとして銭入を贈られ恐縮す
宿題のため多忙なる一日を送る
（佛陸大校長より祝詞）

三月二十日　水　快晴

馬術はもう暑さを感ず

騎兵戦術校内作業の講評あり原案と同じからざるも佳良なる作業と称讃せらる

午後工兵作業の宿題をなす

三月二十一日　木　曇、暖かなり外套を要せす

昨夕五時四十五分 Marichal Foch 死去の報を得、既に時間の問題とは思ひ居りしも偉大なりし彼れのを（ママ）追慕して感無量なり　昨年五月十一日武田閣下の葬式に Pene la Chaise にて面接せるか最後となれり

彼か Sant. Gont に於て Joffre に送りし報告 Mon centre cide, ma droite recule。Situation excellente J'attaque なる名文も今や空し故人の勇を物語るのみ噫。

新聞は其の大部分を Foch のために割き居れり学校にて十時半一分間の黙禱をなす後 Amoche を訪ひ進級の挨拶をなし帰宅　午後は宿題にて多忙に日を送る　夜 Danielle 来り仕事の手伝をなす　十二時床につく

三月二十二日　金　曇　二十度

早朝 Boix に外乗爽快なり、戦史（戦争の指導有益なり）

午後六時学校にて校長に招かれ今日迄の成績に関し話されたり、意見を問はれし故戦史の問題よりも更に大なる問題、例へは、戦争指導、連合作戦、戦争と政略との関係等につき研究したき旨を返答し置けり

大学校か若し作業上に表はれたる成績を以て價値を判断するものとせは大なる誤りなるを知る何となれば大部分は独（?）立して作業をなさざれはなり

夜 Danielle 来りて作業を完成す

新聞を読み午前一時床につく

三月二十三日　土、快晴

午前、休養、日本の新聞などを読みて日を送る

午後三時より Velsdorone に行き自転車六日間競争を見る　二人組にて交代に走る、六日間は定めし苦しかりし、本日は其の六日目に相当するもなほ疲労跡を見ず、見物人の多くは偉大なルパンを〇〇し（暢）呑気に見物しありゐ々つか（る）れたり遊び居るあり佛人の特色を発揮する如し　後 Hôtel Inter に行き牟田口少佐を訪ね下村中佐も来られし故迫（?）主計〇と四人にて常盤にて夕食、下村中佐の馳走になる　後牟田口迫両人を伴ひ Paramaunt に行く　途中禊ちて転び手を怪我す、近日来失敗なかりし故気をゆるめたる爲めか、自重を要すと思ふ　散歩して一時帰宅

（自転車六日間レースをみる　牟田口少佐　下村中佐）

三月二十四日　日　快晴

午前中明日の戦術の準備をなし午後 Danielle と St Claus に散歩に行く　Seine 河を小蒸気にて下る心地よし昨夏遊びし〇林を散歩し同じ料亭にて夕食を取りて帰巴。本日 Foch 元師の柩を凱旋門に安置せられしを以て午後八時之れに〇つべく行きしも群衆集甚しく近接するを許ざ（ママ）れず遥拝して帰宅。戦術を準備し十二時床につく

三月二十五日　月　晴曇

午前午後共航空戦術の講話。午後五時半武官事務所に行き明日の Foch 元帥の葬儀に関し打合せをなす　恰も柳島大佐の一行到着せられたり挨拶をなし午後八時一同を常盤に案内し夕食を共にして帰る。正装の準備に忙しく帽子及服章は遂に少佐に改むる能はす大尉のまゝ着用するに決す

三月二十六日　火　曇霧深シ

午前八時半 Notre Dame に行き Marichal Foch の葬義に参列す　陸軍大学校の集団中にありしを以て他の代表の如く良好なる席を得る能はず式の全部を見得ざりしは遺感なり

参列者中に不軍紀のもの少なからず椅子に昇りて式の様子をのぞくものあり予の如く体の小さきものは益々遮蔽せられ何物も見ず

十時より葬列を作りてInvaridesに行く沿道○人を以て埋められて窓尾根悉く人を以て埋めらる。堵列の兵は柩に対してのみならず吾人に迄敬礼を実施せしめられありしは気の毒に思ふ又儀仗のものがZean d'Are其の他の銅像の前にて（教）敬礼するにも亦不可解の事なり

十一時十分前Invarideに到着。M.Porincare長時間にりて悼辞を述べ後軍隊其の他の分列あり終らせるは二時十分前、疲労を感ず

本国葬にて300000fを支弁を可決せる○新聞により遠く海外よりも代表者多く参集しあるの其の費用の極めて少きに驚く

偉大なるFoch元帥は永ヽナポレオンの側に眠られ　大使館に武官一同参集記念の写眞を撮り帰宅昼食せしは四時、疲労甚し

夜Danielle来る

三月二十七日　水　快晴

午前九時半より校長より校内授業全般に関する注意あり　次て自動車の講話。午後二時半、松井中將をLyon駅に迎へ後Gaonを訪ねOpéraに誘ひしも都合悪しかりし故Danielleに切符を送る

Champ de marsにて新聞を読み日光に浴し午後四時Opera Comiqueに行く　殆んとスモーキングの人を見ず前回と反対なり　Le Roi l'Daysを演ず

予が巴里に到着の際初めて見たるが此の劇なり既に二年有徐を経過して再び此の劇を見る感概無量なり

Danielleと散歩し十二時過き帰宅

三月二十八日　木　快晴

午前中手紙を書き整頓等をなす

午後Grand PalaisにConcours Hippiqueを見る紳士の障碍飛越、老年の紳士が一米餘を障碍を元気に飛越し居るに驚き居る中一婦人はAmazon○にて十数個の障碍を男子も及ばぬ元気を以て飛越せるには全く魅せらる

夜Danielle来る

三月二十九日　金　快晴

朝腹痛を感じ終日絶食す疲労を感ず。
午後松井中將及トルコ大使館員橋本少將を案内して Invalides に博物館を見 Napoleon 及 Foch の墓に脂で次で Efelle 塔に昇る、午後五時半より下村中佐の戦史の講話に列席後 Foch の葬式の様子を見るへく活動に行きしも十時二十五分に○○すへき鈴木大佐を迎ふる爲目的を達せずして Lyon 駅に行く
諫山大尉と両人にて同大佐を迎へ Hôtel Léna に案内十二時迄話して帰る　明日の準備にて床につきしは午前二時
光子より来信、帰朝必要なるへき予の俸給を擅に店に使用し居る間文及弟の考へ頗る不可解にて不愉快に思ふ

三月三十日　土　快晴

午前九時半柳下（ママ）大佐一行七名及鈴木、橋本、両大使館員を案内して Versailles に遊ぶ天気晴朗爽快なり、宮殿及大小 Trianon を訪ね Hôtel Noylles にて昼食午後四時帰巴。四時半より在巴武官の会合講話会に引き続き常盤にて宴会頗る盛会なり十一時帰宅
（ベルサイユ宮殿見学）

三月三十一日　日　快晴

午前中休養、
午後三時 Danielle 来る共に Bellevue に遊ぶ　作夏同地に遊びし事など偲ばれて感無量なり涼し　支那料理屋にて夕食を取り Foch 元師の葬式の活動を見て帰宅
明日 Royan に行く準備をなし十二時半床につく

四月一日　月　晴

午前九時二十五分　Montparnas 発列車にて Ruyan に向ふ、巴里の空は快晴なり離るゝに偲びざるものあり、車中旅客まれなり、沿道未だ春来らざるも所々に芽生ゑ初めし樹木を見る Loire 河谷に到着せる頃より天曇りたるも南するに従ひ又晴れ桃李其の地名も知れた樹木の満開なるを見亦田南・幼麦の青々たるを眺め神気爽快なり午後七時二十五分 Royan 着思ひの外寂しく暗き町の感を懐く

駅前に大なるホテルを見ず僅に一自動車の運転手の案内にて名も知らぬ Bayonne Hôtel に投宿す頗る貧弱にて○宿するの意なし　夜町を散歩し早く床につく

（パリからルーアンへ）

四月二日　火　午前晴午後時々曇る

早朝より外を散歩してホテルを物色す　南向きにして而も海岸に面せるホテルは頗る少く漸く Victoria Hôtel の一室を占領す、室は頗る広大景物佳なるも一階なる故遠望少し　理髪 5f と云ふ低廉の町なるにホテルハ 100f なり

Paramé の宿に比し高價なり、町の美は Cannes の Labole に及はず海の景色も亦遥かに Parémie の夫れに劣る　夜進級の挨拶状を書く

（ヴィクトリアホテル）

四月三日　水

午前十時頃迄晴後曇る夜再び晴る、昨日と全く同様の天候なり寒風強し、再ひ寒気仏国を襲ひ居るもの、如く海水浴をなし得ざるは残念なるも全国の事故止むを得ず

午前中航空操典の自習をなし午後散歩す

（航空操典の自習）

四月五日　金　曇

午前中航空操典を読む

午後軽鉄に乗り Grande Cote に行く　十四○寒風強く天亦曇り心行く迄美景を拜し得ざりしは残念なるも広漠たる砂○雄大なる砂丘は大西洋の怒濤と共に一幅の画をなす　帰路海岸傳へに St Palaris Baux Narozan 等美しき小海水浴場を散歩して帰る

昨年 Le Croisic より徒歩にて La banle に帰りしときの事など偲ばれ感無量なり、○齢の婦人徒歩にて元気あり十数分を踏破し居るを見たりしも予は時間を空費するを恐れ Banx-Wauzan より再び軽鉄に乗りて帰る

四月六日　土　快晴なるも風寒し

午前中操典の自習をなし午後海岸を散歩す、栗駕馬の競争あり 25k を一等は四十五分にて走れり七

頭参加せるも何れも貧弱なる馬車馬に過ぎす　後日光を浴しつゝ海岸にて読書、夕方帰巴の準備をなし静かにRuyan滞在の最後の一日を送る
（ルーアン滞在最後の一日）

四月七日　日　快晴

Ruyanに於ける最終の日に快晴の陽を受けて午前六時半に起床、美しき日光を浴しつゝ体操名残り惜しき此の室より海の景色を眺めつゝ何時再び来得るとも知らさるRuyanに名残を惜しむ七時五十分自動車の来るを待ち出発午前八時十五分の列車にて帰巴の途につく住路と反対に乗客一ぱいなりSaintriにて約一時間待つ、同地は人口二万の小都なるも歴史的に名高く多くの史跡を残す充分に訪ね得ざりしは残念なり

平凡なる旅を続け午後六時半帰巴、車中黒備台会戦の中岡少将の著書を読み屡し目頭熱するを覚ゆ、停車場にてDanielleに迎へられ共に夕食を喫し帰宅、書信山積、午前一時迄信を書く、柳島大佐一行には充分御世話をなし得さりしにも拘らす　スイスゟ礼状来たるのみならす絹のハンカチ半打を御礼として送られたり其の○意には深く感謝す之れに反し鈴木大佐は（句論充分世話し得ざりしも）着巴の時万障を排して駅に出迎へベルサイユに案内し買物をなし然して拍車に対し贈物とせるに其の受領せる挨拶すらなし礼義の有無匙々たる事なるも人の感情を左右する甚しきを知る

四月八日　日　曇（朝晴）

午前中新聞を読み午後Grand Palaisに馬術競技会を見る　数名のAmazonnesか男子と共に元気に障得飛越をなし居れり　五時よりPoloを見後Paramuntに活動を見る　七時半莆少将に招待せられ永持大佐以下十名ばかりと会食十二時半帰宅

四月九日　火　晴

午前一般戦術の講評後、明日の宿題を貰ひて帰り終日之れに携頭（ママ）す　休暇後第一日は○に多忙なり、夜Danielle来る

四月十日　水　驟雨

終日（午前八時より午後六時迄）一般戦術校内作業、教官より特に作業の容量を要求せられありながら依然として相談するものありて苦々し

夜相馬大尉に招待せられ下村中佐以下、内山、細川、西原　練山君等と共に夕食を共にし愉快に話し十二時半帰宅

四月十一日　木　曇雨、寒し

午前七時半より馬にて Bois を散策す心地よし

午後三時頃一般戦術の個人講評

明日の演習を準備及祝詞に対する返信を書き忙しく一日を送る

四月十二日　金　曇雨

午前五時半起床　七時八分発にて Amuien 附近に行き歩兵現地戦術、同地は教官 Colonel Giro が1918年第一次攻勢の際英軍を支援して激戦せる所、同一情況に於て戦場を弔ひつつ研究す、寒風肌を刺し血なまぐさき荒宴を戦場に当時の勇士より物語を聞く感無量なり　Aurien にて昼食、Catídorur を三度見物し名物の Pâti de Canard を求め三時半の列車にて帰宅、直ちに工兵現地戦術の準備に着手す多忙なり。

以上

ここ迄が遠藤三郎の仏国滞在日記

日本出港から約3年半の記録です。

遠藤三郎　第一回　訪中日記

自昭和卅年十一月六日（１９５５年11月6日）
至　同　十二月六日（　同年　12月6日）

中国訪問記
遠藤三郎

十一月六日　日　（日付は原文コピーで判読不能：筆者再現）

愈々出発の日　留守中の事ども光子、ちかゑ、十九子に依頼し五時過ぎ家を出る、光子十九子駅迄見送る筈なりしも帰路暗黒、加藤、長内老等見送るとの事故中止せしむ

五時半の電車にて入間川駅発、鶯ノ宮以外は無停車の急行電車予定より早く新橋駅に到着せし故約束の静枝を約十数分待つ　共に喫茶店にて小憩、将来の事など話し会ひ

静江の案内にて大野幸一氏を其の事務所に訪ね八時参議院の自動車にて羽田に向う、静江とは新橋にて別る　彼女も性は善にしてやさし　将来の幸福を祈る

久し振りに見る羽田空港は近代化せるも庶民的にあらず米国にある思ひす

解説

一衣帯水の隣国、中国に旅するにも、出発の朝は一家総出の見送りを受けての旅立ちとなった。中国に旅するにも、まだ直行の航空路線もなく、この世の別離を覚悟して一族と別れを惜しむムードが日記にもただよっている。

日中友好協会、総評、社会党代表等の歓送の辞あり　予は何人にも通知せず見送りを予期せざりしに徳地君及其の関係一名（下田君）特に小松の福島氏の見送りを受け恐縮す。特に福島荒氏は長野県に行く途中　新聞を見て駆けつけしものなりと。

関税にて日本円の所持金訊問あり、形式のみにて何人も正直に申告する者なしと。予は正直に申告せしに携帯は許されずの事故財布の金七千円を全部提

出せしに掛りの者は却って当惑しあり、但し予備としてズボンに入れありし一万円は無難なり　十一時半出発の予定が三十分遅れて出発す。東京の夜景機上より眺めて西南から、高度三千米、快適なり
　スチュアデスのサービスも亦中分なし

十一月七日　月、沖縄は風強く小雨　香港は
快晴

午前四時沖縄着、約一時間休憩。同地の日本人新聞記者諸君と基地問題等を話す。
米国の横暴振りに憤慨しあり
午前五時再び機上の人と成る　高度五千・夜明けと共に窓外を見れば機は雲上にあり海面は見る由よしもなきも旭出ん　白雲に映じて麗し　午前九時二十分（現地時間八時二十分）九竜飛行場着、飛行場にて欧州より帰途にある帆足君等に遭遇　欧州の近況等を聞く
ソ同盟衛星国の復興振りは目醒しきものあり殊にブルガリア等ソ同盟以上成りと、之れソ連は衛星国援助の為め自らを犠牲にしつゝあればなりと
九竜酒店に小憩後　中共側と連絡の結果　本日は九竜に一泊する事と成り新樂ホテルに投宿す
午後日航支店の旋幹にて日本語の達者なる中国人の案内人着来り香港見物をなす、法政大学の中尾氏総評の前田氏等も同行中尾氏は空港前との事との予空しく一時間を待つ、
渡船にて香港に渡り繁華街及（ビクトリアヒル）山に登る。自動車道は一九二五年仏国に向う途中見た時よりは著しく裏換あるやの感あり　山上にて小憩　下山は電車　夕刻寄宿す、案内料各人十円（邦貨七〇〇〇円）五名一組故三千五百円の案内料なり、頗る高価なり、西原氏等は単独行動にて見物せしに其の約十分の一にて見物し得たりと
山上の夕刻は流石に涼し、外套なしにては寒き程なり
九竜、香港共頗る雑踏、人の飽和状態にあるが如く　人に的には確かに昔を積駕しあるも実質的には寧ろ衰退しあるにあらざるか　英国勢力の衰退を思はしむ
夜は東久氏著ヤンチヤ孤場を面白く読む

十一月八日　火　広東　晴

九時三十分　九竜駅発十時——深圳着、国境は有刺鉄線にて境せられ看兵あり共に中国人なり、稍物々しき感ありしも中国内に入るや頗るなごやか、駅の待合室迄長廊下あり種々の額掲げあるも何れも世界平和、中ソ友好、労働尊重等のポスター有り

九竜駅には「唾を吐く者は厳罰に処す」という様な制札あり而も必ずしも清潔の感なかりしも深圳駅には斯くの如き制札は見当らず、屑入箱と澹壺とが整頓して配置せられ而も到る處清潔なり

又九竜駅の汽車賃を見るに一駅等に第三等の区分ありて二等は三等の卅倍〇頭等は三等の二倍にして結局庶民級に重く富豪を優遇の様あり　その名称の如きも殖民政策の名残り正然たるに　新中国に於ては硬席軟席の区別あるのみにて軟石の賃金は硬席の二倍以上の由　庶民開放の一端を表はす

北京より外交学会の劉進中氏数名の通訳を伴ひ出迎へに来られあり遠路感謝に堪へず、

初対面の挨拶をなし特別仕立ての列車に乗る。車輛は青島工場にて製作せしものか、新品豪華　日本の展望車に似て更に大なり、午後一時発車　車中にて昼食　歓待至らざるなし、車窓より風光を眺めつゝ北上　午後五時半広州着、（特別列車のため一時間半早く到着せる由）

駅には多数の出迎へあり愛琿大廈に投宿

七時より外交学会利部長の招待宴あり広東料理の珍肴多し

宴終りて映画観賞あり、本年十月一日の北京に於ける国慶節のニュース映画は中国の発展振りを示すに十分なるも殊に画面に見る人々の顔がいかにも希望に充てるが如く元気発剌頗る明るきは驚嘆すへき点なり、之れに反し我等の携行せる東京の中国見本市に表はれる日本人児童等の顔が誠に暗く淋しさと辱しさを感ず　殊に優秀映画として中崎代議士の携行せる段々畑の映画の如き寧ろ国辱に近し

会終りて明日よりの打ち合わせをなし床につきしは十二時を過ぐ

十一月九日　水　広東厚曇、武漢薄曇り、北

京快晴

七時宿舎発　七時半飛行場着、八時半出発、通訳の自慢せる中国の旅客機は双発にして二十四名乗り、日航の国際機に比すれば旧式なり　我々の為め特別仕立ての由、十時半思出の地漢口に着陸せしも旧時を偲ぶべき跡もなく飛行場にて昼食の後午後零時出発午後二時四十分北京着、周総理代理以下多数の出迎あり　花束迄贈られしには驚く

待合室にて歓迎の挨拶あり片山氏一同に代りて感謝の辞を述べ車を連ねて北京に入る　北京飯店に投宿、戦争中宿泊せる北京飯店は別建築にて貧弱なるも解放後のそれは右に隣し中々豪華なり但し予は四三〇号室に石原氏と同居。若き連中を一室一名として我等老人を同居せしむるが如き事務局の室割りは非常識なり

夜　謝南光氏来り話す。氏は久しく日本にありし人　日本語に長じ且つ頗る多識なり

明日のスケジュールを傳達する為め其の決定する迄一同を休養せしめざるが如き訓練なき我等の事務局は甚だ不手際なり、団体行動の際の指揮振りを説明し反省を促し置く

解説：

北京空港に到着の風景：　飛行場には周恩来総理の代理以下多数の中国政府の役人の出迎えを受け、花束の贈呈を受ける場面もあり、片山哲と遠藤の感激ぶりが日記に記録されている。

空港の待合室では早速、中国政府側の歓迎の挨拶とそれに対する謝辞は片山哲代表の代わりに遠藤三郎が担当した。北京空港からは市内の中心にある北京飯店まで自動車を連ねて移動しているが、道の両側にひろがる田園地帯と果てしなくどこまでも続く並木道を通過しながら窓から眺める風景はのどかで平和そのもの、昔、重砲兵部隊を指揮して、この一帯を命がけで移動した遠藤の目から見ると感慨無量の思いであったに違いない。

十一月十日　木　北京晴

九時半出発外交学会訪問　張奚若会長と正式の挨拶交換次で天安門、ソ連博覧会場跡等見物の後文京

地区に行く八大学建設中にて二十万人の学生を収容する由（北京西北郊外）学生は寄宿し教授は附近に居住を与へらるゝ事故一大市街を作る事とならん。地跡十分眺（美）望に価す

午后民族学園見学。出迎への女性異様の服装しあり、映画のスタジアムかと思う程なりしも説明を聞くに本園は少数民族教育の為め一九五一年創立せるものにて目下尚拡張中、

一六〇〇の学生（内女学生三分の一）収容せられあり四十五種族に別れ夫々自己民族の服装をなし習慣を保存しあり少数民族に自治行政をなさしむるため必要な幹部養成を目的として本科三年、専科には漢字を教育しあるも十七種族は文字あるも十三種族は文字を有せざる種族の由、之れ等には文字迄作るへく研究中の由。

苗族、蒙古族、ウィグル族、西蔵族、等々民族博覧会の如し、然れ共異民族間に何等反目抗争なく何れも和気藹藹

少数民族に対する漢民族の態度は極めて人道的にて従来の如く大漢族優位感を捨て平等博愛の精神を以て少数民族の発展に助力しある点は敬服に慣す宗教，習慣、服装には何等強制、圧迫なく、自由に委せ其の助長発展に協力しあり、豚を食せざる民族、或は牛、山羊を食せざる民族等には夫々の民族の料理を作り食卓を別にする程の配慮をなし礼拝堂の如きも宗教毎に特別に設備しあり、日本がこれ迄大和民族の優越を鼻にかけ、アイヌ、高砂族其の他少数民族を蔑視せし態度又目下アジアにあって尚依然として亜細亜民族を蔑視しあるに比しその人道的なるに敬意を表す

解説

北京で新中国政府が推進する少数民族保護政策に感動

遠藤は戦後最初に新中国訪問旅行で、新中国政府の採用した少数民族政策が人道的、人類的な民族平等の理念に一致するものであることを発見した。

彼は戦争中、満洲国や大陸で大日本帝国の民族政策とその理念が大和民族優先の利己的なものであったことを反省した。彼は日本陸軍の高級参謀であっ

たが、若き日にフランスに留学したとき、仏人にフランス革命の自由平等の理念とはいかなるものか？と質問したことがあった。当時の日本では、人民の自由、平等という観念は陸軍士官学校教育でも、さらには広く一般の国民学校でも、日本では教えられることはなかった。

しかし遠藤は仏国駐在武官としてフランス留学時代に、その人類平等の近代思想を学んでいたことになる。

後、彼が関東軍作戦主任参謀として統治することになった満洲国には、愛新覚羅溥儀が形式上君臨し、長春の帝宮内にも、日本の天照大御神が祭られ、満洲国皇帝の溥儀は皇帝の軍服を身に着け、毎月二回、その宮殿に拝礼したのである（溥儀自伝「我が半生」下巻参照）その自伝で溥儀は次のように回想している：一九四〇年六月「私は（第二回目の日本訪問から帰国し長春に帰ると）『帝宮』のそばに白木造りの『建国神廟を建て、特別に『祭祀府』を組織して、日本の近衛師団長・関東軍参謀長・憲兵司令官をつとめたことのある橋本虎之助を祭祀府総裁に・・任命した。これ以後、関東軍の定めるままに、毎月一日・十五日には、私が先頭に立ち、関東軍司令官や『満洲国』の官吏たちを伴って、祭りに行くことになった」（日本語訳筑摩書房版　下巻55頁）ここに登場する橋本虎之助は、一九三一年九月、橋本ミッションの団長として作戦参謀の遠藤三郎らを伴い、関東軍の暴走を止める役目で渡満した人物である。同じ軍人でも橋本は権力に従順で、信仰の自由など理解できなかった。しかし遠藤は違ったタイプのエリート参謀であった。遠藤は戦後、新中国を訪問し、新中国政府の教育に民族の平等と少数民族保護の理想があることを知り、それに敬意を表したのである。

午后七時より副総理の招宴あり　上海事変の時の好敵手、（国民党第）十九路軍長蔡廷鍇氏（目下平和委員会）と会談、彼も亦軍職を捨て平和運動に挺身しあるは愉快なり夜再び謝南光氏来り遅く迄民族問題に関して語り合う

解説

戦後北京で遠藤三郎元参謀は中国国民党の「鉄軍」

といわれた第十九路軍の司令官蔡廷鍇将軍に再会した。二人の再会は二十三年ぶりのこと、元好敵手であった両人はもはや憎むべき相手ではなく、人との出会いも感慨無量であったろう。

二人が激突したのは一九三二年三月初め、そのとき遠藤は、参謀本部作戦参謀として、上海戦を勝利に導くため中国国民党軍の勇将蔡将軍の第十九路軍に対し揚子江の七了口から上陸作戦を敢行し、第十九路軍を挟み撃ちして、勝利したのである。しかし二人が再会した時、蔡元将軍は中国新政府の平和委員会の指導者で、遠藤もまた日本の憲法第九条擁護団体の理論的指導者であった。この二人の会話がどのようなものであったか？人道的非戦平和論に花が咲いたと思われるが、その会話記録は見つかっていない。二人が上海で激突した戦闘記録は吉田曠二著「元陸軍中将遠藤三郎の肖像」（すずさわ書店）他、各種の日本語文献でも紹介されている。

十一月十一日　金　北京快晴

故宮内天然資源博覧会、及黄河展覧会を見る　一目瞭然　中国の天然資源及黄河治水計画を知らしむ、大衆教育には頗る配慮しあるを認む、説明者も中々堂に入りたるものなり

午後　北京東郊外に国立第二紡績工場を見学す。漸く五十五日前創業せしとか新しき工場にて今尚建築を続行しあり、十三万錘、三千余名の工員を有する大工場なるにも拘わらず工場長は三十五才の若き婦人なり　一糸乱れざる統卒振りには驚くの外なく（宋訂と呼ぶ）工員中女七十％、給料男女の別なく初任級三十五円　熟練工六十八円にて更に出来高による増給あり。会費（獨身者十二円、定時の就労時間　七時間半

解説

植民地時代の中国人労働者の就業時間と賃金

第一次上海事変当時、上海共同租界の外資系繊維工場で働く中国人労働者の就労時間は一日12時間～15時間で、賃金は米ドルで一日五セントであった。その状況が解放後は大幅に改善されていたことがわかる。最初の訪中で、遠藤はその改善された実態を

確認し、若き女性の工場長の下で、目覚めた新中国の女性たちの働く姿に感激した。

宋訂女史に工場長として最も楽しき点と最も苦しき点を尋ねたるに楽しきは元気溌剌たる青年と共に働く事とノルマを完遂した時、苦しき事はなきも機械故障原因を発見し得ざる時　製品の欠点改善の方法発見し得ざる時のみと。　中々若きに似ず確かりした人間なり　工場内の機械は殆んど中国製なり一部日本製もありしも何れも新式、且つ計画的に将来の発展を見通して作られあるも至る處ユトリあり工員の更生施設、学校等頗る完備、工場の進展より寧ろ先行しあり　且つ工場内に働く者は勿論小学校の生徒迄我等を悦び迎ふる様、作り事とは思われず、近親感あるを覚ゆ

夜舞踏見物、我等入場するや観衆一同喝采を以て迎へたり

解説　天安門広場の風景：中国人民の友好的姿に心休まる

新中国建国後、最初に訪中した日本人訪中団は中国の人民から、このような歓迎を受けた。これは遠藤三郎の作り話であったとは思えない。一九七〇年代後半、始めて訪中した私の経験でも、天安門広場で会話した中国人民の我々日本人に対する態度は友好的で親切であった。当時、天安門広場の毛沢東記念堂に入場するには、朝から長蛇の列があり、礼拝するには、一時間以上、長蛇の列の後ろに並んで待たねばならなかった。だがその長い列の前方にいた中国人民が、後から来た我々日本人に自分たちの列を空けて、先に入場できるように、自主的に順番を譲ってくれた。その理由を尋ねると、「あなた方は遠路外国から、来てくださった人だから、われわれは歓迎の意味で、順番を譲るのは当然です」と言う答えが返ってきた。それから約半世紀、今でも多数の中国の人民はその配慮をしているだろう。

一九五五年の遠藤らの訪中団は、あの侵略戦争を反省できる人々であったこと、それを参考に将来も我々日本人が訪中すれば、天安門広場でも友好ムードは復活するに違いない。

十一月十二日　土　北京　快晴

紫禁城内故宮博物館及国際友誼賓館並に敦煌藝術展覧会見学。

革命には大なる破壊を伴ひ建設之れに伴はざるを常則とするも中国の革命は全く之れを裏切り破壊は主として封建の制度及旧思想の破壊にて、制度、人心、及形而下の物は悉く建設なり　古代文化の保存に努力しあるは実に驚くべき様にて博物館の如き斯る整頓せられ且つ手入れも行き届きあり又国際友誼館には日本品の陳列所さへ中国の友邦のものと共に設けられある点より見るも日本に対し何等偏見なきは明かにして所々に見る世界友和のポスターより見るも中国は断じて戦争を望み居るものにあらざるを思はしむ

但し日本品陳列所にある品物は甚だ貧弱、予が土産として持参せんとせし日本刀でも許（され）ねば一段と光彩を放すべきに残念なる事（上欄外：◎翌年日本刀を土産（と）せしはここに発す）をしたるものなり

午後外交学会にて国家計画委員会副委員長（国民族展総合計画局副委員長）薛善構氏の説明要旨

夜　小白樺舞踏団の舞踏を見る

「戦争の為め革命の年は各産業の低下率は次の如し

重工業　七〇％　軽工業三〇％　農業二〇％

故に毛主席は一九四九年より一九五三年迄三年間を恢復年度と定め一九五三年以降を建設の段階と定め特に鉄鋼、石炭、電力、綿布、食糧、綿花の増産に努力せり　之れが為め鉄鋼に於ては　一九四三年九二万屯なりしものが開放の年一九四九年には一六万屯に低下　一九五二年一三五万屯に増加。

農業個数一億、百六十万戸を合作社の方向に導きあり　憲法に定めある任務

一、社会主義的工業化

二、農業手工業の社会主義化　　十五年を完了す（三回の五ヶ年計画）

三、資本主義商工業の社会主義的改造

十一月十三日　日　北京　晴

万寿山頤和園の清遊　夫々遊覧船に分乗し、昆明湖に浮び次で山に登る　中国各方面の名勝を一地に集めて作りたるもの、由にて湖は杭川に運河は蘇川に夫々型取り野人雄久明媚清朝の贅を思はしむ

午後六時より北京市人民委員会々長彭眞氏の招宴あり周（恩来）総理も臨席。予は総理を始め陳毅副主席　傳作儀　彭眞氏等と親く話す機会を得、戦争中日本軍人の犯したる過誤に対し遺憾の意を表しひらに何れも過去は問はず将来の友好を語らんと称して多くを云はしめず、此の日謝角光氏の頼禮にて順序よく各名士と会談し得たり

本日劉進中氏を介し王氏に依頼されし子息の捜索を紅十字社に依頼す

十一月十四日　月　北京　雨

北京大学を見学　毛沢東も本校出身の由（毛沢東は北京大学図書館司書出身：筆者）

圧迫と搾取に反対し新思想の代表者なりと自負しあり

十三部に別れ目的とする處のものは研究と教授の養成にあり　理論と実際とを結び付く即ち目的を国の経済建設に硬く結び付けあり

学生数　過去二二〇〇　現在六二〇〇人　労農出身　5分の2　女　10―23％

五年次　一万二千人　教授四段　八〇〇名　図書一〇〇―一八〇〇万冊

留学生　二一五名（東欧及アジア）

日本語学部の女子寮参観、心よりなる歓迎は嬉し女子の態度は戦前と一変しあり

（北京大学日本語科四年　章秀楯）

午後外交学会にて農業部長廖魯言氏より合作社問題に関する説明を聞く、大臣が補法官もなく身軽に単身我等にテキパキ説明する態度は誠に羨望の限りなり

夜　人民劇場に於て観劇、「除三害」京劇、観衆一同の拍手を以てする歓迎を受く陳毅副総理より会員（談ヵ）の申込みあり　会談内容を通報す

合作社に関する農業部長の説明要旨

土地改革法、郷毎に実施、農民協会其の衝に当る

農民数　五億、農村の繁栄は合作社と機械化の外なし
資本主義農業は一部の者が繁栄し大部分の者は破産す
一世帯を生産単位としては力少なき故之を大ならしむるものが合作社の中88％は個人経営の時より成長可　10％－30％　故に希望者多きも受入れ態勢整はず制限し居る状態なり
私有より公有へは三段階による　行政機構、合作生産委員会
一、農業生産互助組合＝土地私有、労働の協同
二、初級農業合作社＝　土地は私有なるも生産は統一的
三、（高級合作社）
完全社会主義化　　完成合作社1000、（試験的に実施中）
一九五八年を目標とし80％を生産合作に加入（山西は既に60％が加入）
一九六二年迄に合作社の二分の一を高級合作社とす（黒竜江省来春迄に70％）

第三次五ヶ年計画の中頃に全部完了の予定
機械化計画、二十年を目標とす　目下トラクター製造工場建設中
目下は輸入品によるも第二次五ヶ年計画に於て配布開始
第二次の末には（一九六二年）二十万ヘクタール
第三次　　　（一九六七年）七十万　〃
は機械化し得ル　（耕地全面積の二分の一）
但し水田地帯の機械化には問題を残す
化学肥料の所要量　二千万屯としても七フェクタール一屯当りの割合
三　五ヶ年計画の要あり＝日本よりの輸入を希望す
毛沢東主席いわく、農民は合作社によりて始めて幸福となり得（決意強し）
共産党がこの農民の希望を実行せざれば、農民より離れるであろう
共産党は永年農民に依て活動し来りしを以て農民

と最も密接なる連携しあり、
農業の発展なしに工業の発展なし
初級合作社全部労働力に応じ分配す、積立金を有し農具等新調す農具役高等
共有する場合元の所有主には代金を拂う
私有を認むるもの＝総ての生活財」＝家屋を含む、家の囲いの小土地
目下農民収入は工業労働者の収入より少し、将来は差別なし
半農、半労、半漁の問題＝合作社は商業を許さず
競売、稍増加しあるも　羊以外は計画（カ）より少し、豚90％

十一月十五日　月　北京　風強し

午前日本宛の手紙を書く、飛行便は郵税高騰にて約八十円強　而も一週間を要すとの事。普通便は一ケ月の由。国交の正常化の要大なり午後二時より総理府に於て周総理と会談、総評（日本側：筆者）を含む全員出席
（周）総理談の要旨　（下段の一行：日本人人名削除）
平和、独立、民主もモットーとし武力侵略を認めず　外交は平和的　友好的に解決す、日本の軍国主義化に反対する。護憲運動には共鳴する、武力侵略は必ず失敗する事を知る．武力により紛争を解決せざる事を誓約する。
貿易、米、大豆、鉄、石炭、塩、輸出
機械工業用製品、自転車（五億の農村人口に必要、来年は百万台）
汽船　汽船会社相互の交渉により五ヶ港に入港を許しあり　これ等は計画的発注なるを以て長期に亘り有利ならん
（国際石炭の如きは一〇〇万屯三〇〇屯迄増加し得べくコストも低下一屯8弗位にて取引できるのに米炭を二二弗にて買うは不得策ならん）労働にて保いる製品の交換は永遠のものなり
賠償問題、　中国々民が賠償を要求しないと云う事は補償し得ない　然し事情が変化すれば変化するであろう
日本の国難には同情しあり　桃を呉れしば杏を返

す の 諺あり
戦犯問題、中国の主権に属す、国交回復出来ぬ間は政府と交渉の道なし　国民の気持に同情し見舞に来る事を許可する。何れ戦犯処理の結果を発表す＝一部解放の意？
取扱ひに関し不良の点あらば，意見を出され度、なし得る限り改善す居留民、紅十字会が二万九十名を帰還せしめ近く一三〇名を帰還せしむ　他は中国人と結婚しあり、家族を訪問し得、通信の自由を与へ後在日中国人の待遇を改善され度、横浜の居留民を台湾に帰したるは遺憾なり、居留民引き揚げ促進の理由を解し得ず（予の意見と全く同じ）
A,A　会議の十原則には中印の五原則も含みあり（欄外：日本の提案も含む）、これが実行を要求する権利あり
A,A　会議を更に拡大の要あり　来年再会を企図す　日本の参加を望む
A,A　が団結して始めて欧米より尊重された。我々の団結は平和を目的とす　国連には十八ケ国同時加入を希望す

記念撮影して午後五時過ぎ寄宿　夜は雑技晩会を覧る

十一月十六日　水

午前九時半より午後一時半迄副総理陳毅元帥と会見、趙安博士通訳の発言
一、米軍の日本駐留は日本の独立を害するのみならず中国に取りても脅威なるべし　故に之れが撤退を希望するも武力による事は困難且つ不可なるを以て駐留の目的を無くする事が大切、再軍備論者は日本の軍隊を以て米国に代へんとするもこれは甘い考へにて不可能なるのみんらず　日本は益々米国に従属す、故に日本は米国との国交を保ちつつ日中両国、日ソ間の友好関係を進め　日中日ソ間に日本は米国との国交を保ちつつ日中日ソ間に戦争の虞なきを明らかにして日米安全保障条約の要なからしむる以外方法なからん
二、戦犯問題に関しては周総理の説明により何等不満なきも中国の友人として云へば、日本

人は感受性に詳し。特に恩義に対して然り目下日本人の多数の者は戦犯問題を法理的に理解せず形の上より見て、中ソは若干蘭に比しと見るもの少なしとせず、少なくも親米、反中ソ派は斯くの如く宣伝して国民の情を反ソ反中に導かんとす、故に之れ等謀略を粉砕する為めにも又日本人の感受性を善用するためにも法理解や外交慣例を超準して大英断に出ずるも賢明とせずや

陳毅氏の説明

　中国は拝米精神の打破に務めあり、米国は張子の虎に過ぎず其の与国は離散しつゝあり

第一、米は佛印より佛勢力を駆逐せんとせし故仏国の感情は米より去りつつあり

第二、米はカナダより英勢力を駆逐せんとしある故　カナダはソ連（近か（ママ）をしてソ連ノ：挿入）と交渉中なり

第三、中近東の石油を米の独占とせんとし反米思想台頭しあり、

第四、西独再軍備により財閥と結託、内部に矛盾多く反米熱少なしとせず

第五、北亜問題に干渉せんとし各国共反米に傾きあり

第五、敗戦国との関係

　独逸にては再軍備問題に関し本年参謀本部にて大激論あり

　フォンボーレンは反対（予と同意見）ブランクと衝突

　アデナワーのソ連行き等より見ても独逸は米国の道具となる事が如し

第六、伊太利、中立の傾向あり　米の制覇は不可能なり

第七、　米の制覇は不可能と見通しあり

第八、インド、インドネシア、エジプト等悉く反米的なり

第九、ビルマは米が軍事基地と交換に援助を申し込みしもウーヌーは拒絶せり

　中、通商協定には何の条件もなし

◎1944年蒋の軍隊二万名ビルマ国内に逃れた

るも共産軍は追撃することなく、外交により解決せる事にビルマは感謝しあり、一孔子の言、小を我慢せざれば大計画に支障を来す）
侵略の意あらば、進龍の好機なり
秦週　〇〇〇を支持せず、

十一月十七日　木　北京　晴

政治協商会議訪問　　人民代表会議
解放後成立せるも　　議員数1226名
普選不万能なりし故　　共産党員　54・57％
各代表を集めて作りたる　他党員　22・7％
者なり代表会議を代行　　無所属　22・76％
したる案たるも代表会議成立後之に優る今は統一戦線
の仕事をなす　総数559名中共産党員150人
李衣深　大会副主席　　各地に分会あり
傳作儀　国防委員　副主席
グループ会議を最も活発に行い討論、少数者の意見も尊重す
政府政策の普及宣伝下意上達

予算の決定　予算審議委員会、
司法権は独立あるも本質的の三権分立なし
国家の権力が唯一つなり
人民大会、閉会中は常任委員会之れを（受？）持つ
国務院　行政担当　　裁判所は独立、誰にも干渉されず
裁判官は人民大会に於て選挙す

立法権　人民大会が唯一の立法機関なり
党派数は8（共産党を除く）あり夫々綱領を有すも1949年
共同綱領を作り対外対内政策の一致を見　1954年憲法を宣布す　政府の重要ポストにも就任しあり
協商会議規約、共同綱領、七原則を制定し、各党綱領は消滅す
共産党は、
1、帝国主義、官僚資本主義に反対独立自主
2、封建主義に反対

3、反動的蒋の独裁（宰）に反対
各党は共産党の主張の正当なることを認め之れに反対せざる態度を保つのみならず共産党の指導を受け入れる事を承諾す、何れも社会主義政党にして全部与党なり、但し社会主義完成するも各党は存続す
少数民族60種、四千万人、信仰の自由一律平等、融和協力、大家族主義も残る
解放前は団結なく互に殺し合ひをなせり
解放前は宗教を利用して互に抗争せしめたり

国防軍　武装力は人民に属す
主席は武装力を統帥し、国防委員会の主席となる
国防委員は国防に関し討議し武装力を建設す
国防部　武装力を軌動す
宣戦、動員、戒厳等は主席之れを行うも全体会議又は常任委員に報告する要あり
午後三時　対外文化協会訪問　文化交流問題討議
午後十時十分発の列車にて瀋陽に向う

十一月十八日　金　瀋陽　晴

午前七時山海関通過　目酔ひ　墨多き遼西の風景を車窓に眺めつつ西北進　午後四時瀋陽着、多数の出迎あり、少女等花束を貢ず　駅前の建物は戦前に変わりなきも新しく赤色に塗り異様に感ず　瀋陽賓館に投宿，旧ヤマトホテルなり　感慨深し。

解説：
遠藤はいよいよ瀋陽駅に到着し、駅前からは浪速通り経由で、懐かしい旧ヤマトホテルに投宿した。このホテルの前方には東洋拓殖ビルがあり１９３１年９月18日の深夜、関東軍の謀略により、満鉄線路上をパトロール中の部隊が武力発動を開始し、その夜が明けるまでに奉天市内を占領し、同時に関東軍の臨時司令部が置かれた建物である。
遠藤が「感慨深し」と戦後の訪中日誌に書いたのは満洲事変直後、ヤマトホテルの南側の日本旅館：瀋陽館で、関東軍の暴走を止めるために橋本虎之助団長とその旅館の二階で、先輩の石原莞爾、板垣征四郎ら関東軍の高級参謀らを相手に喧々諤々の論争

をしたことを思い出したからであろう（この建物は現在も当時のままの姿で地元政府が経営している。しかし、橋本ミッションが関東軍高級参謀、三宅参謀長、石原莞爾らと会談した瀋陽館は戦後、姿を消してしまった。）

十一月十九日　土　晴

東北全区の農業合作社の状況を聴取す
一九五一年　概数　二三　　戸数　五六七
　二年　　一、三三九　　二一、三〇九
　三年　　四、八六五　　九二、五八一
工業陳列館　見学　（見出し　鉛筆書きの枠表記あり　後で書いたもの）
東北工学院　見学　学生数　六二〇〇名　女　九〇〇名
　八糸あり　四年制　なること本年より五年　卒業後　技師となる
全部寄宿　　90％は助学金、職員も寄宿
託児所，小学校　医務室等　完備す
美術学校　見学

現実派にて直接国の建設に結び付けあり
女子学生は全学生の25％
夜　電影見物　　怒江の曙、西蔵の少数民族を写しあり

十一月二十日　日　瀋陽　晴

渾河に近き西部　大清村の農業合作社見学
合作者を指導しある輩は元小作人にて文盲なりしを解放後勉強して合作者の指導に任じあり熱弁を振うも通訳は之れを通訳し得ず、方言多き為めなりと、村民の言によれば、此の指導者は全く自己を考へず奉仕一点張り故好評を博しあり、成績良好、合作社の生活は向上しあり、目下１００戸以上加入、
昔は地主の使用した麻袋を使用した衣物に使用しありしも現在は新布を用ふ、収入は各家庭に副業あり平均鶏三羽、豚五匹　牛等
合作社　協同飼育の鶏（四〇〇）及豚（一〇〇）あり
（抹消：従来　三人三区の〇座が　一日三十敏耕したるものが）

学生の状況、以前は富裕の子弟のみ、五〇名　中学三名
　現在
高等中学十数名あり
夜は夜学〇部のあり目下大多数は読書きを為し得〇〇販売合作社
信用合作社（各人出資）年利七分　貸九分
以前、月利四分―七分（貧農）
後鳥（島）村　戸数一九一　人口　九五八　三合作社あり
　地主　五、富農十三、中農、六三、80％加入
　申し込み
学校、解放前　一級のみ。現在三学級
工人村見学　建坪ヵ　二八万米　地域六〇万㎡　一九二二年建築
七〇〇〇世帯、人口　三三、〇〇〇名
風呂場、合作社等増築中、病院、三〇〇ベット
夜　日僑と座談会、予の平和運動に感謝と激励とを受く
大塚節郎青年は家族札幌に引き揚げ〇学校に残りたるも全部官費にて何不自由なく大学卒業、感謝しあり

十一月廿一日　一　月　鞍山　雲多し

十時奉天発　十二時　鞍山着　製鋼所見学　一九四八年十月解放再現恢復に務め一九五三年より大規模の建設に着手す　三鋼鉱を恢復し四を自動式とす（一一一五も六本あり日本時代の九本より能率大
屈延工場七恢復、自動式三連設　五十六工場あり
一九五四　鉄の製産高　戦前の118％となる
七号両延工場を見る　ソ連式レール　ソ連の指導により建設継ぎ目なしレール製造中
工員七万四千（婦人四八〇〇）
一人一月　賃金　六九円（四十八％は出来高払）
増加平均二〇円
保復基金一四・五％　実質賃金は増加しあり（年平均二〇％増）
福祉施設100万㎡完成、教育及児童の保護施設も進渉してあり
鞍山市、解放前の人口一二万　目下七二万　家賃

三円　電燈一・五円燃料0・5円　主なう製品、レール、武漢鉄橋材料、鉱管等、建設用のものにて兵器類の製造なきは嬉し
　五時出発、七時奉天着

　十一月二十二日　火　晴　（撫順）

　早朝　自動車にて撫順に向かう。
途中　東陵を見る、自動車道は見事に舗装せられ並木も亦立派に植えられあり。市は人口七十四万、露天掘り見学、一九一四年より開始せりと
　東六六〇〇米　南一五〇〇米除（カ）二〇〇米、石炭及良岩あり　炭層の厚さ四〇―一二〇m、平均八〇m、年産三七〇万屯　寓石一三七〇屯　石炭の原価六・三六円　賃金、最高一二〇円　最低四〇円平均六五円　工員数一四、二六〇人　70%は新築のアパートに居住す

　養老院　訪問一九四九-一〇-一〇日開設、一五〇人収容・男のみ、女なし労働保復〇〇により男六〇才以上　二十五年以上勤続　女三十才以上二〇年勤続　通職養老金を貰い其の50―70%にて生活し得(但し独身者のみ食事代一三・五〇円)医療費　五・六〇円計一九円（十銭？）面白く生活しあり
　午後二時二十分戦犯収容処視察・所長より説明あり

　三時間学習、二～三時間運動　食事、一日一二五〇瓦　充分との事
　衛生、理髪，月一回、ヒゲソリ二回、入浴毎週一回五木ま但し時間に制限なし　適時、毎月一回身体検査、入歯、眼瞼も〇あり
　内部視察の時、時間を一時間半とし、室内にはいらざる事、談話せざること手紙や品物等を直接渡さぬ事、煙の件を待つ事、等の注意あり　厳格の如く思ひたるも実際は日本語巧みにして且つ愛嬌よき中国兵各人に一人づつ付き添ひ且つ我等の要求は悉く受け入れる等中々親切なり、所内見学後一同を庭に集合､片山氏より十分間挨拶をなしたるに三輪某(元将校）堂々たる答弁をなす、完全に洗脳されあるがごとし、後個人面会、渡辺卯郎氏に会す　白髪になりありも元気よく血色も優れ予に再軍備反対の激励

をなす程なり　待遇に関しては（腹：一字抹消）さ与らるん各人の体の寸法を取り仕立てる由　以て其の○重振りを察し○

午後七時多数の見送りを受け瀋陽発天津に向う

十一月二十三日　水、天津　晴

午前八時天津着、多数の出迎へあり　本日のスケジュールに関し打合わせの後先づ文化宮を見物す、一九五三年未完成の由、真に労働者の宮殿たり　劇場、ダンスホール、投術　静座室　音楽室　美術室、体育場、図書室、遊戯室等完備せざるものなし

次いで第一病院見学　四〇〇ベット　全科医院、日本製、歯の治療機械　針灸科等のありしは珍し、入院患者中労務者は無料

家族は事類自弁　昼食は市の招待

午後紡績工場見学　解放前は資本家のものなりしも目下公私合弁前市長は依然管理者の一人なりあり

別れの際「共産主義は恐れる必要なし」と云ひ居れり国家の注文により国家より原料を受領し生産に従事し国家と人民の需要を充（満）たし合理的利潤をうけつゝあり

解放後は労使関係正常化し共通の同権を有するを以て両者の矛盾は調整し得る

○五場管理委員会（十七名）工場長四名（内二名は国家、二名は個人）

共産党書記一、青年団書記一、労働組合長一、労働者ら一〇人進奉　技師二　事務二

工業局の〇〇〇に各工場と競走す　昨年同期に比し本年は生産多三八％増利潤九六％増　労務者六

国家は資本家の合法的利潤を保証す

企業条例　利潤の分配例

所得税三三％　配分固定法もあり

株主　二五％

福祉施設　一〇〜一五％

新旧軍隊の相異

旧・上より強制的命令により規律保持

新・内部より発する自己意志により規律を保持す

従って自発的の犠牲心を生ず
旧・統帥者と兵との利害反す
新・軍隊は政治に従ふ従って統治が正しければ軍隊は活動せず
武器はかならずしも力にあらず、精神が最大の力なり
解放戦の時　傳将軍の軍隊は武器も優秀、兵数も大なりしも中共軍に敵し得ざりき
解放軍は人民の利益を目標とせる為め勝利を得たり
傳作儀が毛政権内に入りしは人民の希望により自分の行動を定めたるものなりと
日本の将来に対しては・・・・・・・・
政治の方向さへ正しければ将来の発展を期し・・・・

遠藤先生との思い出の記

我が師遠藤三郎元陸軍中将

先生の座右の銘は「至誠尽命」であるが、正にその通りに生きられた。私は幸いにして最晩年の老将軍と親しくなり、ご指導を頂くことができた。これからが本論である。

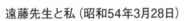

高島敏明

遠藤先生と私（昭和54年3月28日）

私が遠藤先生にご縁をいただく契機となったのはトインビー市民の会の機関誌「トインビー研究」№11であった。同誌はトインビーの中国観を特集しており、私は本書所収の「文明論の観点から眺めた日中の関係」を寄稿したわけであるが「トインビーの中国観と四人組批判」というタイトルで遠藤三郎という方の論文が掲載されていた。アーノルド・トインビーは日本国憲法を人類の至宝と絶賛していた。憲法擁護の遠藤先生とトインビーとは接点があり、先生もトインビー市民の会と縁ができたのであろう。内容を一読して元軍人とあったので遠藤中将ではないかと思った。私は将軍に対して若干の予備知識を持っていた。姉の川越女子高校の同期に遠藤十九子さんという才媛がいておじいさんは偉い軍人さんと聞いていた。私は高校は川越であるが、狭山市からきていたクラスメイトの会話に遠藤中将という言葉を耳にしたことがある。又、当時購読していた朝日新聞で時々お名前を拝見した。国防問題に関して意見を投稿されていたのである。職業欄は農業であったが。そんなわけで、かの有名な遠藤中将と得心し電話でアポをとり、ご自宅をお訪ねしたわけである。昭和五十二年の七月であった。二階の客室に通され、半袖姿の先生が姿を現わされた。「はじめまして遠藤です」と力強いご挨拶を頂いた。世が世なれば私は閣下と申し上げねばならない。頭が大きく白皙で背は余り高くないが、がっしりとした体軀の持ち主であり、軍人として徹底的に鍛えられたのであろう背筋がピンと伸びていた。時に先生八十四才、かくいう私は三十一才、正に孫であった。風格、威厳が自然に備わっており、俗なものを全て捨て去った高僧の趣があった。百戦錬磨の勇将にして幾多の死線を越えた人間のみが持つ境地なのだろう。私は当時、本書所収の処女論文『新日本外史』を発行して間もない頃でそれを持参した。私は文明論研究の一学徒に過ぎず何の肩書きもないし、勿論名刺などなかった。私はその後数年先生の謦咳に接することになるが一度も何をしているのかとか経歴を問われたことはない。何かの縁で一人の人間に出会った、お互いに一人の人間として裸で付き合おうといったところか、こういう大物の前にくると人間誰でも裸にならざる得ないだろう。少々の肩書きや地位など無価値とはいわないが、どうでもいいことである。

ところで初対面の折、一番印象に残ったのは先生から「教養とは何だと思う」と問われたことである。私は通り一遍の回答を申し上げたが、教養とは相手の立場に立って考えることとおしゃった。人間と動物を分かつのは紛れもなくこの一点であろう。人間には我欲の固まりもいるだろう。しかしそれは教養のある人間とはいえない。相手の立場に立つという視点があれば多くの問題が自ずと解決されるだろう。私のようなぼんくらには実現困難であるが少なくとも努力目標にはなる。誠に有り難い話を伺ったと思った。遠藤宅にお邪魔するといつも令夫人がお茶とお菓子、それに時々果物を二階まで運んで下さった。先生は夫人をおばあさんとか呼ばず、お名前である〝光子〟と呼んでいた。これも好感が持てた。時々お嫁さんの〝ちかゑさん〟が手伝って下さった。先生は二人の女性に大事にされていた。尤も家では評判が悪いのだと大きな頭を掻いたことがある。先生の畢生の大著『日中十五年戦争と私』に私人としてはともかく公人としては誇りを持つという一節があった。その通りであろう。大日本帝国を担うエリート軍人としての矜持であり、戦中・戦後不惑一貫の姿勢を貫いた自負である。時には先生を戦後の平和運動を以って変節漢呼ばわりするものがいるがそれは正しくない。先生の御高著を読めば自ずと解ることである。

二時間程度滞在して失礼しようとしたら色紙を下さるという。お茶を無造作に硯に入れ、墨を磨り、さらさらと書いて下さった。見事なものである。先生の生活信条なのだろう。「春風接人　秋霜津己」とあった。先生は自らを律するに誠に厳しい人であった。そして、私は先生ほどの書家を知らない。帰りに先生と奥様が玄関で見送って下さる。その後も少しも変わりなかった。これは私のような一介の書生でもいかな高位高官であっても変わらないのだろう。ある時お邪魔した折、先ほどまで教科書裁判で著名な家永三郎東京教育大学教授が見えていたと話された。家永教授のお父さんは陸軍少将ともいわれた。高名な先生も私も待遇は同じであったに違いない。先生にあったのは一人の人間という原点であり、そして対等という開かれた人間関係であった。帰り際に庭の一角にあった墓碑を見せてくれた。「〝茲に眠る〟とありますが、未だ生きているのではないですか」と申し上げたら、「昨年、三省堂編のコンサイス人名辞典に過去の人物と掲載されていた」と大笑いをされた。実に愉快であった。帰路心が洗われたような爽やかさに包まれた。生まれて初めての体験である。早速先生から私の小著に対する礼状が届いた。私の文明論に対して「極めてユニークな発想とのこと、そして救世の為に頑張って欲しい、いつでも遊びに来なさい歓迎します。」とあった。その手紙と同時に先生の大著『日中十五年戦争と私』（日中書林）が贈られてきた。「軍備亡

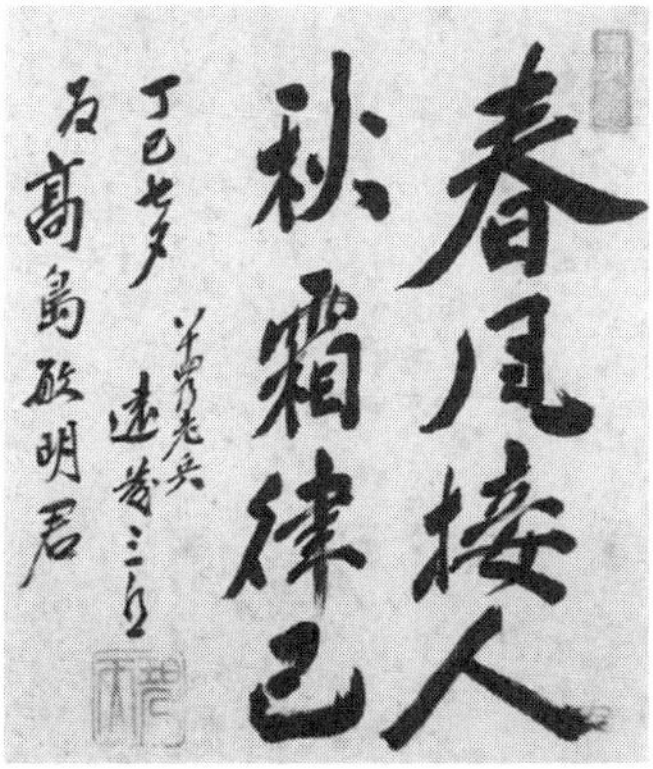

初対面の折頂戴した色紙

国」とサインされていた。感動的な出会いが始ったのである。

私は当時トインビー市民の会（常任理事）や文明論研究会（昭和五十三年発足、代表は山本新博士、私も発起人の一人。この会が母体となって昭和五十九年比較文明学会が誕生、会長伊東俊太郎東京大学教授）に所属しており、月に一度程度上京する機会があった。その折、いわば遠藤詣でをしたわけである。私が先生に接したのは昭和五十二年夏から昭和五十七年末までの五年半である。先生の八十四才から九十才になる直前までになる。私は先生の最晩年の日記に高島兄来宅とでも記されているのだろうか。当時個人として足繁く通いつめたのは私だけであったと思う。先生はいつもお元気であった。話は前後すると思うが想い浮かぶまま記すことにしたい。

ある時、先生から石原莞爾について伺ったことがある。石原といえば満州国建国の立役者、日満支の提携である東亜連盟の結成、政治経済の革新のみならず人間性、生活の革新を伴う昭和維新の断行を唱えた陸軍の奇才、英傑である。科学的根拠を有する独特な軍事史観、そして日蓮宗の信者として破天荒な最終戦争論を構想した。石原は陸軍で最も著名な軍人で今なお多くの関係書が刊行されている。石原は遠藤先生を気骨のある優秀な後輩として特別視したようだ。石原といえば歯に衣をきせずに正論をズケズケいう人物として知られる。敗戦時「愚者国を滅ぼす」と言ったがけだし至言であろう。この石原と先生とは既に記したように職場も満州国参謀、その後は同副長として先生は石原の後任である。いずれも作戦担当である。先生の御高著の中でも二人の親交ぶりが伺える。この石原について先生は一歩先のことなら誰でもわかるが石原は数歩先を行っていたと話された。天才肌の石原の発想には並みの人間ではついていけないということだろう。この石原は戦後山形県の日本海に面した開拓地西山農園に隠棲した。戦後間もなく石原から先生に会いたいと言ってきたという。先生は当時金がなくて行くにも行けなかったと苦笑された。話題が例の最終戦争論に及ぶと時代錯誤と一笑に付された。石原自身敗戦を機に翻然と悟るところがあったのか戦争放棄を訴えた。

新憲法を受け入れたということだろう。不世出の陸軍中将石原莞爾は昭和二十四年に亡くなった。享年六十である。

現在、尖閣諸島の領有を巡って日中間でトラブルが発生している。私が遠藤先生宅を訪問していた頃この問題が生じた。私が先生に問い質すと先生は以下のようにコメントされた。

…尖閣諸島の領有については日中相方に言い分があるだろう。国際法には未だないが共同管理すべきではないか。子は鎹という言葉があるが、この紛争の種を逆に日中友好の絆、架け橋とすべきではないか…といった内容であった。つまり、尖閣諸島は共同管理が望ましいという考えである。偶々翌日当市の東光書院（村上徳太郎氏が開いた私塾、中曽根元総理等が若き日にその門を叩いた。現院長は子息の村上武氏）で明徳祭が執行された。明徳祭は毎年四月の第四日曜日に執行され、東亜の三先覚近衛霞山、根津一、荒尾精を祀る祭典である。当日宇都宮徳馬参議院議員も列席された。東光書院長村上武氏の令弟安氏が宇都宮議員の秘書をされていたからである。議員は明日中国へ行き周恩来総理と会見するという。私は尖閣問題について遠藤先生のお考えですとお伝えすることができた。翌夕村上秘書から電話があり、先生はその旨周恩来に伝えたという報告をいただいた記憶がある。宇都宮議員については後日譚がある。

議員が雑誌『世界』（岩波書店）で対談することになり、相手に遠藤元中将をお願いしたいということで村上秘書から私に連絡があった。宇都宮議員は当時『軍縮問題資料』を私財を投じて発行され、世界平和、軍備縮小を長年にわたる議員生活（衆院十期、参院二期）の総仕上げと考えたようである。議員の父君太郎氏は陸軍大将であり、朝鮮軍司令官であった。太郎氏は長男の徳馬氏に朝鮮人と結婚しろと言ったそうである。桂太郎（元総理）、仙波太郎と並んで陸軍の三太郎と言われた傑物である。遠藤先生にしても宇都宮議員は身近に感じたと思う。先生にこの旨申し上げると快諾ということでこの対談は実現した。内容については今更いうまでもないが、議員にとっても快心の対談だったようで抜刷を沢山作られ私も頂戴した。同書で宇都宮議員は「暴兵棄民」、遠藤先生は「軍備亡国」とサインされた。その折議員から『アジアに立つ』（講談社）という御高著も賜った。遠藤先生、そして宇都宮議員にしても一昔、二昔前の人間になるが気骨があり、理想があり、後進を育てていこうという気概、気迫があったように思う。大日本帝国という国家意識の強い社会にエリートとして訓育された故であろうか。時代は進歩、発展して行くということになっているが、人は軽くなり、人に感動を与えることが少なくなってきてはいないだろうか。この世に生を享けた以上、感動・感激のない人生は誠に虚しい気がする。遠藤先生は昭和五十九年十月十一日に逝去されたが、翌年三月に日中友好元軍人の会による遠藤追悼会が開かれた。この時宇都宮徳馬参議院議員（七十九才）が哀悼の辞を述べた。もう一人は赤城宗徳衆議院議員（八十才）である。私は赤城議員にも拙著を勤呈させて頂き、誠に豪放な筆致の礼状を頂戴した記憶がある。これ又、懐かしい思い出である。

「人民に奉仕する」をモットーに一九四九年に誕生した共産中国であるが、紆余曲折を経て鄧小平の社会主義近代化建設への移行、すなわち改革開放路線を採用するに至った。社会主義体制下に市場経済を導入して経済成長、工業化を推進しようとするものである。鄧小平は大国間で本格的な武力闘争は有り得ないと結論したという。これは烱眼である。二十世紀最大の事件、ニュースといわれる米軍の我国への原爆の投下はその閃光とともに有史以来の戦争を終結させたといえる。勿論その後も戦争はあったし、小競合いは今も続いている。しかし、最終兵器ともいうべき核兵器は使用されなかった。兵器として無用の長物になったのである。石原莞爾は戦争のない時代を人類後史と呼んだが、正に日本の敗戦を機に後史の幕が開けたといえよう。人類後史にあっては国力は経済、科学技術力へシフトする。いずれにせよ、鄧小平の改革開放路線は日米欧先進国に追いつけ、追い越せという近代化路線である。ここ一、二世紀の非西洋の国々の革命とは要するに欧米先進国に追いつくことであった。我国の明治維新を筆頭にソ連邦の出現であり、中共の生誕である。熾烈な帝国主義闘争を生き残る為の待ったなしの改革であった。効率の良い中央集権国家、強権政治を特色とする。しかし、この後追い型の近代化路線は明治以降七十七年、ソ連邦は七十四年で崩壊した。この轍を踏めば中共もあと十年前後で終焉となる。現代西洋文明はその思想、哲学が行詰まり、そして何よりも地球の生態系を危機に追いやっている。工業文明であり、際限のない物的欲望の世界である。宇宙の意思は西洋文明の超克を願っているはずである。近代化路線には自ずと限界があるだろう。トインビーは文明論的観点から中国の後進性を逆に遅れの有利さと評価した。中国伝来の文化、自然観等に期待したわけである。私も近代日本の蹉跌を見てトインビーと同意見であったから、鄧小平の改革開放路線を批判する一文を認め遠藤先生に見て頂いたところ、結構とおっしゃるので鄧小平閣下宛てに書簡を送った。尤も返事はいただけなかったが。

私は一度いい事をしたことがあると先生が言われた。それは、大正十二年（一九二三）の関東大震災の折、朝鮮人・中国人が数千人殺害されたが、遠藤大尉は独断で朝鮮人を保護、隔離し、朝鮮人から神様のように仰がれたという。朝鮮人は義理堅くその後大分時間が経過してからもこの件で感謝されたという。又、この震災時に無政府主義者の大杉栄、夫人の伊藤野枝、甥の橘宗一が殺害されたが、主謀者である甘粕正彦憲兵大尉に対して「甘粕はああいうことの出来る人間ではない」と弁護されていた。つまり、上からの指令ということである。甘粕は陸士二期先輩であるが親しかったようで、満州でも顔を合わせる機会が多かったようである。甘粕は当時満州映画協会理事長をしていて羽振りが良かったが、終戦時青酸カリで自決した。

私は昭和五十四年（一九七九）五月に一週間ほど中国を訪問した。山口敏夫代議士（当時）の太佳子夫人を団長とするる埼玉夫人のつばさ訪中団に参加したわけである。私にとって初めての海外旅行であった。訪中に先立って遠藤先生にご挨拶に伺った処、先生は名刺による紹介状を用意して下さった。中国の要人で（当時毛周両巨頭故人）周恩来夫人の鄧頴超女史、中日友好協会廖承志会長、同孫平化副会長、金黎書記、ラスト・エンペラー愛新覚羅溥儀氏の令弟溥傑氏であった。訪中の折、陸士出身であり、令夫人は日本人である溥傑氏に親みを感じ、拙著と某社のブランデーXOを手土産として持参した。遠藤先生は満州国副参謀長の時、駐満日本大使館武官も兼ねており、溥儀皇帝陛下や溥傑氏と懇意であったようだ。昭和十五年満州国皇帝溥儀氏が来日されたが、その折約束を違えず遠藤が会いにきてくれたこと、又沿道の農民が手を振って歓迎してくれたことが嬉しかったと申された。令弟の溥傑氏は戦後夫人の浩氏と日中に引き離されていた。夫人の浩氏は嵯峨侯爵の令嬢で日満

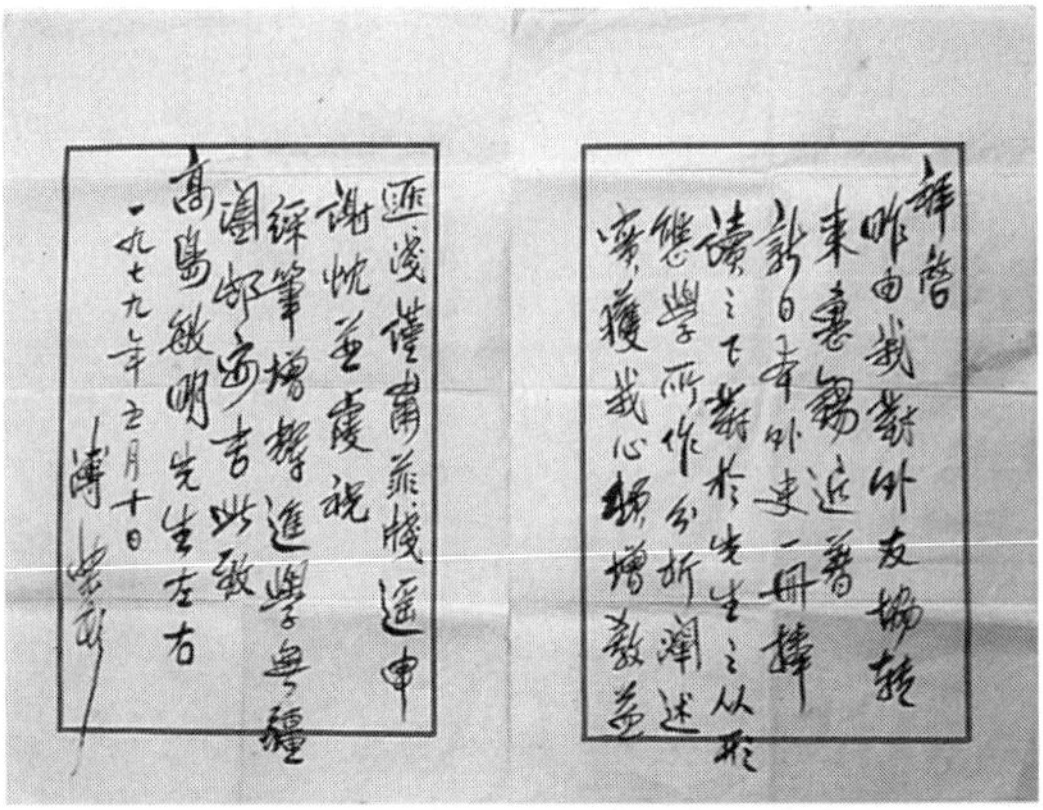

愛新覚羅溥傑氏より頂戴した礼状

のいわば架け橋として溥傑氏と結ばれた。戦時下逃亡生活を余儀なくされ流転の王妃として名高い。彼女は夫のところに戻りたかったがなかなか埒があかなかったようである。遠藤先生が意向を受け、周恩来総理に頼み中国に戻ることが可能となった。溥傑夫妻にとって先生は恩人であったわけである。我々の訪中団は四、五十名だったと思う。到着した日に中日友好協会に表敬訪問した。私も数名の中に入れていただいた。友好協会からは金黎氏が出てきて開口一番「埼玉の皆さん、遠藤先生はお元気ですか」と言われた。誰も知らないのである。私はすかさず先生から頂いた金黎氏宛の名刺紹介をお見せし、「先生はお元気です」と申し上げ面目をほどこすことができた。先生の周到なご配慮に感激した次第である。以後、山口団長の私を見る目は若干異なったようで、食事の時などは団長の隣席を用意して下さった。溥傑氏からは帰国後間もなく礼状が届いた。同氏は書家として著名であり、私には良き中国土産となった。当時の中国は正に発展途上国で、男女ともに紺色の人民服、北京には自転車が洪水のように溢れていた。

中国人民の国作りにかける情熱・努力がひしひしと伝わってきて好印象を受けた旅であった。尤もビールなどは冷えていなかったし、北京動物園のトイレ（今もそうらしい）などは、我々日本人には何としても馴染めないものであったが。

ある時「あの戦争はなんで敗けたのでしょうね」とぶしつけな質問をしてみた。すると先生は「軍人がいばりすぎた」と言われた。確かにその通りであって、満州の関東軍が中央の統制に服さず長城を越えて中国を侵略したことから全てが始まったわけである。遠藤宅を訪問する時、小林茂雄（故人）、稲原都三男の両君を同行したことがある。稲原君は「上には上があるものですね」と素直に感想を述べた。私は同君が新築した折、先生に「福」の一文字を揮毫していただいた。同君は家宝として今なお大切にされている。ある時、関根茂章嵐山町長（当時）が先生にお会いしてみたいというので、公用車に同乗して遠藤宅を訪れた。関根町長は遠藤先生を非常に記憶のいい方と言われた。帰路「謙虚な方ですね」と言葉少なに語られた。先生が私に向かって君のような聡明な子どもを育てたお父さんにも会ってみたいとおっしゃった。これは過大評価というより御世辞であるが先生には多くの部下を大切に育ててきた教育者の一面（陸大教官）があった。部下に一声かけてその気にさせる人心収攬の術にも長けていたであろう。父にその旨話した。父は県立狭山高校の教頭をしていたことがあったので、勿論先生の御高名は聞いていた。親子仲良く遠藤詣でをすることになったが、父はあの当時の人間だったので、終始閣下、閣下と先生のことを呼んでいた。その後、父に「先生のような方が、何故私のような無名の青年とつき合ってくれるのかな」と話したら、「それは違う。先生の方がお前のような若者を欲しているのだよ」と言った。その頃私は若かったので、必ずしもその意味が解らなかったが、流石にこの齢になると解る。人の一生は限られており、人間一人でできることなどたかが知れているのだ。自分の志の一端でもいいから継承して欲しい。そんな人物なら地位や肩書きなど関係ないということだ。ある時、遠藤先生の令夫人光子さんが無類の蕎麦好きであることを知った。

母にこの話をすると、「今度遠藤先生を訪問する時、お蕎麦をお持ちしなさい」と打ってくれた。当時姉一家が鳥取市に住んでおり、帰路土地の海産物を求めて遠藤宅を訪れた。勿論たいした土産ではないが、先生曰く、物を頂くと荷が重くなって三途の川を渡れなくなるから気を遣わないでくれと言われた。三途の川という表現が面白くて今なお記憶している。経済学者森嶋通夫ロンドン大学教授（文化勲章受賞）は国防問題に対して一家言あり、先生も自著をロンドンに住む森嶋教授に進呈したかったが住所が不明である。そこで森嶋教授と親交のある母校の福岡正夫経済学部長からお聞きした。先生は本を送られたようで森嶋教授の著書で確認することができた。ある時先生に日本の在るべき姿、グランド・デザインについて問うたことがある。それに対して先生は旧知の松下幸之助氏の本を紹介して下さった（一読したが、今は手元になく書名は忘れた）。この本の中に応分の軍事力・国防力とあるが、「あれはまずい、それ以外は大体いいと思う」と話された。先生にとっては軍備亡国、軍備全廃が正しくブレるにブレようのない将軍の遺言であった。

遠藤先生は誠に筆まめで、お邪魔した都度、必ずといっていいほどお返事（葉書）を下さった。ある時、「先生を師と仰ぐ」と申し上げたら、先生から一言「ご厚情有難う」とあった。こんな葉書のやりとりで師弟云々するような大それたことを言うつもりはさらさらないが、私にとっては先生を師と仰いで今日まで生きてきたのは事実である。先生は誠にユーモアがあった。ある葉書にお手やわらかにお願いしたいという。当時私も若気の至りで老将軍を困らせるようなことを平気で言っていたのだろう。何を言ったのか汗顔の至りであるが、この表現には吹き出してしまった。私が一人者だと思ったのか、「結婚するなら親を見て貰え、娘は必ず親に似てくるから」と言われたが、私は既に手遅れであった。

私が先生宅を訪ねたのは二十回は下るまい。最後となったのは妻の富美子を伴ってご挨拶に出かけた昭和五十七年末であった。その数日前（十二月十九日）に挙式を上げたのであるが、その折先生からお祝いとして色紙を頂いた。「以徳勝者栄　以力勝者亡」という中国の古言である。私の新たな門出にこれほど相応しい言葉はない。そのお礼を兼ねて先生宅をお訪ねしたわけであるが、いつもお見えになる奥様がご不在なので伺うと、「光子は死んだ」という。特段落胆されている表情でもない。今日は命日で光子の好きな赤飯を作ったので食べてってくれという。普段は二階の客間であるが、その日は一階の炬燵を囲んで三人で赤飯をいただいた。仏国留学中親しくなったという藤田嗣治画伯の少々煤けた大きな油絵と横山大観の見事な富士山が飾けてあった。私はその後開局（昭和五十八年七月）の準備が忙しくなり、富美子を連れ立ったのが先生との今生の別れとなってしまった。

その数ヶ月前のことであるが、先生から丁重な挨拶状を頂いた。これは縁者に配布されたものと思うが、こんな内容である。

「永い間世話になった。私の生涯も終わった。訃報は出さない。香典等は一切不要。万一弔問される際は焼香のみに願いたい」

赤のボールペンで、一九八二、五、一　八十九才四ケ月の老兵とあり、左隅に御尊父様にも宜しくとあった。何から何まで行き届いた老将軍のいわば最後の遺言である。私の人生の中で遠藤先生との対話ほど中味の濃いものはなかった。歴史上の人物がそれこそポンポンと出てくる。そして先生はそうした人物と親しかった。正に歴史をともに生きてきたわけである。大日本帝国の最末期国運を挽回するために陸軍の遠藤中将と海軍の大西中将がクーデターを計画しているのではないかと睨まれたようである。某紙で岸信介元総理と国策研究所の矢次一夫が対談していた。矢次が岸に「軍需省時代（岸は次官）はいかがでしたか。陸軍の遠藤と海軍の大西は手に負えなかったでしょう」岸は「二人ともサムライだからね」と答えている。遠藤先生は優れた武人だった。しかし、それ以上に一人の人間として魅力があった。今様に言えばヒューマニストということになるだろう。ユーモアがあり、冗談も得意、話していて楽しかった。仙幼の頃の紅顔の美少年、やんちゃ坊主ぶりがふとよぎることがあった。かと思うと人の道を諄諄と説かれた。正に高士であった。私は先生と出会って人物とはどういう人をいうのか私なりにわかったような気がする。本物に接しなければ判断の規準ができないだろう。私にとって先生の存在は人を識別する規準となった。そして、大きな誤りはなかった。私が先生を師として敬幕する所以である。

遠藤三郎を研究して

遠藤三郎と太平洋戦争[1]
―「遠藤日誌」[2]を中心に―

中国・広東石油化工学院外国語学部講師

張　鴻鵬

はじめに

本稿の目的はアジア・太平洋戦争と深く関わった一人のエリート日本陸軍中将遠藤三郎[3]に焦点を合わせ、彼が残した「遠藤日誌」や自伝などを主たる参考資料として、日中全面戦争から太平洋戦争（1941年12月－1945年9月）の終結に至る過程において、日本の国策はどのように「北進」[4]から「南進」[5]へと転換され、日本軍は何故に日中全面戦争からさらに太平洋戦争までその戦域を拡大したのか、また遠藤三郎は太平洋戦争においてどのように関与し、どんな作戦を展開し、軍事的にどのような役割を果たしたのか、及び彼が太平洋戦争の各段階で立案した作戦案や作戦構想にはどのような特徴があったのか等を明らかにすることである。

1938（昭和13）年12月末から1943（昭和18）年にかけて、日本陸海軍は当時の四川省の国民政府の「戦時首都」（「臨時首都」とも言う）・重慶に対して無差別爆撃を行った。その重慶爆撃の結果、その反作用として、アメリカと中国の結束は強化されるとともに、日本陸海軍は連日の長距離爆撃で疲弊し、パイロットや多量の航空燃料、戦略物資などを消耗した。その消耗を補う打開策として、日本の戦争指導者は新たなる豊富な戦争資源を求めて、軍事目標の重点を「北進」から「南進」へと移すことになった。それが後の米英蘭との太平洋戦争を誘発させる導火線となった。即ち、1941（昭和16）年12月になると、日本軍はさらなる広大な南太平洋にその作戦を展開し、太平洋戦争へと突入した。これにより、戦争の空間はアジアから太平洋にまで拡大し、その結果日本軍は長期持久戦に陥ることになり、最後には敗北の運命を辿ることになった。

　このような日本の末路は、１９４１年7月2日に、昭和天皇が御前会議で「南進」策を決定した時に決せられたと言っても過言ではないが、遠藤三郎の運命もそれによって定められた。と言うのは、遠藤は、同年12月の太平洋戦争開戦と同時に陸軍第3飛行団を指揮し、南太平洋へ従軍することとなったからである。彼の太平洋での従軍期間は１９４１年12月から翌１９４２（昭和17）年4月までであったが、彼はこの間、マレー上陸作戦（１９４１年12月）、シンガポール攻略戦（１９４２年2月）とパレンバン奇襲作戦（１９４２年2月）、及びジャワ上陸作戦（１９４２年3月）を指揮した。特にジャワ上陸作戦で、遠藤は１９４２年3月3日午前、自らカリジャチ飛行場に着陸し、オランダ機甲部隊（戦車、装甲車）を多数破壊するなどの戦果をあげ、太平洋戦争初戦（大本営の第一段階作戦）の勝利に貢献した。[6]

　しかし遠藤は、１９４２年4月18日、アメリカ陸軍航空軍ドーリットル（James Doolittle）部隊の東京、名古屋空襲による米軍の反攻開始直前に、参謀本部から帰国命令を受け、インドネシアから中国南京を経由して東京に帰国した。帰国後の同年12月、彼は陸軍の航空分野で対米作戦に動員する兵士たちを教育する陸軍航空士官学校の校長（第4代）に任ぜられ、中将に昇進するとともに、対米作戦上の各種献策を行うことになった。

　ところで遠藤は、太平洋戦争の拡大には当初から反対で、長期持久戦になれば、資源の乏しい日本が対米航空作戦に勝利できないと考えていた。そのために、いまさら陸軍航空士官学校で若者を教育し、将来戦場に送り出す教育をすることに気乗りがしなかった。しかしながら、彼は上司（杉山元参謀総長）の命令には逆らえなかった。その翌年の１９４３（昭和18）年5月には、彼は陸軍航空本部・航空総監部の総務部長兼大本営幕僚となり、太平洋の島々を「航空要塞化」する構想を大本営に建言した。[7] 同年11月には、彼は航空兵器総局長官となり、兵器産業の国営化と航空機の規格統一化を提言することなどに尽力した。しかし、資源の少ない日本の現状から見ても、とても米国の航空兵力に対抗することはできなかった。

さらに翌1944（昭和19）年7月、サイパン島決戦の最終段階において、遠藤は「サイパン喪失後ニ於ケル戦争指導ニ関スル意見」[8]を起草し、小型の戦闘機を中心とするゲリラ戦法を力説した。即ち、彼は資材不足の日本の航空作戦は、小型の飛行機を生産する方が、資源が豊富な米軍に対抗するには有利になると[9]考えていた。しかし、当時の陸軍大臣東条英機は大型爆撃機の生産で、アメリカ本土を戦略爆撃する構想を主張した。遠藤は重慶爆撃で大型爆撃機の戦略爆撃が成功できないことを知っていたため、東条の提案に反対した。その後、1945（昭和20）年4月、彼は沖縄決戦を天王山とし、本土決戦を不可とする意見を鈴木貫太郎首相に建言したが、採用されなかった[10]。日本大本営は沖縄を捨石として、勝利の可能性もないのに、島民を見殺しにする作戦を継続していた。その結果、日本は8月6日には広島に、9日には長崎に原子爆弾を投下され、国民に悲惨な結果をもたらすとともに、最終的には敗戦を迎えたのである。

第一章　「北進」から「南進」への国策転換と太平洋戦争の開幕

第1節　「南北併進」国策の決定

1937（昭和12）年7月の盧溝橋事件以降、陸軍中央部と関東軍はまだ完全には対ソ戦を諦めず、「北進」策の軸として継続して検討していた。その結果、1939（昭和14）年5月から9月にかけて、「満洲国」に駐屯していた関東軍、「満洲国」軍とソ連軍、外蒙古軍との間に、ノモンハンの草原で国境地帯の領土の帰属問題を巡って軍事衝突、いわゆるノモンハン事件が引き起こされた。この事件で、関東軍は敗北を喫したが、その後も好戦的な参謀たち（辻政信や服部卓四郎など）はなお対ソ戦の継続を諦めることがなかった。

しかし、ノモンハン事件から約1年後の1940（昭和15）年9月23日に、日本軍はフランス領インドシナ北部（ベトナム北部）に武力進駐を実行するとともに、9月27日には、日本はドイツ及びイタリアと日独伊三国軍事同盟を締結したため、この時点の日本の戦略は、特にアメリカを仮想敵国とすることが明確になった。すなわち、そのため、日本軍はこれ以降対ソ進攻作戦を一時的に中断した。

その結果、大本営の陸軍部は、ノモンハン事件における関東軍の敗北の教訓も取り入れ、1941(昭和16)年7月2日に、第2次近衛内閣は、昭和天皇が臨席した第5回御前会議において、「情勢ノ推移ニ伴フ帝国国策要綱」を決定した。その「要領」は下記の通り、まず、第一は蒋介石政権の屈服、第二は対英米戦争の決意、第三は対ソ戦の準備であった。すでに明らかなように、ここに至って、日本の国策は下記のように従来の「北進」政策の転換を余儀なくされたと言って良いであろう。

情勢ノ推移ニ伴フ帝国国策要綱

第二　要領

一、蒋政権屈服促進ノ為更ニ南方諸域ヨリノ圧力ヲ強化ス　情勢ノ推移ニ応シ適時重慶政権ニ対スル交戦権ヲ行使シ且支那ニ於ケル敵性租界ヲ接収ス

二、帝国ハ其ノ自存自衛上南方要域ニ対スル必要ナル外交交渉ヲ続行シ其他各般ノ施策ヲ促進ス　之カ為対英米戦準備ヲ整ヘ先ツ『対仏印泰施策要綱』及『南方施策促進ニ関スル件』ニ拠リ仏印及泰ニ対スル諸方策ヲ完遂シ以テ南方進出ノ態勢ヲ強化ス

帝国ハ本号目的達成ノ為対英米戦争ヲ辞セス

三、独『ソ』戦ニ対シテハ三国枢軸ノ精神ヲ基調トスルモ暫ク之ニ介入スルコトナク密カニ対『ソ』武力的準備ヲ整ヘ自主的ニ対処ス此ノ間固ヨリ周密ナル用意ヲ以テ外交交渉ヲ行フ　独『ソ』戦争ノ推移帝国ノ為有利ニ進展セハ武力ヲ行使シ北方問題ヲ解決シ北辺ノ安定ヲ確保ス……[11]

これは言わば南北2正面(「南北併進」)作戦を追求する基本戦略と言って良いが、一方で、「南進」を強調しながら、対英米戦を辞さずとし、他方、「北進」については独ソ戦次第と記し、且つ1941年4月に、「日ソ中立条約」[12]が締結されたことを考慮すれば、どちらかというと、「南進」政策に重点が

移されたと言って良いと思われる。

ただ、いずれにしても、この第5回御前会議をきっかけに、日本政府はこれ以降、「北進」から「南北併進」へと国策を転換し、「南進」政策により重点が移行することとなった。

第2節 「南進」政策への転換と太平洋戦争の開幕

(1) 第6回御前会議―「南進」政策への転換

1941年8月になると、「北進」か「南進」かを選択するような状況に追い込まれ、日本陸軍上層部は国策の変更を余儀なくされた。即ち、前記の通り、1941年8月9日に、大本営陸軍部は年内における対ソ開戦を断念し、南方進出に専念するという「帝国陸軍作戦要綱」を決定した。この「要綱」のあらましは次の通りである。即ち、「一、在満鮮十六師団で対ソ警戒を厳重にする。二、中国に対しては既定の作戦を続行する。三、南方に対しては十一月末を目標として対英米戦備を促進する」[13]と。

さらに、同年9月6日の第6回御前会議において「帝国国策遂行要領」が採択された。この「要領」には次のような施策が規定された。

帝国国策遂行要領

……

一、帝国ハ自存自衛ヲ全ウスル為対米、(英、蘭)戦争ヲ辞セサル決意ノ下ニ概ネ十月下旬ヲ目途トシ戦争準備ヲ完整ス

二、帝国ハ右ニ並行シテ米、英ニ対シ外交ノ手段ヲ尽シテ帝国ノ要求貫徹ニ努ム　対米（英）交渉ニ於テ帝国ノ達成スヘキ最少限度ノ要求事項竝ニ之ニ関聯シ帝国ノ約諾シ得ル限度ハ別紙ノ如シ

三、前号外交々渉ニ依リ十月上旬頃ニ至ルモ尚我要求ヲ貫徹シ得ル目途ナキ場合ニ於テハ直チニ対米(英、蘭)開戦ヲ決意ス　対南方以外ノ施策ハ既定国策ニ基キ之ヲ行ヒ特ニ米「ソ」ノ対日連合戦線ヲ結成セシメザルニ勉ム

別紙……[14]

これによって、日本の最高国策は正式に「北進」

から「南進」へと転換することになった。この国策転換の背景としては、ほぼ次のような3点に集約できると思う。

第1は、1939年のノモンハン事件における関東軍の大敗北の教訓であり、第2は、1941年7月から実施された「関特演」の時期において、対ソ戦を中心とする「北進」政策が最終的に実行できなかったことであり、第3は、重慶爆撃における日本陸海軍の戦略目標、いわゆる蒋介石の国民党政権を覆滅し、重慶の中国軍民を屈服させるという目的が結局達成できなかった事実である。

結局、これらが最終的に昭和天皇及び陸軍参謀本部の上層部の意識を動かす要因となったと考えられる。

（2）太平洋戦争の開幕—真珠湾奇襲攻撃

ところが、この日本の国策転換が言うまでもなく、やがてアメリカの極東戦略と正面衝突することになった。この時期において、「日本は中国を屈服させるために、新たな戦争資材を求めて、南洋の豊富な資源を求める方向に走り出した。そうなれば、アメリカも黙視することができなかった。中国やフィリピン、その他にあるアメリカの利害と対立したからである[15]」。

果たして、1941年11月26日には、アメリカ政府は日本政府に対し、言わば「最後通牒」とも見られる「ハル・ノート[16]」（Hull note）を提出し、特に日本軍の中国からの撤退、「満洲国」の否認、及び三国同盟の解消を要請した。しかし、当時の東条英機首相は、「若し帝国にして之に屈従せんか、帝国の権威を失墜し、支那事変の完遂を期し得ざるのみならず、遂には帝国の存立をも危殆に陥らしむる結果と相成る次第であり……[17]」との理由で、それを拒否した。これ以降、日本政府は「南進」政策をさらに積極的に実行し、日本は対英米蘭戦争への道に進むことになる。

即ち、12月1日には、第8回御前会議が開かれ、アメリカ、イギリス、オランダとの開戦が正式に決定された[18]。その結果、よく知られているように、1941年12月8日（日本時間）未明、日本海軍は真珠湾にあったアメリカ海軍の太平洋艦隊と基地に対して奇襲攻撃（即ち真珠湾攻撃）[19]を行った。

この真珠湾奇襲攻撃により、アメリカ海軍の太平洋艦隊の戦力は低下することになり、日本海軍は西太平洋海域の制海権を先ず確保し、これにより当面の南方作戦を成功裏に終えた。このようにして、日中全面戦争はついにアジア・太平洋を含む世界戦争へとその枠組みを拡大し始めることになった。

第二章　遠藤三郎と太平洋戦争の展開

第1節　マレー半島の空襲とペナン島の爆撃

（1）マレー半島の空襲

遠藤三郎が「南進」に関する軍命令を受領したのは1941年10月28日であった。彼は早速その準備を整え、11月15日、駐屯していた中国・漢口飛行場から空輸部隊を伴い、広東経由でベトナムのハノイに出発した。遠藤はハノイで隷下部隊の集結を待ち、南方作戦の下命まで待機した。その後、12月3日、極秘裏にハノイを出発し、仏印半島南端のコンポントラシュに隷下部隊を集結するように命令された。

「南進」する日本軍は12月8日朝4時、マレー半島に上陸した後、幹線道路と未開のジャングル地帯を南下し、シンガポールを攻撃することになった。このマレー半島奇襲上陸作戦は日本海軍のパール、ハーバー奇襲作戦と並行して展開された。

遠藤はこのマレー半島上陸作戦において陸軍空軍

部隊第3飛行団を指揮し、日本陸軍の地上部隊を空から援護し、空、陸の協同作戦を展開した。彼は陸、海、空の三面作戦を持論として提案したが、この作戦では空軍がイギリス軍よりも優勢であり、兵員数では劣勢な陸軍部隊を空から援護する大義名分も整っていた。彼の第3飛行団は限定された燃料を陸軍部隊が占領した英軍の飛行場から補給するとともに、空の戦いを継続した。

以下、遠藤の自伝『日中十五年戦争と私』に従って、この戦争の経過を簡単に述べることにしよう。

12月8日（月）晴　時々曇り　驟雨あり

……3時出発、飛行場に至る。各隊長を集め、予定の如く攻撃を実行すべきを命令し、（注：任務は8日午前8時日出時コタパル附近に上陸予定の詫美支隊に協力）かつ必勝を期して門出の盃を挙ぐ。3時川島参謀長来り5時まで話す。6時出発の予定なりしも追風を顧慮し、約二、三十分先頭の瀬戸戦隊の出発を遅らす。夜間の離陸なかなか時間を要す。出発を確認して、予の出発せるは午前7時なり、途中所々雲あり、雨に会したるも、大体において天候に恵まれ、8時半コタパル西北岸に達す。6隻の艦船西方パタン方面に移動中にして、輸送船一隻はコタパル海岸に碇泊のまま白煙に包まれあり。上陸の不成功を直感す……

12月9日（火）雲　驟雨あり

本日は悪天なり戦果「一」となる。すなわち不注意により四機破損したるのみならず、亀山、瀬戸両戦隊共その一中隊を以てコタパル飛行場にある友軍地上部隊を誤爆す……

12月10日（火）晴、夕方より驟雨

海軍航空隊、シンガポール港外に敵戦艦二隻を発見し、油の無くなるまで追及攻撃、遂に二艦共撃沈せしめたりと。何ぞ陸海航空の働きの差大なる……[20]

上記の自伝通り、この戦いは12月8日から始まっていた。その日、遠藤が指揮した第3飛行団はコタパルに上陸した詫美支隊を援護し、遠藤自身も百式司偵でコタパル西北岸から飛行場の状況などを偵察していた。しかし、翌日は不注意で4機を破損、さらに部下がコタパル飛行場の友軍地上部隊を誤爆するなど、戦場の悲哀を体験し、10日は海軍航空隊がイギリスの戦艦を油の無くなるまで追跡し、最後にはそのうち2艦を撃沈した。

（2）ペナン島の爆撃

その後、遠藤は陸軍の後方支援として、ペナン島への爆撃を反覆させていた。ペナン島はイギリスにとっては極東アジア支配の戦略的な拠点であった。

なお、「遠藤日誌」によれば、第3飛行団の戦功は大きく、12月23、24日に地上部隊のペラク河渡河作戦に協力するため、橋梁を敵に破壊させないように上空から敵の接近と爆破作業を妨害したり、クアラルンプール飛行場の爆撃（21日）では、敵の戦闘機4機を撃墜した。また28日にはメダンで敵潜水艦に向かって急降下爆撃を3回敢行した瀬戸戦隊（第3飛行団）の1弾が命中し、その潜水艦を撃沈するなど、遠藤の指揮した第3飛行団の活躍は目覚しかった。さらにこのマレー作戦は年が明けると、シンガポール要塞攻撃と同時にパレンバンへの作戦の発動とも重なり、遠藤はそれらの作戦の指揮に没頭していたが、それらの記録は日本軍の作戦範囲がアジア・太平洋へと大きく拡大していくプロセスを映し出していた。この時、彼もまた石油を求めて、日本軍の戦域拡大の流れの中に盲目的にその身を投入していくことになった。

第2節　パレンバン作戦とサイパン島決戦

（1）パレンバン作戦―石油獲得作戦

1942年2月、日本軍は何故マレー、シンガポール作戦を継続中にパレンバン作戦に踏み込んだのだろうか。それは南方資源の中でも、日本軍がもっとも必要とした石油資源がそこにあったからである。遠藤はこの作戦の意義について戦後次のように回想している。

……開戦前日本の石油消費量は年間約百万トンであるのに、国内産は僅か30万トンに過ぎず、大部分は輸入に待ったものであります。従って、海軍は戦争に備え自ら石油を輸入して国内に貯蔵しておりました。私もボルネオのタラカンから石油を運搬する特務艦鳴門に便乗したことがあります。開戦直前迄に300万トン位貯蔵したと聞いておりましたが、これでは不十分でありましょうから、東洋一の精油工場と油田のあるスマトラのパレンバンに目をつけるのはわかります。しかし、そのために戦争をするとなると、石油のための戦争か、戦争のための石油かわからなくなります[21]……

この一文は遠藤が戦後回想したものだが、1942年の開戦当初の日本はよく考えて見れば、この「わからない」不明確な「目的」のために、その戦域を拡大していくことになった。以下に2月14日のパレンバン降下作戦に関する「遠藤日誌」の内容を紹介しよう。

早朝飛行場ニ行キ集団長ト共ニ挺身部隊ノ出発ヲ見送リ次テ予モ亦池田大尉機ニ搭乗行ヲ共ニス……幸ニシテ戦場附近千八百ニ層雲アリ四五百ニ断雲アリ　十一時半予定ノ如ク奇襲降下ニ成功ス　但シ重爆一機砲弾ヲ受ケ火を引キツツ前途物料ヲ降下シテ自爆セルハ悲壮ナリ　デザント部隊ハ概ネ予定ノ位置ニ降下セリ　地上火器熾烈ナルモ空中ニ敵ヲ見ズ　但シ後ニ聞ク予ノ機ノ行動セル附近ニスピットハイヤ五　ハリケン五アラント　捕捉セラレザルハ奇蹟ナリ
十三時半無事帰還ス

しかし、シンガポールは2月15日に陥落しても、やはり前途は多難であった。日本軍はさらに戦線を拡大した。遠藤が指揮した第3飛行団もこれ以後2月18、19の両日、ジャワ作戦を継続し、19日には、バイテンゾルク飛行場を急襲して撃墜7、炎上4、火網捕捉5機という戦果をあげたが、味方の戦闘機2機が帰還せず、損害も大きかった[22]。

（2）サイパン島決戦─日米決戦の天王山

南太平洋では、1944（昭和16）年6月にマリアナ沖海戦とサイパン島を巡る日米両軍の激突があり、「大東亜共栄圏」構想に大きな風穴が開く最初の契機となった。とりわけ物量と新兵器を投入したアメリカ軍のサイパン島上陸作戦は1944年6月15日に開始され、日米両軍のマリアナ沖海戦はサイパン島の西南にあたるマリアナ海域で、6月19、20の両日に渡って展開された。

その結果、この2日間のマリアナ沖海戦で、日本の連合艦隊は空母3隻が沈没されたほか、中小破した空母も4、戦艦1、重巡1のほか、戦闘機359機を一気に失ったのに対し、アメリカ側の損害は小破し、空母2、戦艦2、重巡1、戦闘機117機にすぎなかった。さらに、サイパン島に上陸した約71000名のアメリカ軍は同島を守備する日本軍守備隊28518名と連合艦隊の将兵15164名（合計43682名）と血みどろの戦いを展開し、激戦の末、日本軍を物量で圧倒し、玉砕させた。[23]

1944年6月のマリアナ諸島の失陥とマリアナ沖海戦の敗北によって、日本の「絶対国防圏」[24]は崩壊し、日本の戦争指導方針は根本的な破綻に直面した。[25]即ち、1944年6月以後になると、「絶対国防圏」の防衛すらできなくなった南太平洋の島々は、サイパン島をはじめ、次々に米軍の制圧下に落ちた。

この時期、陸軍航空兵器総局長官（兼務大本営幕僚）であった遠藤三郎は、サイパン陥落（1944年7月）後の7月16日の「遠藤日誌」に、軍組織、それ自体に現れ始めた問題を懸念しながら、次のように記している。

> ……世間ニハ左ノ如キ声アリ　転進又転進玉砕又玉砕　今又サイパンニ於テ六千ノ婦女子敵手ニ堕ツ　統帥果シテ適切ナリヤ　陸海軍果シテ緊密ナリヤ　我不識　戦争指導層ノ威望地ニ堕チツツアリ……

この「遠藤日誌」に示されているように、サイパン陥落により日本軍の戦争の勝敗は明瞭となり、日本の敗戦が殆ど決定的になったことが推察される。

第三章　遠藤三郎と太平洋戦争の終結

1944年夏以後になると、当時陸軍航空兵器総局長官のポストにいた遠藤三郎の「遠藤日誌」からも大日本帝国の敗色が濃厚に映し出された。遠藤は同年8月19日付の「遠藤日誌」には「独逸ノ敗北ハ既ニ日時ノ問題」とあり、21日には「昨夜半　再度九州ニ敵機来襲　我ハ反撃セザルモノノ如シ」と記し、度重なる米軍機の日本本土来襲にもかかわらず、日本軍がもはや対空砲火で反撃さえできない有様を嘆いていた。10月になると、「九月ニ於ケル飛行機ノ生産頗ル不成績」との報告を部下から聞かされ、航空兵器総局長官として、4日には「20年度ノ（航空機）生産計画ニ関シ研究」していた。しかし翌日には「中島及川崎ノ発動機生産頗ル不成績」という有様で、「責任極メテ大ナリ如何ニスベキヤ深思ス」と溜息が出る状況であった。以上の「遠藤日誌」の内容によれば、太平洋の戦局はもはや絶望的と思われた。

第1節　台湾沖航空戦果の誤報とレイテ決戦

（1）台湾沖航空戦果の誤報

この頃、日本政府、大本営は戦局の推移を判断する情報の伝達にも混乱を見せ始めていた。その一例を挙げれば、1944年10月12日から台湾沖航空戦の戦果を伝える誤報であった。当日、日本国内ではラジオ放送で、日本軍の大勝利が放送され、遠藤もいささか興奮気味で、次のようにその戦果を「遠藤日誌」に記入している。「台湾ニ本日（敵機）千機以上来襲　其ノ百機ヲ撃墜　尚戦闘中ノラジオ放送アリ肉躍ル　健闘ヲ祈ッテ止マズ」

この記述を見ると、当時大本営は恣意的に未確認情報を国民に流していたことが推測される。翌13日と翌々14日にも、またさらなる大戦果がラジオで流された。「13日　台湾ニテハ陸軍ハ百機　海軍ハ四十機ヲ撃墜　更ニ九州ヨリ機動部隊攻撃ニ昨夜七時出発セル攻撃部隊（計百機）ハ敵艦二隻撃沈　二隻撃破セルヲ知ル」「14日　十九時帰宅　ラジオ報道ニ依レバ十二日以来台湾方面ノ戦果撃墜百六十機撃沈航母四隻　其ノ他ノ艦四　撃破数隻　戦果逐次揚ルモノノ如キモ敵ノ攻撃マダ衰ヘズ」と「遠藤日誌」に記入されている。

しかし、この大戦果は実戦経験のほとんどない搭乗員が味方機自爆を敵艦撃沈と見誤り、或いは海面着弾を命中と誤認したりしたため、実際には米軍の重巡の二隻が大破しただけであった。台湾沖航空戦の結果、日本側の航空兵力は、陸軍（第４航空軍）２００機、海軍は台湾、九州方面に約２３０機、フィリピンには僅か35機を残すだけとなった。[26]この戦果の大々的な発表は、戦争の前途に少なからず不安を抱いていた日本国民を狂喜させた。

戦争末期になると、大本営の戦果発表は嘘の情報ばかりが日本国民に流されたが、この台湾沖航空戦では、その情報を流した大本営までが、下部組織の情報に騙されたのであろう。大本営はその誇大情報をもとに、もはや東支那海にはアメリカの強力な機動部隊（空母艦隊）は存在しないと甘い判断を下し、レイテ決戦を強行するようになった。

（２）レイテ決戦

実は当時アメリカの強力な機動部隊はなお太平洋に健在であった。10月17日には米軍の第一陣部隊がレイテ島に上陸した。すでに、レイテ島には日本の第16師団が満を持して配備されていたが、日本軍は太平洋の戦線には、当初15個師団25万人しかなかった。しかし、強力な米軍を相手に決戦場となったレイテには相次いで２個師団以上の増援部隊が投入され、兵員数は約７５２００名に膨れ上がった。この陸軍が25万人という強力な米軍部隊とそれに呼応する現地のゲリラ部隊を相手に、血みどろの決戦を展開することとなった。しかし、制海権と制空権を奪われた日本軍は海上で輸送船を次々と撃沈され、11月中旬には食糧が底をつき、レイテはガダルカナルの二の舞となった。将兵は米軍の空襲と砲弾のみならず、飢えとマラリア等病に苦しみ、米軍に追い詰められた守備隊はあちこちの峠や谷間で玉砕した。

12月25日に大本営が作戦中止命令を下したことで、レイテに移された関東軍第１師団の将兵もレイテの山中に見捨てられた。この大本営の作戦中止命令で本土からはすべての補給が遮断されたのである。しかも見捨てられた日本兵には米軍の捕虜になる自由がなかった。また、この戦いでは海軍の現存する連合艦隊もその主力戦艦武蔵と4隻の空母も沈められ、悲劇的な敗北を味わった。[27]

この作戦の最中、遠藤三郎がレイテ決戦に出撃した「神風」特別攻撃隊[28]の戦果を耳にしたのは10月25日であった。彼はその「遠藤日誌」に特攻隊員の勇気と戦果を次のように記入した。「10月25日　阿部大将令息阿部中尉ニコパル附近ニ於テ戦闘機ノ体当リニテ敵空母ヲ撃沈セル報　発表セラレ真ニ頭ノ下ルヲ覚ユ」

さらに、11月に入ると、13日付の「遠藤日誌」には次のように書かれている。「ニュース映画ニ於テ関大尉以下神風隊ノ勇士ニ接ス感激新ナリ恰モ又々陸海ノ神風隊夫々レイテ湾ニテ偉功ヲ奏ス　但陸軍ガ重爆ヲ以テセル為実行ニ先チ僚機ノ大部敵機ト空戦戦死セルハ遺憾ナリ　予ノ意見ニ従ハズ依然トシテ重爆偏重ノ弊改メザルカ　陸軍航空ノ為ニ惜ム」

とある。遠藤はなおここでも自説の重爆攻撃の危険性を繰り返していたが、事態はもはやその段階を通り越していた。

しかし、フィリピンの日本兵の飢餓状態の戦いはそれから未だ9ヶ月も継続した。その間、兵士たちは栄養失調やマラリアに苦しんでいた。栄養の不足または失調による狭義の餓死者と栄養失調による体力の消耗の結果、抵抗力をなくし、マラリアなど伝染病に感染して病死した。日本兵の餓死率は約60％である。[29]そしてレイテで敗北した後の日本軍はさらに悲劇的な戦いを強いられた。その翌年1945（昭和20）年を迎えると、南太平洋の戦いは1月にはルソン島、2月には硫黄島、4月には沖縄に移っていった。

第2節　太平洋戦争の終結

1945年4月になると、沖縄に米軍の大艦隊が来襲し、50万人の米軍が上陸作戦に成功すると、日本軍の敗戦が決定的となった。沖縄戦で日本側の戦死者数は、本土出身軍人6万5908名、沖縄出身軍人属2万8228名、一般住民9万4000名とされるが、マラリア病死、餓死を加えると、一般住民の犠牲者数は15万前後になると推定されている。[30]
この頃、遠藤は「遠藤日誌」にも絶望的な文字を記すようになった。そして、ついに8月になると、7日付の「遠藤日誌」には「昨朝広島ノ空襲ニ於テ敵ハウラン原子ヲ使用セルモノノ如ク被害甚大　大混乱ヲ惹起シアルガ如シ皇国ノ前途愈々非　緊褌一番ヲ要ス……」と記録され、遠藤はすでにそれが原爆（ウラン爆弾）であることを感じていた。
その間、東京では、8月14日に、昭和天皇が「ポツダム宣言」を受諾し、無条件降伏することを決断した。即ち、同日に開催された御前会議において、「ポツダム宣言」の受諾が決定され、終戦の詔勅が発せられた。翌15日には、日本政府は昭和天皇の「玉音放送」により、「ポツダム宣言」の受諾と降伏決定を日本国民に発表した。その後9月2日に、日本外務大臣重光葵と参謀総長梅津美治郎は東京湾に停泊していたアメリカ軍艦ミズリー号の甲板で、日本政府を代表して無条件降伏文書に署名し、ここにアジア・太平洋戦争は日本の敗戦という結果を持って終結した。

おわりに

以上の論説に基づいて、次のような結論がまとめられる。
（1）遠藤三郎：戦時中の戦争指導者から戦後の「非戦平和」主義者への転向
1941年12月太平洋戦争開戦と同時に、遠藤三郎は、陸軍中央部からの移動命令により日中戦争から離れ、陸軍第3飛行団を指揮して南方作戦に従事した。遠藤はアジア・太平洋戦争において、日本陸軍の組織に属する軍人であったため、不本意ながら、その職責上、作戦参謀としてその作戦計画を立案し、指導的な役割を果たした。それは軍隊という組織に属するエリート軍人の宿命だったと言ってよいと思われる。その結果、彼は陸軍中枢部の一員として作戦の拡大に翻弄され、時に組織人として新しい作戦計画の立案に従事し、アジア・太平洋戦争の泥沼に巻き込まれてしまった。

なお、アジア・太平洋戦争が勃発した以降、遠藤がいかに作戦の継続に苦心しながら、各種の作戦案を立案したが、結局その努力も最終的には虚しく水泡に帰してしまったことになる。彼は沖縄決戦での日本軍の大敗北が大日本帝国の敗北に結びつくことを認識していた。その時、彼の脳裏には「非戦平和」思想が芽を出し始めたことになる。遠藤が戦時中の戦争指導者から戦後の「非戦平和」主義者に転向した一つの契機はそこにあったと考えられる。その結果、彼は最終的に日本の敗北を認め、戦後日本が武装のない、徳の国になった姿に誇りを持ちながら、自分の独自の「非戦平和」思想を抱き始めることになった。

その後、1945年8月にアジア・太平洋戦争の終結とともに、遠藤は軍籍から退き、1946（昭和21）年3月には開拓農民として埼玉県入間川町（現狭山市）に入植し、開墾生活を始めた。しかし、翌1947（昭和22）年2月12日には戦犯容疑のためGHQの命令で、約1年弱の間巣鴨拘置所で服役した。彼は入所中に『聖書』を勉強しながら、アジア・太平洋戦争を深く反省し、戦争責任を自覚し始めるようになった。翌1948（昭和23）年1月13日に出所後、彼は日本国憲法第9条の擁護、「非戦平和」運動を開始し、最初には「日本の再軍備反対論」を主張した。その後、1953（昭和28）年2月、遠藤は片山哲元総理らと「平和憲法擁護研究会」（翌1954年1月「憲法擁護国民連合」と改称）を組織し、彼は同代表委員となり、同年4月「世界連邦建設同盟」にも参加した。アジア・太平洋戦争を指導した軍人でも、その戦争体験から戦争の無意味さを認識した人は大勢現れた。しかし、遠藤のように中将にまで昇りつめた軍人が戦後非武装日本の誕生に満足し、自信を持って「無軍備」、「非戦平和」を主張し続けた将軍は少なかった。

さらに2年後の1955（昭和30）年11月6日から12月6日にかけて、彼は戦後初めて日中友好の先駆者として、片山哲と共に中国を訪問し、北京で新中国の指導者毛沢東国家主席、周恩来首相らと会見、懇談した。この訪中を通して、遠藤は「非戦平和」主義に自信を深め、それ以降日中友好の路線を歩んでいった。即ち、彼は中国から帰国後直ちに旧軍人団を組織し、1956（昭和31）年8月から1972（昭和47）年6月にかけて、日中の国交回復と日中両国の平和を目指し、元軍人団を率いて合計5回訪中し、独自の日中友好活動を展開した。

なお、遠藤は1960（昭和35）年には「日米安全保障条約」改定に反対し、護憲平和運動に専念し始めた。その1年後の1961（昭和36）年8月には、彼は東京で「日中友好元軍人の会」を結成するとともに、機関紙「8・15」を創刊し、毎号に護憲と非武装、日中友好の論説を掲載するなど、憲法9条を擁護する運動を展開した。また1974（昭和49）年11月、彼は自叙伝『日中十五年戦争と私―国賊・赤の将軍と人はいう』を刊行し、彼自身が指導したアジア・太平洋戦争を深く反省するとともに、その自伝に「軍備亡国」の四文字を揮毫し、それを彼の思想の最終的な到達点とした。「兵甲固ければ国は必ず亡ぶ」という古代中国の哲人の言葉が遠藤の意識によみがえり、その名言が91年の生涯を生き抜いた元将軍遠藤三郎の遺言となった。

戦後の遠藤の思想的変革は突然の豹変ではなく、その長いアジア・太平洋戦争時代の軍人歴の体験から培養されたものであったと考える。この戦争体験は彼がその半生を費やした「戦争肯定論」が誤りであったこと、むしろ戦争の罪悪を反省する素材になり、彼の「非戦平和」思想と「軍備亡国」論を形成する背景になることを私は指摘したい。

（2）今なぜ遠藤三郎なのか

今のところ、日本が侵略したアジア諸国から問いかけられている重要な政治問題は日本政府と日本国民があの侵略戦争の歴史をどのように認識するのかという問題である。日本国民がアジアの国民と仲良く付き合うにはこの歴史認識の問題は避けて通過することができない共通問題であろう。何故かと言うと、それはあの侵略戦争が日本の自衛のため止むを得ない戦争であったとか、侵略戦争ではなかったという歴史認識では事実に合致しないためである。日本軍が策定した「大陸政策」及び「大東亜共栄圏」の建設という理念はアジアの解放を目指したものではなく、アジアの民衆支配を目指したものである。日中関係を正しく処理し、歴史問題に正確に向き合うに当たっては、「歴史を鏡として、未来に向かう」という精神で21世紀の日中友好を実現していかなければならない。

戦後、遠藤三郎が歩んだ日中友好の道は、遠藤が歴史を正しく認識した好事例である。彼はアジア・太平洋戦争を指導した元エリート軍人でありながら、戦後、その戦争の過ちを素直に反省した。それは人間としての素晴らしい判断であった。遠藤のような軍人は今の日本とアジアの人々に重要な平和のメッセージを投げかけていると言って良いであろう。我々は戦後、遠藤三郎が歩んだ日中友好の道を雑草におおわしむることなく、その道を太くて長い大道にする努力を続けたいと強く願望している。

注：

１　本稿は中国国家社会科学基金研究プロジェクト「元日本陸軍中将・遠藤三郎の日記に対する解読と研究」（番号：２０ＢＳＳ０２３）からの助成による研究成果の一部である。ここに記して謝意を表したい。

２「遠藤日誌」は日中戦争と深く関わった遠藤三郎本人が少年期から軍人としての修学期を経て、戦争体験を通して、実体験した日本陸軍の内部事情などをつぶさに記したものである。それは軍組織の中にいる人間にしか分からない貴重な記録である。その種の重要な軍事機密が「遠藤日誌」には随所に多数含まれている。その「日誌」は１９０４（明治37）年8月1日から、最後の日付の１９８４（昭和59）年9月9日まで、明治から大正、昭和の年代にわたり、80年間一日も欠かさず書き続けられたものであり、その冊数は別冊を含めると、全部で93冊、1万5千頁に及んでいる。しかし、その資料的価値が高いにもかかわらず、日本の歴史研究者の間で従来あまり顧みられなかったし、現在までこれらの資料はそれを所蔵する埼玉県狭山市博物館でも未整理・未公開となっている。「遠藤日誌」の原本と極秘資料は現在埼玉県狭山市の遠藤家の遺族から同市の市立博物館に一括して寄託され、研究者は遺族の許可を得て初めて、閲覧が可能となる。また、「遠藤日誌」は未だ一般に公刊されていないため、引用箇所、頁数を具体的に示すことができない。

なお、私は元名城大学法学部で政治史の講義を担当した非常勤講師吉田曠二先生との個人的な縁故により、「遠藤日誌」及び関係文書のコピーを拝借した。その「日誌」の解読について、吉田先生から個人的な指導をいただき、その結果、漸次難解な「遠藤日誌」の解読を進めることができた。さらに、私は埼玉県狭山市の遠藤家を数回にわたり訪問する機会に恵まれ、「遠藤日誌」の版権の所有者・遠藤家の当主から許可を得て、その「日誌」が寄託されている狭山市立博物館でそれを閲覧する便宜を与えられ、遂に遠藤三郎研究の全体的な基礎資料にアプローチすることができた。

３　遠藤三郎の経歴については、遠藤三郎の自伝『日中十五年戦争と私―国賊・赤の将軍と人はいう』日中書林、１９７４年、５１４～５１６頁・宮武剛著『将軍の遺言―遠藤三郎日記―』毎日新聞社、１９８６年、２３９～２４３頁・吉田曠二著『将軍遠藤三郎とアジア太平洋戦争』ゆまに書房、２０１５年、５０３～５１２頁を参照。

４「北進」とは、「太平洋戦争前の日本で『日本は北方地域へ進出すべきである』と唱えられていた対外論である。北進論でいう『北方』とは、『満洲国』より北のソビエト連邦のことを指す。『北進論』は早くは幕末の思想界に登場するが、とくに明治からの近代日本が欧米列強に対峙して軍備増強と勢力拡大を目ざした時、国策を導く有力な主張となった。当初から武力侵略を目ざす『北進論』は軍国主義と深く結びつき、主として陸軍軍人、国家主義者、右翼によって唱えられた。日清・日露戦争、韓国併合によって大陸侵略の立場を固めた日本は、辛亥革命ののち武力による満蒙地方（中国東北とモンゴル）の独占、中国山東省への勢力拡大を目ざして中国の民族主義との対立を深めた」。外務省外交資料館日本外交史辞典編纂委員会編『日本外交史辞典』山川出版社、１９９２年、９２８頁。

５「北進」に対して「南進」とは、「近代日本の東南アジア・南太平洋地域への進出政策。日本は開国後の領土拡大を朝鮮と台湾方面に策したが、１８７４年（明治7）には台湾に出兵し、日清戦争で勝利して台湾・澎湖諸島を領有した。１９００年北清事変を利して台湾対岸厦門占領を企図して成らなかった。このころから陸海軍の国防戦略に対立がようやく顕著となり、日露戦争に勝利して満洲・朝鮮・南樺太等を支配してからは、軍備増強問題を巡って陸軍の陸主海従・北進南守論に対し、海軍は海主陸従・南進北守論を唱え、07年策定の「帝国国防方針」では、仮想敵はロシア・アメリカ・中国の順で記されたが、パナマ運河開通やアメリカのマニラ要港化に直面した海軍は、海主・南進論を強調して譲らず、陸海主従論争はその後の国防政策の巨大な暗礁となった。第1次大戦後南洋委任統治領を得たが、大戦の経験と日米対立の深化は、東南アジアをも含む自給自足経済圏確立の必要を痛感させ、後の大東亜共栄圏構想に連動した。日中戦争長期化の中で、南方援蒋ルート攻撃や第2次大戦突入後のアメリカ・イギリス・オランダの対日禁輸体制打破の必要から、40年（昭和15）南方地域をも含む『大東亜新秩序』建設構想が決定され、仏印進駐を強行、41年日ソ中立条約締結後は、南進政策を策定して太平洋戦争に突入した」。京大日本史辞典編纂会編『新編日本史辞典』東京創元社、1990年、752～753頁。

6　吉田曠二『将軍遠藤三郎とアジア太平洋戦争』ゆまに書房、2015年、71～168頁を参照。

7　当時、航空本部総務部長としての遠藤三郎は、「太平洋の作戦地域に飛行場が多数、しかも広域に分散している方式を改め、少数に集約設定する方針にすること」を最初に提言した。同上、202頁。

8　遠藤三郎、極秘資料（別冊資料）「サイパン喪失後ニ於ケル戦争指導ニ関スル意見」。

9　当時、遠藤は「米軍を深く本土へ誘い込み、背水の陣を敷いて敵上陸部隊を人質にとり、周辺に展開する敵機動部隊を一気に航空機で殲滅する」という作戦構想を陸軍大臣東条英機に提出した。吉田曠二、前掲書、236頁。

10　遠藤三郎『日中十五年戦争と私―国賊・赤の将軍と人はいう』日中書林、1974年、316～320頁を参照。

11　稲葉正夫ほか編『太平洋戦争への道（新装版）別巻　資料編』朝日新聞社、1963年、467頁。

12　「このような『南進』政策のため、対ソ関係の改善を必要とした日本は、1941年4月、日ソ中立条約を結んだ。日ソ両国は互いに領土の保全と不可侵を尊重し、一方が第三国から攻撃された時は、他方はその紛争に中立を守る、というのが条約の骨子である」。岡部牧夫『満洲国』講談社、2007年、156～157頁。

13　島田俊彦『関東軍―在満陸軍の独走―』講談社、2010年、221頁。

14　稲葉正夫ほか編、前掲書、510頁。

15　吉田曠二『ドキュメント日中戦争（下巻）（増補改訂版）』三恵社、2008年、74頁。

16　「ハル・ノート」（Hull note）とは、正式な名称は「Outline of proposed Basis for Agreement Between The United States and Japan」（「日米協定基礎概要案」）である。太平洋戦争開戦直前の日米交渉において、1941年11月26日にアメリカ側から日本側に提示された交渉文書である。日米交渉のアメリカ側の当事者であったコーデル・ハル国務長官の名前からこのように呼ばれている。鹿島平和研究所編『日本外交史　第23巻　日米交渉』鹿島研究所出版会、1970年、287～297頁を参照。なお、当日、アメリカ側は「三国同盟破棄、中国撤兵はおろか、『満洲国』否認まで要求した『ハル・ノート』を日本に提示した。当時は中国はともかく、『満洲国』については黙認しようとする傾向が国際的にも強まっていただけに、『ハル・ノート』は、日本にとって、全面的屈伏か開戦かの『最後通牒』に等しかった」。児島襄『太平洋戦争（上巻）』中公新書、2008年、29頁。
17　日本国際政治学会太平洋戦争原因研究部編『太平洋戦争への道　開戦外交史（新装版）7　日米開戦』朝日新聞社、1987年、364頁。
18　即ち、「対米英蘭開戦ノ件　十一月五日決定ノ『帝国国策遂行要領』ニ基ク対米交渉ハ遂ニ成立スルニ至ラズ　帝国ハ米英蘭ニ対シ開戦ス」。同上書、363頁。
19　この日本軍による奇襲攻撃作戦は成功し、「アメリカ軍の4隻の戦艦が撃沈され、このほか戦艦4隻、軽巡洋艦4隻などが大破、破壊された航空機は231機にのぼった。米軍の死傷者は3681名、民間人の死者は103名である」。吉田裕・森茂樹『アジア・太平洋戦争』吉川弘文館、2007年、128～129頁。
20　遠藤三郎、前掲書、216頁～218頁。
21　同右書、218頁。
22　同右書、236頁。
23　吉田曠二、前掲書『ドキュメント日中戦争（下巻）』、99頁。
24　「1943（昭和18）年9月30日の御前会議で決定された『今後採ルベキ戦争指導ノ大綱』は、従来の戦線を縮小し、後方要線を固め、千島・小笠原・内南洋・西部ニューギニア・スンダ・ビルマを『絶対確保スベキ要域』＝『絶対国防圏』とした」。吉田裕・森茂樹、前掲書、236頁。
25　江口圭一『十五年戦争小史（新版）』青木書店、1991年、228頁。
26　児島襄『太平洋戦争（下）』、中公新書、2008年、231頁。
27　吉田曠二、前掲書『ドキュメント日中戦争（下巻）』、118頁～119頁
28　「体当たり攻撃は確実に死を意味する。だが同時に、普通爆撃より確実な成果を期待できることも間違いない。体当たり攻撃を制式化することは搭乗員が戦意に燃えている限りは、受け入れられるのではないか。」児島襄、前掲書、256頁。
29　吉田裕『アジア、太平洋戦争』岩波新書、2008年、186頁。
30　江口圭一、前掲書、237頁。

参考文献

1、日本語文献

伊藤正徳『帝国陸軍の最後　(3)特攻(続)終末篇』光人社、1981年。

稲葉正夫ほか編『太平洋戦争への道　別巻　資料編』朝日新聞社、1963年。

江口圭一『十五年戦争小史(新版)』青木書店、2006年。

外務省外交資料館日本外交史辞典編纂委員会編『日本外交史辞典』山川出版社、1992年。

鹿島平和研究所編『日本外交史　第22巻　南進問題』鹿島研究所出版会、1975年。

同『日本外交史　第23巻　日米交渉』鹿島研究所出版会、1970年。

同『日本外交主要文書・年表　(1)　1941-1960』原書房、1983年。

笠原十九司『海軍の日中戦争―アジア太平洋戦争への自滅のシナリオ―』平凡社、2015年。

京都大学日本史辞典編纂会編『新編日本史辞典』東京創元社、1990年。

児島襄『日中戦争(第1、2巻)』文芸春秋、1984年。

同『太平洋戦争(上)(下)』中公新書、2008年。

日本国際政治学会太平洋戦争原因研究部編『太平洋戦争への道　開戦外交史(新装版)6　南方進出』朝日新聞社、1987年。

同『太平洋戦争への道　開戦外交史(新装版)7　日米開戦』朝日新聞社、1987年。

服部卓四郎『大東亜戦争全史』原書房、1993年。

秦郁彦『日本陸海軍総合事典』東京大学出版会、1991年。

村瀬興雄『世界の歴史(15)―ファシズムと第二次大戦―』中公文庫、1962年。

吉田裕・森茂樹『アジア・太平洋戦争』吉川弘文館、2007年。

吉田裕『アジア、太平洋戦争』岩波新書、2008年。

吉田曠二『ドキュメント日中戦争(上巻・中巻・下巻)(増補改訂版)』三恵社、2008年。

2、中国語文献

歩平・栄維木主編『中華民族抗日戦争全史』中国青年出版社、２０１０年。

黄力民『日本帝国陸海軍档案』九州出版社、２０１２年。

劉庭華『中国抗日戦争与第二次世界大戦統計』解放軍出版社、２０１２年。

3、遠藤三郎関係文献・資料

（1）文献

遠藤三郎『日中十五年戦争と私―国賊・赤の将軍と人はいう』日中書林、１９７４年。

遠藤三郎等著『元軍人の見た中共：新中国の政治・経済・文化・思想の実態』文理書院、１９５６年。

日中友好元軍人の会『遠藤語録』編集委員会『軍備は国を亡ぼす―遠藤三郎語録』日中友好元軍人の会、１９９３年。

宮武剛『将軍の遺言―遠藤三郎日記―』毎日新聞社、１９８６年。

吉田曠二『元陸軍中将遠藤三郎の肖像』すずさわ書店、２０１２年。

吉田曠二『将軍遠藤三郎とアジア太平洋戦争』ゆまに書房、２０１５年。

（2）資料

遠藤三郎「遠藤日誌」（昭和二十年八月十五日～昭和五九年九月九日）。

同「軍人生活の体験に基く日本の再軍備反対論（国際警察部隊設置の提唱）昭和二十八年十一月稿」（別冊）。

同「戦争並に戦争準備否協力運動展開に関する提唱」（昭和廿年四月）（別冊）。

同「中国訪問記　自昭和廿年十一月六日至十二月六日」（別冊）。

同「元軍人の観たる新中国（昭和三十一年発行）」（別冊）。

同「サイパン喪失後ニ於ケル戦争指導ニ関スル意見」（別冊）。

速記録「将軍は語る―遠藤三郎対談記」（草稿　昭和54年4月）（別冊）。

あとがき

張　鴻鵬

小生は２００７年６月に来日し、最初は名城大学法学部の研究生として、さらに同大学院法学研究科修士課程・博士課程を合わせて９年間在籍していた。その間、小生は当時名城大学法学部で政治史の講義を担当した吉田曠二先生の「日中戦争史」という講義で、アジア・太平洋戦争の遂行過程において、独自の戦争観や戦略・戦術観を持ちながら、帝国陸軍の一員として忠実に軍の意思を実行に移すと同時に時に謀略に傾斜する陸軍上層部と衝突しながら自己の意見を貫徹し、各作戦の勝利に大きな役割を果たした元日本陸軍中将遠藤三郎の存在を知り、大変興味を持った。それだけでなく、小生は、彼が戦前から戦後にかけて、克明、且つ膨大な「遠藤日誌」を残していることを教えられ、それを手掛かりとして遠藤三郎の実像により接近したいとの思いに駆られ修士と博士の学位論文のテーマとすることとした。

その際、特に次のような２つの点に注目した。

第一は、遠藤が11歳から晩年の91歳まで、80年間一日も欠かさず几帳面に日記を書き残していたこと、さらに陸軍参謀本部と関東軍のエリート軍人として遠藤が軍事上の作戦構想や作戦案、上司への建白書など貴重な軍事機密文書を自宅に保存していたことを追跡し、それらの文書を自分でも閲読したいとの意欲を持ち始めたことである。「遠藤日誌」はアジア・太平洋戦争に深く関わった遠藤三郎本人が少年期から軍人としての修学期を経て、戦争体験を通して、実体験した日本陸軍の内部事情などをつぶさに記したものである。それは軍組織の中枢にいる人間にしか分からない貴重な記録である。その種の重要な軍事機密が「遠藤日誌」には随所に含まれている。その「日誌」は１９０４（明治37）年８月１日から最後の日付の１９８４（昭和59）年９月９日まで、明治から大正、昭和の年代にわたり書き続けられたものであり、その冊数は別冊を含めると、全部で93冊、１万５千頁に及んでいる。「遠藤日誌」は、アジア・太平洋戦争に関する公的な文献、資料などとの照合によって、その事実関係の正確さと信憑性の高さを認められ、日本近現代史を研究する上で貴重な軍事史の一次資料となっている。

第二は、遠藤三郎が主として参謀畑を歩み、日中戦争を指導したエリート陸軍軍人でありながら、一方で優しい人間的な面を持ったユニークな軍人であったということである。より具体的に言えば、彼は軍の意思を忠実に実行に移す冷徹な作戦遂行者と、優しいヒューマニストの二つの顔を併せ持った人物であり、それら2つの特徴が時として異なる形でアジア・太平洋戦争中の彼の作戦構想や行動に反映された。遠藤は戦時中の戦争指導者から戦後戦争を反省、否定する「非戦平和論」者に転向した人物である。これは当時中国人留学生の小生にとって、アジア・太平洋戦争時において日本陸軍のエリート軍人の中にも、このようなタイプの軍人がいたという大きな発見になった。遠藤三郎と「遠藤日誌」に対する研究は、日中双方の研究者が追跡した日本のエリート陸軍軍人研究として、戦争史においても、思想史上もユニークな研究成果につながると思う。

それ故、小生は吉田曠二先生との個人的な縁故により、「遠藤日誌」及び関係文書のコピーを拝借した。その「日誌」の解読について、吉田先生から個人的な指導をいただき、その結果、漸次難解な「遠藤日誌」の解読を進めることができた。さらに、小生は埼玉県狭山市の遠藤家を数回にわたり訪問する機会に恵まれ、「遠藤日誌」の版権の所有者である遠藤家当主から許可を得て、その「日誌」が寄託されている狭山市立博物館でそれを閲覧する便宜を与えられ、遂に遠藤三郎研究の全体的な基礎資料にアプローチすることができた。その訪問と調査を通じて、戦時中の遠藤が体験した満洲事変以来の「満洲国」建国をめぐる関東軍の秘密文書（「対満要綱」）や、1936年に遠藤が陸軍大学で講義した極秘対ソ作戦案、さらにはノモンハン事件直後の関東軍の動きを記録した遠藤の建白書など、今では手に入らない貴重な歴史資料があることも分かった。それらの資料をベースにして、小生は博士論文「陸軍中将遠藤三郎と日中戦争―『遠藤日誌』を中心に―」を作成し、2016年3月に遂に博士号を取得した。

なお、小生は約15年間にわたり、遠藤三郎と「遠藤日誌」に関する研究に従事している間、多数の先生方からのご指導を賜っていた。特に、小生の遠藤三郎と「遠藤日誌」の研究に関して、多大なご支援ご指導をいただいた一般財団法人アジアユーラシア総合研究所の所長であった川西重忠先生（故）に心より感謝を申し上げる。

川西先生を知ったきっかけは、日中関係学会が2016年3月に東京で主催した「宮本論文賞受賞報告会」であった。当時、小生はその報告会で受賞した拙論「陸軍中将遠藤三郎の『非戦平和』思想と日中友好活動」について発表を行った。報告会が終了した後、川西先生と名刺交換を行い、親しく懇談する機会を得ることができた。実は川西先生も遠藤三郎の「非戦平和」思想と「軍備亡国」論に深く感銘を受け、遠藤三郎が書いた自叙伝『日中十五年戦争と私―国賊・赤の将軍と人はいう』、及び他の遠藤三郎と関係がある本も何冊か目を通したことが分かった。やがて、小生の友人で、当時桜美林大学北東アジア総合研究所の運営委員を担当していた李海さん（現中国・貴州民族大学外国語学部日本語学科長）の紹介の下で、東京にある料理屋で川西先生と会食した際、小生の博士論文「陸軍中将遠藤三郎と日中戦争―『遠藤日誌』を中心に―」を桜美林大学アジアユーラシア総合研究所で出版するプロジェクトについて打ち合わせを行った。相談した結果、「遠藤日誌」の出版化を最終目標とし、まずは小生の博士論文から着手することとした。その後、小生は原稿の校正作業を行った際に、川西先生より貴重なご意見、ご指摘を参考に、原稿の内容を訂正した。そのお陰で、最終的に拙著『今甦る遠藤三郎の人と思想』の日本での出版が実現した。川西先生はいつも小生のような若い世代の研究者たちに大いに期待を寄せ、国別、年齢なども問わず、研究成果の学門的価値が認められれば採算を度外視し、積極的に出版の機会を与えてくださった。ここに改めて川西先生の御霊に深く感謝の意を申し上げる。

２０１９年12月初旬、小生の友人である李海さんより川西先生が12月３日の夜亡くなったことを知った。その時本当に悲しくて胸がいっぱいになった。

川西先生との思い出を一つ一つ噛み締めつつ、先生のご冥福をお祈りした。最後に、今回『遠藤三郎日誌』が出版の運びとなったことは川西先生の長年にわたる宿願を果たしたとも言えるであろう。本書を亡き川西先生の霊前に捧げる。

（著者略歴）

吉田　曠二（よしだ　ひろじ）

■1937年生まれ。1963年同志社大学大学院法学研究科修士課程卒業。1964年朝日新聞大阪本社入社。入社後も大学院時代の恩師田畑忍教授に師事し、日本近現代史研究を継続。1997年同社を定年退職、その後、名城大学及び同大学院非常勤講師となり外交史、政治史の講義を担当。

■〔主要著書〕『加藤弘之の研究』大原新生社、1976／『竜馬復活』朝日新聞社、1985／『魯迅の友－内山完造の肖像』新教出版社、1994／『新聞・雑誌にみるアジア太平洋戦争－1931年9月から1945年8月』三恵社、2007／『八重・襄・覚馬－三人の出会い』坂井誠と共著、芸艸堂、2012／『元陸軍中将遠藤三郎の肖像－満洲事変・上海事変・ノモンハン事件・重慶戦略爆撃』すずさわ書店、2012など。

遠藤三郎日誌

2024年12月3日　初版第1刷発行

著　者　吉田　曠二

発行者　小島　明

発行所　一般財団法人　アジア・ユーラシア総合研究所

〒151-0051　東京都渋谷区千駄ヶ谷1-1-12

Tel・Fax：03-5413-8912

E-mail: ayusoken2021@gmail.com

印刷所　株式会社厚徳社

ISBN978-4-909663-45-0

定価はカバーに表示してあります

乱丁・落丁はお取り替え致します